재난세대의 사회학

재난세대의 사회학

경남에서 사회학하기

김명희 편 / 공재훈·구민철·김동언·유민주·이성빈·이주미·진보민·최주영 저

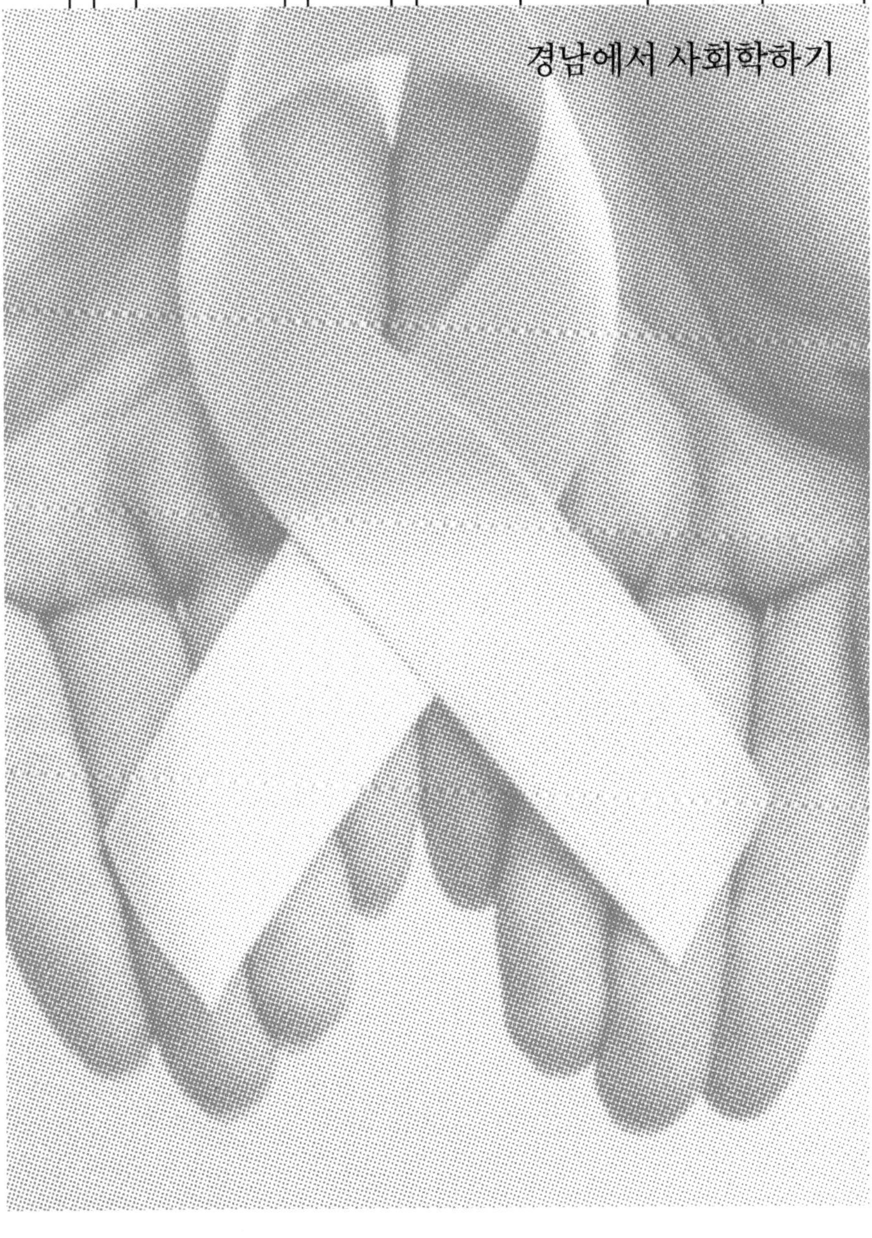

경상국립대학교출판부

서언

재난세대의 사회학, 그리고 희망의 교육학

______김명희(경상국립대학교 사회학과 교수)

2024년 대구대 사회학과 폐과 사태를 계기로 사회과학의 기초학문인 사회학은 그 위상과 쓸모를 질문받고 있다. 지그문트 바우만(Z. Bauman)이 '사회학의 쓸모'를 논하며 짚어낸 바 있듯, 사회학은 아카데미 내에 제도화되어 있는 다른 '과학'과 본질적으로 다르지 않으면서도 이른바 비지식인의 '상식'과 대화를 나누는 데 특징이 있는 독특한 학문 분야다. 그 점에서 사회학은 전문적인 자격을 지닌 '전문가'와 그렇지 않은 '평범한 사람'을 구별하는 기준선이 다른 분과학문보다 흐릿하다. 또한 다른 분과학문에 비해 연구 대상의 특정화가 명확하지 않고, 매우 너른 폭을 지닌다는 점도 때로는 사회학의 정체성을 위협하는 부메랑이 되곤 한다(Bauman, 2015: 194-195).

하지만 바로 그렇기 때문에 인간 삶의 모든 분야에서 사회학의 쓰임과 통찰이 더욱 빛을 발하며, 특히 실시간으로 발전하고 있는 AI 시대에 정보의 홍수로 인한 '이차적인 무지'와 우리 시대의 위기와 사회문제를 진단하고 해법을 모색하는 데 사회학의 기여와 역할은 결코 작지 않다. 무엇보다 기후위기와 복합재난의 시대를 목격하며 파국이 도래할 수 있음을 예감하면서도, 그것을 뒤집을 능력이 없다고 느끼는 무기력과 숙명론에 대항해 사회학은 사회의 리얼리티와 인간 행위의 역할을 포착하고 기록하며 이해하는 전투의 최전선에 위치한다.[1] 그렇기에 사회학은 사회의 리얼리티가 구성되고 재생산되는 과정에 그 어떤 분과학문보다 강력한 효과를 발휘할 수 있으며, 오늘날 복잡한 사회현상을 가려 볼 사회학적 상상력과 문해력은 그 여느 때보다 요청되고 있다.

1 이차적인 무지란 지식이 부족해서가 아니라 오히려 소화할 수 없을 중도로 과도한 지식 때문에 발생하는 무지를 말한다(Bauman, 2015; 197).

이 책은 복합재난의 시대를 살아가는 대학 청년세대의 시대 진단과 사회학적 상상력을 한국사회 및 지역의 사회문제에 접목하고, 그 성과를 세상과 소통하게 하기 위한 '저자 되기' 프로젝트의 일환으로 기획되었다. 최근 경북·경남 지역 산불·폭우의 사례에서 볼 수 있듯 파국의 현장이자 대응의 거점으로서, 지역 대학의 지식 생산과 주체 역할은 더욱 중요해졌다. 실제 이 책은 '지역사회 문제 해결을 위한 혁신 인재 양성'을 기치로 경상국립대학교 사회학과가 2021~2025년 주관하여 복수전공으로 운영한 'USG 공유대학 공동체혁신 융합전공' 재학생과 졸업생이 저자로 다수 참여함으로써, 지역에 기반한 사회학적 리터러시(sociological literacy)와 대학의 지식 생산 기능을 강화하는 방향에 일조하고자 했던 그간의 교육 실천과 협업의 결실을 담고 있다.[2] 여기서 협업은 지역사회 문제의 발굴과 진단을 위한 교육과정에 힘과 지혜를 모았던 교수-교수간 협업만이 아니라 교수-학생간 협업을 아우른다.

물론 이러한 실천이 경상국립대학교 사회학과에 국한된 것만은 아니다. 최근 충북대학교 사회학과가 출간한 『글로컬대학 인센티브 실행사업: AI 구술생애사』(2025)나 경상국립대학교 사회학과 주관 USG 공유대학 공동체혁신전공의 마을 아카이빙 교육의 성과로 출간된 『배건네, 망경동을 그리다』(2022)의 사례에서 볼 수 있듯, 교수-학생의 협력과 지역사회 현실에 기반한 지식 생산의 주체로 대학 청년이 나서는 괄목할 만한 실험들이 시도되고 있다. 이러한 흐름과 공명하면서 이 책은 '대학

2 교육부와 경상남도 위탁 지역혁신플랫폼 사업의 일환으로 2020~2025년 시행된 USG 공유대학 공동체혁신 융합전공은 경상국립대학교 사회학과가 주관하여 경남대학교 사회학과, 국립창원대학교 사회학과, 인제대학교 공공인재학부가 참여학과로 복수전공 형태로 운영하였고, 이후 경상국립대학교 사회과학대학 소속 학과 및 울산대학교 행정학과, 인제대학교 법학과와 보건행정학과, 영산대학교 경찰행정전공, 창신대학교 사회복지학과 등으로 참여학과가 확대되었다.

원'은 지식을 생산하는 곳이고 '학부'는 지식을 전달하는 곳이라는 기존의 이분법과 통념에 도전하고자 한다. 사회문제의 진단과 해결 과정에서 대중과의 소통을 핵심 목표로 삼는 공공사회학(public sociology)의 견지에서 학생은 사회학의 청중인 동시에 지식 생산의 상호 주체인 까닭이다. 이러한 기획에서 이 책은 2025년 1학기 동안 경상국립대학교 사회학과 4학년생을 대상으로 <사회학 연구실습> 수업을 운영하면서, 탐구주제 구상, 글쓰기 실행, 다단계에 걸친 교수/동료 피드백, 우수논문 발표회 등 체계적인 논문 집필 과정을 통해 발전시킨 8편의 사회학적 글쓰기의 성과를 한 권의 책으로 엮어 펴낸 것이다.

이 책의 제목인 '재난세대의 사회학'은 한국사회의 크고 작은 재난참사를 목격하며 10대 후반과 20대 초반을 보냈고, 사회학과 접속하면서 이를 해석하고 설명할 언어와 자원을 얻었던 대학 청년들의 세대 경험을 담고 있다. 여기서 세대는 단지 비슷한 출생 시기와 연령을 공유한다는 의미를 넘어 카를 만하임(K. Mannheim)이 말하듯, 동일한 역사·사회·문화적 경험을 공유하고 그 경험을 통해 공통된 사고방식과 정서적 태도를 형성한 집단을 의미한다.[3] 2014년 세월호 참사부터 팬데믹을 거쳐 산불·폭염·폭우와 같은 기후재난에 이르기까지 일상 속 재난의 경험을 공유한 이른바 '재난세대'의 등장은 한국사회가 당면한 새로운 위기의 국면을 보여주지만, 재난과 함께 재난의 시대를 넘어서고자 하는 모색과 고민은 세대간 소통을 활성화하는 힘이 있다. 아울러 미래를 장담하지 못하고 아파하면서도 참사를 외면할 수밖에 없는 '재난세대'의 간극

3 하나의 세대는 모두 집단적 사건의 동일 단계에 동시에 참여함으로써 유사한 위치에 놓이게 된다. 만하임은 이러한 공통된 위치성을 세대 위치라 부른다(Mannheim, 2000: 60-69). 이 점에서 '재난세대'는 반복되는 재난의 역사-사회적 경험과 동시대성을 공유한 세대의 특징을 지칭한다.

을 다독이면서, 그 근원을 함께 돌이켜보는 일이야말로 재난 참사를 대하는 제대로 된 태도일 것이다(김현준·백선우·전주희·정정훈·조지훈, 2024).

이 책의 부제인 '경남에서 사회학하기'는 사회학적 리터러시를 활용해 우리 시대의 아픔과 대학-지역사회의 칸막이를 넘어서기 위한 세대 간 실천의 장소성과 위치성을 강조하기 위한 것이다. 이 책을 구상하는 데 이론적 기반이 되어준 파울로 프레이리(P. Freire)의 개념을 빌려오자면 나는 이러한 작업이 이른바 '지역 소멸'의 시대, '희망의 교육학'을 진전시킬 하나의 방법론이 될 수 있다고 믿는다. 비판적 교육학의 선구자로 널리 알려진 프레이리의 문해 교육 사상과 문제제기식 교육은 은행저축식·주입식 교육의 불가능함을 절감케 하는 현실 속에서 여러 각도에서 현대적으로 재해석되고 있다. 하지만 프레이리가 지역에 기반한 다학제적 교육과정을 선구적으로 시도한 교육 실천가였다는 점은 의외로 잘 알려져 있지 않다.

프레이리가 제창한 문해교육은 '글'을 읽는 것이 아니라 '세계 읽기'에 강조점이 있었고, 학습자의 경험에 기반해 학습자가 처한 사회현실을 읽어내는 생성적 주제(generative themes)에 입각한 교육 방법론과 떼려야 뗄 수 없는 것이었다.[4] 나아가 프레이리는 1989년 상파울로시 교육감이 된

4 프레이리가 실천한 문해교육을 이해하려면 '문해' 및 '문해력'에 대한 협소한 인식을 우선 기각할 필요가 있다. 그에게 글을 읽는다는 것은 언어와 문자 등 단순히 언어학적인 텍스트를 읽는 것이 아니다. 프레이리에 따르면 문해에 대한 이러한 전통적 접근은 실증주의적 연구 방법에 깊이 뿌리를 두고 있다. 이와 달리 프레이리에게 글 읽기는 세계에 대한 지식을 풀어내는 과정, 다시 말해 세계와 글이 어떻게 연결되어 있는지를 비판적으로 이해하는 과정이며, 사회정치적 구조를 읽어내는 일과 무관할 수 없다(Freire, 2018: 144), 이를테면 프레이리는 유년기에 자신이 그때까지 보아 왔던 세계가 어느덧 경험으로 바뀌며, 그 경험을 토대로 글자를 이해해 나가는 과정을 거쳤다는 '망고나무 그늘 아래서'의 일화를 예로 든다. 그러므로 그가 처음으로 접했던 글자는 자기 경험이지 결코 자신의 경험과 동떨어진 세계의 이야기가 아니었다. 이러한 '세계 읽기'의 과정은 학습자의 '경험'이 '앎(지식)'이 되며, '앎'이 다시 '세계 읽기'가 되는 과정을 드러낸다(기무라 유키노·김명희, 2024: 17-18). 이러한 관점에서 '세계 읽기'는 단어와 주제의 인식, 내용의 인식, 인지 가능한 대상의 인식 등과 역동적인 상호관계에 있는 매우 중요한 과업이다(Freire, 2002: 174-175).

뒤에 교육과정재정립 운동의 일환으로 생성적 주제에 입각한 '인터프로젝트(Interdisciplinary Project)'를 대대적으로 시행했다(O'Cadiz et al., 2022). 이는 "지역사회가 당면한 문제를 중심으로 여러 교과 영역들 간의 상호 관련성을 세우는 것이며, 학생들의 삶과 탐구를 통해 드러난 주제영역을 세계에 반환하고 논문이 아닌 문제로서 사람들에게 돌려주는 것"을 목표로 삼았다(Freire, 2018: 136). 여기에는 학교 또는 대학이 학습자의 삶과 분리된 것이 아닌 바로 삶 자체가 실현되는 학습의 장이 되어야 하며, 지역사회의 현실에서 시작해 사회의 거시적 차원의 분석과 이해로 나아가야 한다는 프레이리 특유의 교육사상이 담겨 있다(심성보, 2022: 72). 이렇게 볼 때 대학-지역사회에 기반한 지식의 생산은 실재에 대한 이해를 토대로 그 실재를 변화시킬 힘을 갖게 하는 진보적 교육의 방법론이라고 할 수 있다.

실제 그는 학교가 위치한 사회적이고 역사-지리적인 맥락에 대한 교수자의 구체적인 이해의 중요성을 여러 지면에서 강조한 바 있다. 교수자가 "살면서 또한 가르치고 있는 지역의 생태적·사회적·경제적 상황"을 "구체적으로 아는 것"은 학생들이 살고있는 환경을 이해할 수 있는 수단을 제공한다(Freire, 2020: 165). 이를 통해 프레이리는 '교과'에 기반하되 '교과'를 넘어서는 지식생산과 배움의 원리를 제시한다. 이렇듯 학교-지역사회에 기반한 프레이리의 교육과정 개혁은 구체적인 삶의 장소(place)에 기반한 교육방법론과 학제적 실천의 방향을 제시함으로써 오늘날 위기에 처한 한국사회 교육과 민주주의의 향방에 여러 의미있는 시사점을 남겨주고 있다. 특히 그는 대학에서의 지식 생산이 연구와 교수라는 두 가지 뗄 수 없는 지식의 사이클에 기반해 이루어진다는 점을 누구보다 깊이 헤아렸다. 그렇기에 응당 대학의 역할은 가르치고, 도야

하며, 연구하는 데 있다.[5] 나아가 그는 대학의 민주화가 교육과정의 민주화, 그리고 교육방법의 민주화와 분리될 수 없으며, 이것이 지역의 힘(local power)을 복원하는 과정과 직결되어 있음을 선구적으로 간파한 교육사상가였다. 이것이 현실이 변화될 수 없다고 믿게 만드는 신자유주의적 숙명론에 맞서는 희망의 교육학과 연대의 페다고지의 전망이다. 이때의 연대는 학생과 학생, 교수와 학생의 연대만이 아니라 '이웃'과 '지역의 힘(local power)'을 복원하는 시민적 연대를 아우른다. 예컨대 프레이리는 이렇게 말한다.

> 연대는 비판적 정신과 함께합니다. 비판적 정신없이는 더 좋은 세상을 만들 수 없습니다. 연대는 우리의 몸, 우리의 행동, 그리고 우리의 신념 속에서 만들어져야 합니다. 지역의 힘에 대해 이야기할 때, 다른 말로 표현하자면 이웃의 힘(neighborhood power)에 대해 이야기할 때 우리는 세계화의 진전에 맞설 필요가 있습니다. 또한 세계화가 어떻게 자유와 창의성을 억압할 수 있는지에 대해서도 이해해야 합니다. 우리는 지역의 힘을 복원하고 다시 만들어야 합니다. 이렇게 지역의 힘을 복원하고 재창조하는 과정에서 우리는 연대를 경험하게 될 겁니다(Freire et al., 2020: 64-65).

물론 이같은 희망의 교육학은 검증되지 않은 가능성(untested feasibility)을 실재하는 힘으로 입증하기 위한 가르치는 자들의 증언적 역할을 통해

5 대학에서의 지식의 사이클은 이미 산출된 기존의 지식을 인식하는 계기와 우리 자신이 새로운 지식을 생성하는 계기를 통해 돌아간다. 두 계기는 서로 기계적으로 분리될 수 없을 뿐만 아니라, 동일한 사이클에 있는 계기들이다. 진정한 교수라면 반드시 의문, 탐구, 호기심, 창의성에 의해 촉발된 연구 과정을 가진다. 즉 연구자들의 배움 없는 연구 과정이 없듯이, 결국 앎으로써 그들은 배우고 무언가를 배운 후에는 그것을 소통하며 가르친다는 것이다(Freire, 2002: 302).

비로소 가능해진다.[6]

이러한 교육 방법론을 바탕으로 기획된 이 책은 크게 두 부분으로 이루어져 있다. 먼저 1부는 '재난세대의 사회학'을 주제로 대구 지하철 참사, 세월호 참사, 이태원 참사, 경남·경북 산불재난, 직업집단의 자살, 여성혐오와 '젠더 갈등' 등 복합재난의 양상으로 전개되는 현대 한국사회의 다중 위기를 사회학적 시선으로 살펴본 네 편의 글로 구성된다. 이를 통해 재난의 당사자이자 목격자인 청년세대의 경험과 목소리를 성찰적으로 복원하는 한편, 재난 이후 사회의 치유와 공동체 회복을 위한 해법을 여러 각도에서 모색하고 있다.

먼저 1부의 서장을 여는 이주미의 「한국사회에서의 기억과 잊음의 경계: 재난 참사 사례 비교 분석」은 2·18 대구 지하철 참사, 4·16 세월호 참사, 10·29 이태원 참사 등 한국사회의 여러 재난 참사를 둘러싼 기억 형성의 메커니즘을 20대 청년들의 경험에 기반해 탐색한다. 각각의 참사는 재난 이후를 살아가는 청년들의 생애사에서 고립된 또는 별개의 사건으로 존재하는 것이 아니라 누적된 재난 경험의 총체이자 응축물로 자리하는 까닭이다. 이를 드러내기 위해 이 글은 모리스 알박스(M. Halbwachs)와 아스만 부부(J. & A. Assmann)의 사회적 기억 이론을 도입해 재난 참사에 대한 기억과 잊음이 정보 접근 경로와 사회적 거리감의 영향을 받는다는 점을 짚어내고, 재난 이후 민주적 기억문화 형성에 필요한 실천적 방향을 제안한다.

오늘날 현대 한국사회에서 일어나는 재난의 유형은 대형 참사의 경

6 증언적 역할이란 자신의 신념을 말과 행위로 증명해 보이는 것을 말한다. 증언적 역할은 인식 행위를 내포한 엄격한 자기 신념의 고백이자 그 신념에 헌신하는 행위를 포함한다(Freire, 2002: 130).

우에 국한되지 않는다. 기후위기의 심화로 산불·폭염·폭우 등 자연재난의 빈도와 강도가 증가하고 있으며, 이러한 재난은 단순한 물리적 피해를 넘어 특정 계층에 집중된 피해를 유발하는 '불평등한 재난'으로 나타난다. 이 같은 재난은 자연재난과 사회재난이 연쇄적 반응을 일으키며 복합재난의 형태로 중층적인 피해를 야기한다는 점에서 심각성을 더한다. 이 지점에 착목한 최주영의 「기후위기와 재난취약성: 경남·경북 산불 피해를 중심으로」는 2025년 3월 경남·경북 지역에서 동시다발적으로 발생한 산불 피해를 질적 사례 연구 방법으로 고찰함으로써, 재난이 특정한 사회적 취약계층 —노인, 장애인, 이주민 등—에게 초래한 피해의 양상과 사회적 결정요인을 살펴본다. 나아가 재난 이후 장기적인 경제적 피해와 정신적 고통이 '재희생자화'로 이어질 위험성을 지적하고, 구조적 취약성의 문제와 긴밀히 얽혀있는 사회재난이자 복합재난으로서 기후위기에 대응하는 법·정책·교육·지역공동체 차원의 다층적 해법들이 필요함을 제언하고 있다.

최근 소방공무원의 잇따른 죽음에서 확인할 수 있듯, 오늘날 일상이 되어버린 재난 참사는 재난에 취약한 직업집단의 건강 문제와 자살 피해를 증폭시켰다. 특히 2021년 10·29 이태원 참사 이후 경찰공무원은 재난에 취약한 직업집단으로 부상하였다. 하지만 경찰공무원의 자살은 재난 참사로 인한 외상후 스트레스장애(PTSD)라는 단일 요인만으로 설명하기에는 한계가 있다. 매년 20건 내외로 발생하는 경찰공무원의 자살은 국민의 안전 보호라는 직업적 위상과는 모순되게, 경찰공무원이 만성적인 자살 위험에 처해 있음을 일러주는 지표이다. 바로 이 지점에 착목한 구민철의 「직업집단의 자살: 경찰공무원은 왜 자살하는가?」는 에밀 뒤르케임(É. Durkheim)의 '숙명론적 자살' 개념을 도입해 이들이 처해 있는 구조적 취약성과 폭력적인 업무 환경에 대한 사회학적 심리부검을 시도한다.

1부를 닫는 유민주의 「여성과 민주주의: 페미니즘 백래시를 넘어서」는 한국 정치와 민주주의의 첨예한 이슈로 부상한 '젠더갈등'과 페미니즘 백래시 현상에 대한 비판적 담론분석을 수행한다. 이에 따르면 2022년 20대 대통령 선거 이후 주요 대선 후보들과 정당은 '구조적 성차별은 없다'는 상징적 표현을 통해 성차별을 개인화하고, 반(反)페미니즘 정서를 이용해 '이대남'이라 불리는 청년 남성들의 지지를 끌어냈다. 이렇듯 윤석열 정부 시기 두드러진 반페미니즘 담론의 정치는 여성 정책의 후퇴, 성평등 언어의 삭제, 여성혐오와 성차별 구조의 부정 등의 결과를 낳았고, 민주주의와 성평등 가치를 모두 위협하는 결과를 가져왔다. 이 글은 이 과정을 치밀하게 분석해 페미니즘 정치가 당면한 새로운 도전을 연대와 공존의 페미니즘이라는 관점에서 전망한다.

2부 <경남에서 사회학하기>는 지역사회를 구성하는 주체들—지역시민, 청년세대, 대학의 학과 등—의 실천과 문화에 대한 사회학적 기록이다. 2부에 수록된 네 편의 글은 자신이 몸담고 있는 지역사회의 일상·문화·정치·교육을 성찰의 대상으로 삼음으로써 지역사회와 함께 호흡하는 지역-대학의 위상과 사회학의 미래를 질문한다.

먼저 2부의 서장을 여는 진보민의 「가족 축소 시대 친밀성의 변화: 반려동물과 인간의 관계」는 전통적인 가족 구조가 점점 약해지고 1인 가구가 늘어나는 오늘날, 반려동물과 인간이 맺는 관계의 변화가 지닌 사회학적 함의를 질문한다. 이 글은 반려동물을 단순한 애정이나 위안의 대상으로 심리적 유용성의 차원에서 바라보는 기존의 인간 중심적 접근을 넘어서 반려동물과 인간의 관계가 정서적·신체적·사회적 차원 및 관계 맺음의 양식에 야기한 변화에 주목한다. 실제 진주시에 거주하며 반려동물을 양육하고 있는 40명을 대상으로 진행한 설문조사의 결과는 반려동물이 단지 외로움을 덜어주는 존재가 아니라 점점 느슨해지는 인간관계 속에서 새로운 친밀 공동체를 만들어가는 매개이자 관계적 실천을 촉진하고 있음을 드러내 보인다.

이처럼 지역은 삶이 계속되는 터전이자 생활 정치의 현장이다. 하지만 오늘날 한국사회에서 생활세계에 기반한 지역 정치가 잘 작동하고 있는지는 의문이다. 이러한 문제의식에서 김동언의 「준공영제 도입과 생활 정치: 진주시 대중교통의 지역 정치학」은 진주시의 준공영제 도입 과정이 남긴 과제와 질문을 탐색하는 질적 사례 연구에 해당한다. 진주시 준공영제는 정책 결정 과정에 시민이 직접적으로 참여할 수 있는 제도적 통로가 미흡했으며, 따라서 정책의 정당성에 일정한 한계를 발생시켰다. 그 결과 진주시 준공영제는 비록 실현되지 못했지만, 조례 제정을 위한 입안 과정은 그 자체로 생활 정치에 대한 시민들의 관심과 참여가 활성화됨으로써 새로운 지역적 배움을 생성할 수 있는지 보여주는 사례라고 할 수 있다.

이어지는 두 편의 글은 대학-청년세대의 문화와 경험을 성찰의 대상으로 삼는다. 대표적으로 오늘날 청년세대에게 두드러지는 MBTI 문화의 유행은 2019년 코로나19 팬데믹의 시기를 거치며 급격히 부상한 현상이다. 이성빈의 「MBTI 하는 청년들: MBTI 유행의 문화정치학」은 최근 한국사회에서 MBTI 담론이 청년세대를 중심으로 급격히 유행하게 된 사회적 원인과 그 문화정치적 함의를 질문한다. 이를 위해 이 글은 경상국립대학교 재학생들과 FGI 인터뷰와 비판적 담론분석 방법을 활용해 대학-청년들의 MBTI 담론과 활용 방식을 분석하였다. 이를 통해 이 글은 MBTI의 유행에는 기업, 시장, SNS 등 다양한 MBTI 담론의 생산주체와 유통과정이 자리하고 있었으며, 자기계발의 주체로서 신자유주의적 질서를 적극적으로 내면화하는 'MBTI 인간형'의 탄생 과정이 자리하고 있음을 치밀하게 추적한다. 이 글은 MBTI 유행에 숨어있는 문화정치의 차원을 수면 위로 드러내고 청년세대의 일상문화를 가로지르는 지배관계, 즉 신자유주의적 통치성의 작동 방식에 대한 방법론적 성찰의 작업을 수행하였다는 점에서 중요한 의의가 있다.

2부를 닫는 마지막 글은 이 책이 시작된 문제의식, 즉 급격한 학령인구 감소와 산업 중심의 고등교육 재편이 기초학문으로서 사회학의 위상을 심각하게 위협하고 있는 현실로 되돌아간다. 공재훈의 「경남에서 사회학하기: 경상국립대학교 사회학과 교육과정 분석」은 경상국립대학교 사회학과의 교육과정을 학생 평가를 통해 비판적으로 분석함으로써 학습자 중심의 교육과정 혁신 방안을 논한다. 이를 위해 이 글은 경상국립대학교 사회학과 학부생 34명을 대상으로 설문조사와 함께 부산과 경남 지역의 국립대학 교육과정에 대한 비교분석을 진행하였다. 이울러 교육의 장소성과 문제제기식 교육을 강조한 프레이리의 비판적 교육학을 교육과정 사회학의 이론적 자원으로 삼아, '장소에 기반한 사회학 교육'을 기치로 USG 공유대학 공동체혁신 전공을 선도적으로 운영해 온 경상국립대학교 사회학과의 교육과정 실험을 되돌아본다. 이를 통해 이 글은 교수자-학습자가 서로의 경험과 평가를 존중하며 함께 만들어가는 생성적 교육과정을 제안한다. 이러한 제안은 이른바 '지역소멸'의 시대, 사회학의 쓸모와 기초학문 교육의 지속가능성, 학문 생태계 회복에 관한 중요한 성찰적 질문을 남기고 있다.

이 책에 수록된 글들은 각각이 완결된 주장으로서 학술적 가치를 갖기보다 지역에 기반한 교육과정 실험을 기록하고 성찰하는 협업과 함께-배움의 결실로서 적지 않은 의미를 갖는다. 2025년 봄과 여름의 시간을 부단히 이야기 나누며 치열한 탐구와 글쓰기의 여정을 성공적으로 마무리한 8명의 공저자들께 큰 박수를 보낸다. 고된 작업의 앞심이자 뒷심이 되어준 공재훈을 비롯해 공동 탐구자로서 기꺼이 기획에 동참해준 저자들 덕분에 연대의 페다고지를 실행하고 사회학의 쓸모를 되새기는 기쁨을 누릴 수 있었다. 무엇보다 2017년 끝 무렵, '세상에서 가장 소중한 나의 책'을 언젠가 사회학과 학생들이 쓰게 하고 싶다는 터무니없는 바람을 진지하게 경청해주신 사회학과 선배·동료 교수님들이 없었다면, 애초에 이 책은 가능하지 않았을 것이다. 아울러 책의 취지와 의미를 깊이 이해하고 출간 작업을 전격적으로 지원해준 경상국립대학교 출판부 관계자분들께 깊이 감사드린다.

희망 없음은 그 자체로 비극적인 절망이 될 수 있기에, 여전히 희망의 교육학이 필요한 것이다.[7] 이 책이 지역에 기반한 협력적 교육과정의 물꼬를 트고, 부단히 희망을 찾고 만들며 배우고 가르치는 모든 이들께 희망의 교육학에 대한 토론을 이어가는 작은 징검다리가 되기를 소망한다.

---

7 희망 없음이 프로그램화될 때, 이것은 우리를 마비시켜 꼼짝 못 하게 만든다. 그렇기에 존재론적 요구로서의 희망은 실천에 닻을 내려야만 한다(Freire, 2002: 12).

차례

제1부

재난세대의 사회학

I. 한국사회에서의 기억과 잊음의 경계

재난 참사 사례 비교 분석

_____이주미

1. 재난 이후, 사회

지금까지 한국사회에서는 재난 참사가 수없이 발생했다. 1995년 삼풍 백화점 붕괴, 2003년 대구 지하철 참사, 2016년 세월호 참사, 2022년 이태원 참사에 이르기까지, 크고 작은 재난 참사가 일어난 사회 속에서 우리는 일상을 살아가고 있다. 그런데 떠올려보면 재난 참사가 일어난 당시에는 모든 국민의 관심이 집중되지만, 서서히 시민들의 태도는 극명하게 나뉜다. 누군가는 발생한 재난 참사의 진상규명을 요구함으로써 사회 구조적인 문제점을 간파해 변혁을 요구하고, 누군가는 피해자의 삶의 회복과 치유를 위해 노력하며, 사회적 공감과 애도를 위해 노력한다. 또 누군가는 사건 당시에만 관심을 보이고, 이후에는 공감적인 애도가 아닌 그저 형식적인 애도에만 그친다. 물론 발생한 재난 참사에 대해 아무런 관심이 없거나, 기억하려는 시도조차 하지 않는 이들도 존재한다. 이렇게 하나의 재난 참사에 대해 저마다 인지 방식과 행동 방식, 기억의 유무 등은 다르게 나타난다. 왜 시민들은 한 사회에서 발생한 재난 참사에 대해 다른 태도를 보이는 것인지, 이에 영향을 미치는 사회적 요인이 존재하는지, 존재한다면 개인마다의 기억과 잊음의 경계는 어떻게 나타나는지 등에 대한 궁금증에서 이 글은 시작되었다. 이러한 질문에 답하기 위해 이 글은 '재난 참사에 대한 기억과 잊음에 영향을 미치는 요소는 무엇이고, 우리는 어떤 영향을 받는가'라는 질문을 제기하며, 한국사회에서 발생한 재난 참사를 둘러싼 사회적 기억의 형성 요인을 살펴보고자 한다.

구체적으로 이 글은 첫째, 사람들의 재난 참사에 대한 기억에 영향을 미치는 요소는 무엇인지에 대해 심층적으로 다루고자 한다. 사람들의 행동과 기억에 대한 차이는 단순하게 재난 참사에 대한 규모 또는 희생자의 수만으로 설명되지 않는다. 국가의 대응이나, 미디어의 영향, 시민단체의 활동 등의 요소가 개인이 어떻게 재난 참사를 인식하고, 기억하며, 잊게 되는지를 결정짓는 중요한 요인으로 작용하고 있다. 그렇기에 다양한 요소들이 사회 구조적인 맥락에서 개인에게 어떤 작용을 했는지 기억과 망각 메커니즘을 변별하고, 기억 형성의 주요 작동 요인에 다가서고자 한다.

둘째, 개인의 재난 참사에 대한 인식과 태도 사이의 상관관계를 규명하고자 한다. 재난 참사에 대한 기억이 단순한 감정적인 반응을 넘어서, 사회적인 실천으로 연결되는 구조를 파악함으로써, 재난 참사에 대한 기억의 지속성과 공공성 확보에 영향을 미칠 수 있는 요인들을 탐색하고자 한다. 이를 통해 개인의 기억이 사회적 기억과 집단기억으로 전환되기 위해 필요한 형식이 무엇인지 밝히는데 이 글의 궁극적 목적이 있다.

재난 참사에 대한 기억과 관심은 재난 참사 이후 모습을 드러내는 사회의 구조적 문제를 해결할 뿐만 아니라, 피해자들의 아픔에 공감하고, 이를 극복하며 살아가는 사회 속에서의 '함께'를 실현하게 한다. 따라서, 재난 참사에 대한 기억과 잊음에 대한 연구는 단순히 재난 참사 발생 당시를 어떻게 기억하는지를 묻고자 함이 아니다. 시민들의 기억에 어떤 요인이 영향을 미치는지를 사회적 관계 속에서 분석함으로써 '재난 이후'의 사회관계를 회복하는 데 도움을 줄 수 있다. 이는 한국사회의 재난 참사를 둘러싼 시민들의 태도를 되돌아봄으로써, 앞으로 한국사회가 재난을 어떻게 대하고, 기억하며, 어떤 공동체로 나아갈 것인지 등에 대해 고민을 진전시키는데 기여할 수 있을 것이다.

이러한 문제의식에서 이 글은 다음의 순서로 전개된다. 우선 2장에서는 세월호 참사와 이태원 참사 같은 특정 재난을 중심으로 한 사회적 기억 확산, 미디어 매개물의 영향, 사회적 공유를 통한 사건 중심성 향상 등을 주로 다루는 선행 연구들을 비판적으로 검토하며, 기존 연구의 한계와 공백을 짚어본다. 나아가 이 글의 이론적 배경이 되는 집단기억 이론과 문화적 기억이론에 대해 소개한 후, 재난 참사의 기억과 잊음에 영향을 미치는 요소들을 이론적으로 정립한다. 이어지는 3장에서는 설문지법과 문헌연구법을 활용한 연구 과정을 밝히며, 이를 통해 한국사회에서의 20대 청년들의 재난 참사에 대한 기억과 잊음에 영향을 미치는 요소를 파악하기 위한 방법론적 근거를 마련한다. 4장에서는 분석 결과에 기반해 재난 참사의 기억과 잊음의 양상이 어떤 방식으로 나타나는지, 이에 영향을 미친 주요 요인은 무엇인지에 대해 구체적으로 살펴본다. 마지막 5장에서는 이 글의 발견이 재난 참사에 대한 기억 연구에 시사하는 함의를 밝히고, 기억과 연대를 실현하기 위하여 우리 사회는 어떤 태도를 갖추어야 하는지까지 제언해 보고자 한다.

2. 재난 참사와 사회적 기억

1) 재난 참사와 기억

재난 참사에 대한 기억연구는 2014년 발생한 세월호 참사 이후 부상하였다. 재난 참사에 대한 기억과 관심도에 영향을 미친 요소를 분석한 직접적인 선행연구는 많지 않으나, 재난 참사에 대한 사회적 기억과 담론 형성, 기억공간의 제도화, 미디어 보도 양상 등의 요소를 중심으로 한 기억의 형성과 확산 과정에 대한 선행연구는 다분하였다.

하지만 기존 연구는 단일 참사에 논의를 한정하거나, 기억공간, 언론, 문학 등 개별적인 '요소'와 관련하여 집중해 분석하는 경향을 보인다. 대표적으로 최윤재·전세훈(2025)은 재난 참사의 기억에 영향을 미치는 정보 전달자이자 해석자인 정부와 언론에 초점을 맞추어, 이들이 생산한 재난 담론의 양태와 변화양상에 대해 체계적으로 다루고 있다. 하지만 단순 확률 추론에 집중해, 일반 국민들이 어떻게 언론 정보를 수용하고, 이에 영향을 받은 수용자는 어떤 인식을 가지게 되었는지 등을 복합적으로 분석하지 않고 있다. 즉, 담론 생산 주체에 집중해 담론 생산자와 수용자 간 상호작용 속에서 형성되는 사회적 기억의 다면성을 포착하지 않았다는 한계가 있다.[1]

한편 김윤희(2021)는 사회적 참사를 기억하고 애도하는 방식을 세월호 참사 관련 영화인 <악질 경찰>과 <생일>을 중심으로 고찰한다. 해

1 최윤재·전세훈(2025)은 재난 담론의 양태와 변화양상을 분석한 연구로, 재난 참사에 대한 기억과 관심도의 형성에 영향을 미치는 수용자 차원의 분석은 연구 범위에 포함되지는 않는다. 해당 부분은 이러한 연구 초점의 차이에서 비롯된 것이다.

당 연구는 경험적 기억을 문화적 기억으로 전환하는 방식에 대해 분석해, 재난 참사를 어떤 방식으로 기억하고 애도할 것인지까지 성찰하고자 한다. 특히 '경험 기억의 문화기억화'라는 개념을 통해 기억을 형성하는 매개물의 중요성을 밝힌다는 점에서 성과를 보인다. 하지만 이 연구는 재난 참사의 진실에 다가갈수록 고통을 야기해, 사람들이 망각을 통해 기억을 억압하려 한다는 전제를 선험적으로 설정한다. 이는 기억과 마찬가지로 망각도 문화적 매개의 영향을 받는다는 점을 간과하며, 능동적인 기억과 잊음에 대해서는 조명하지 않는다는 부분에서 한계가 있다.

둘째, 이윤미·박철옥(2020)은 재난 참사에 대한 기억특성이 사회적 공유를 통해 사건의 중심성을 촉진시키는 효과를 가지고 있음에 대해 연구했다. 이는 타인과 의사소통을 통해 경험의 의미를 공유하는 '사회적 공유' 개념과 사건의 중심성이 비례적인 관계를 가지는 것을 밝혔다는 점에서 유의미하다. 하지만 이들의 심리학적 접근은 사건 발생 당시의 기억에만 초점을 맞추고 있으며, 사건 이후 개인의 기억에 영향을 미친 요인에 대한 추가적인 분석을 하지는 않았다.

셋째, 재난 참사의 중요성에 대한 인식이 사적 기억의 행위를 넘어 공적 추모와 행위에 영향을 미치는지에 대한 연구가 존재했다(홍숙영, 2019). 해당 연구는 세월호 참사 발생 이후, 5년이 지난 시점에서 이 재난 참사가 청소년들의 삶과 가치관 형성에 어떤 영향을 주었고, 인식이 현재와 미래의 삶에 어떻게 적용하는지 살펴보았다. 이는 사건 중심성과 추모 지속성의 상관관계를 분석한다는 점에서 유의미하다. 하지만 '세월호 사건을 중요하게 생각한 학생들'을 대상으로 설문 조사를 진행했다는 점에서, 재난 참사의 중요성을 인식하게 되는 과정과 동인을 설명하는 것이 다소 부족하다.

정리하자면, 단일사례를 중심으로 접근한 기존 연구에서 여러 재난 참사와 기억과 잊음의 상관관계를 파악하기 위한 고찰은 부재하다. 이 글은 단일사례 분석을 넘어, 한국사회에서 발생한 여러 재난 참사에 대한 개인의 기억과 잊음의 양상 및 원인을 종합적으로 분석해 그 관계성을 파악해 보고자 한다.

2) 사회적 기억: 알박스와 아스만

▬ 알박스의 집단기억이론

기억에 대한 논의는 고대철학부터 이어져 왔지만, 사회적 기억이론의 첫 선구자는 1920년대 기억이론에 대해 선구적인 관점을 도입한 사회학자 모리스 알박스(M. Halbwachs)이다. 이전까지 기억이 주로 철학이나 심리학, 문학에서 다루어져 왔다면, 알박스는 기억을 사회 현상으로 바라보고 사회적 차원에서 사회 현상을 통해 해명하고자 했다. 그는 에밀 뒤르케임(É. Durkheim)의 '집합의식' 개념을 발전시켜 '집단기억' 이론을 제시하면서, 기억이란 본래 집단기억으로서 존재하며 의사소통을 통해 구성원들에게 분배된다고 보았다(전진성, 2003: 109). 알박스가 제안한 기억의 '사회적 틀'이라는 개념에 따르면, 기억은 개인의 뇌 속에서 독립적으로 작동하는 것이 아니라 개인이 속한 상호작용할 수 있는 사회적 틀에서만 형성되고 유지되는 것이다(이도담, 2017: 75).

해당 이론을 통해 우리 사회의 재난 참사를 보다 풍부하게 이해할 수 있다. 예컨대 세월호 참사는 국가 책임 문제와 진상규명, 지속적인 추모 활동 등을 통해 집단기억의 형성이 가능했다. 이는 유가족과 시민단체

등의 집단 활동, 노란 리본, '잊지 않겠습니다'와 같은 상징적 문구를 포함한 상호작용이 가능한 사회적 틀 속에서 기억이 형성되고 유지된 대표적인 사례라고 볼 수 있다. 이때 사회적 틀은 단지 상호작용이 가능한 공간으로서의 의미만 가지는 것이 아니라, 정체성을 구체화할 수 있는 장소를 포함한다.

알박스의 이론에 비추어볼 때, 재난 참사를 기억하려는 사회적 틀이 얼마나 강하게 작동했는가에 따라 기억의 지속성과 형식이 달라진다는 점을 미루어 볼 수 있다. 알박스의 이론은 기억에 대한 개인주의적 이해를 전복하고, 사회적 접근을 촉진했다는 점에서 의의가 있다. 하지만 그 이론의 한계점 역시 존재한다. 예컨대 그는 집단기억과 개인기억의 상호관계를 규명하지 못함으로써, 집단기억과 개인기억이 동일시될 수 없다는 지점에 대해서 보완하지 못했다(윤미애, 2002: 42). 나아가, 그는 의사소통이라는 사회적 차원에서만 접근하며 시간의 흐름에 따른 기억의 변화 양상에 대해서는 주목하지 않았다. 사회적 유대 방식이 변화함에 따라, 그들의 기억의 양상도 변모해야 한다는 점을 간과하고 있는 것이다(전진성, 2003: 110). 이러한 한계점들은 알박스의 집단기억 이론을 보완 및 비판하며 아스만 부부가 제시한 '문화적 기억' 이론의 배경이 된다.

〓 아스만의 문화적 기억이론

알박스와 달리 얀 아스만(J. Assmann)과 알라이다 아스만(A. Assmann)은 기억을 문화적 차원에서 접근하여, '문화적 기억' 개념을 제시하였다. 이들은 기억이 자연발생적인 것이 아니라, 그 자체로 인공적으로 구성된 문화적 창조물이라는 가정에서 출발한다(전진성, 2003: 110). 알박스가 기억을 동시대의 의사소통 측면에서 수평적으로 파악하고자 했다면, 아스만 부부는 문화적 기억을 통해 고대부터 현대까지의 수직적 차원으로 기억의 범주를 넓혔다고 볼 수 있다. 문화적 기억은 기록물, 기념비, 건축물, 박물관, 상징물 등의 매체를 통해 형성되는 것이기에, 과거와의 대화는 물론이고 계속해서 전승이 가능한 형태를 지니기 때문이다. 즉 문화적 기억은 제도화되고 장기적인 기억으로서, 공동체의 정체성과 가치 체계를 형성하는데 핵심적인 역할을 한다. 문화적 기억이 다른 기억과 구분되는 점은 이중항적인 특성이 아닌, 삼중항적인 특성을 가진다는 것이다. 이중항은 기억과 망각을 의미하지만, 삼중항은 기억, 망각, 기억과 망각의 결합으로 나타난다(이도담, 2017: 76-77).

이 역시 세월호 참사 이후의 기억문화에 대한 설명을 돕는다. 세월호 참사 이후 형성된 기억공간, 노란 리본과 같은 상징, 영화 <생일>을 비롯한 다큐멘터리나 예술작품 등은 세월호의 문화적 기억을 위한 제도적 실천의 형식들이다. 이러한 문화적 형식은 재난 참사에 대한 기억이 담긴 공간이지만, 항상 기억을 활성화하도록 작용하는 것은 아니다. 그리고 이러한 문화적 형식은 언제나 접근 가능하고, 재활성화될 수 있는 제도적 기반을 마련하고 있다는 점에서 완전히 망각된 것도 아니다. 이처럼 문화적 차원의 기억은 다양한 매체를 매개로 하며 특정한 시간과 공간에 국한되지 않는다는 점에서 과거를 현재의 가치와 연결시키는 기억의 사회적 실천의 장으로서 의의를 부각시킨다.

지금까지 알박스의 집단기억이론과 아스만 부부의 문화적 기억이론에 대해 살펴보았다. 이를 통해 기억이 사회적 틀과 문화적 매개물을 통해 형성된다는 것을 알 수 있었다. 이러한 이론적 틀은 본 연구에서 다루는 개인의 기억이 특정한 사회적 맥락과 문화적 매개물에 의해 어떻게 구성되는지, 이것이 애도, 추모 등과 같은 실천적 행위로 어떻게 전환되는지 전반적인 구조를 이해하는데 핵심적인 기초가 된다. 이 글은 이러한 이론적 성과를 발판으로 재난 참사에 대한 기억과 잊음에 영향을 미치는 요소들을 상정하였다. 첫째, 재난 참사 발생 시, 가장 빠르게 정보를 전달하는 언론과 미디어, 둘째, 발생한 재난 참사에 대한 정부의 대응, 셋째, 재난 참사 발생 이후 설립된 추모비와 박물관 등의 사회적 기념공간, 넷째, 발생한 재난 참사를 콘텐츠화한 영화, 예술 작품과 같은 문화콘텐츠 등이 그것이다.

3. 청년세대의 사회적 기억에 다가서기

〓 설문지법과 연구 참여자

조사에 활용된 기본적인 방법은 설문지법이다. 이 글의 목적이 '재난 참사에 대한 기억과 잊음에 영향을 미치는 요소'를 분석하는 것이기에, 재난 참사에 대한 개인의 경험과 인식 등을 포함하여 개인의 주관적인 부분들을 조사할 수 있는 수집 방법을 필요로 했다. 이에 따라 먼저 응답자의 표본을 선택한 후 표준화된 설문지에 입각한 설문지법을 활용하고자 했다(Babbie, 2021: 384). 나아가 설문지법은 집단적인 경향이나, 통계적인 상관관계를 분석할 수 있는 강점이 있다. 따라서, 이를 활용하여 개인의 주관적인 경험을 수집해, 개인의 경향성과 요소들 간 상관관계, 사람들의 인식 차이를 비교·분석하고자 하였다.

특히 이 글은 경상남도에 거주하는 20대 청년을 대상으로 설문 조사를 실시하였다. 20대는 디지털 미디어에 익숙한 세대로서, 재난 참사에 대한 뉴스의 소비 방식 및 온라인 커뮤니티에서의 영향에 따라 기억과 잊음이 빠르게 이루어지는 세대적 경향이 있다. 따라서 20대는 새로운 기억문화를 실현해나가고, 수용하는 중요한 주체라고 볼 수 있다. 나아가, 이들은 성장기부터 재난 참사를 직·간접적으로 경험했으며, 향후 사회적 기억의 전승자이자 기억문화를 재구성해나갈 주체이기도 하다. 이러한 이유로 이 연구는 설문의 대상을 20대 청년으로 설정하였다.

또한 재난 참사에 대한 기억이론 및 언론과 국가, 시민단체의 동향에 대한 문헌 검토를 실시하였다. 문헌연구는 기존에 존재하고 있는 자료를 통해 정보를 수집하는 방법으로써 (Babbie, 2021: 794), 설문조사의 결과를 해석하고 재구성할 자원으로 활용하고자 하였다.

〓 문항 설계와 분석

구체적으로 이 글은 한국사회에서 발생한 1995년 삼풍백화점 붕괴, 2003년 대구 지하철 참사, 2014년 세월호 참사, 2022년 이태원 참사를 중심으로, 20대 청년들의 기억과 잊음에 대한 조사를 실시하였다. 이 네 가지 사례는 한국사회의 대표적인 재난 참사이며, 각기 다른 유형과 성격을 지닌 재난 참사이다. 문항은 핵심 문항 11개, 보조 문항 5개로 총 16문항으로 설문지를 구성했다. 이 과정에서 기존의 폐쇄형 설문 문항이 감정과 애도 표현의 관계성을 조사하는데 한계가 있다고 판단되어, '사례별로 느낀 현재의 감정에 대해, 왜 그런지 이유를 적어주십시오.'라는 개방형 문항을 추가하였다.[2] 설문지 구성은 다음 <표 1-1>과 같다.

<표 1-1> 설문지 구성 내용

문항 범주	질문 정리	문항 유형
개인 정보	성별에 대한 물음	폐쇄형
	나이에 대한 물음	개방형
사례 비교분석을 위한 기반 마련	들어보거나, 알고 있는 재난 참사에 대한 물음	폐쇄형
	기억에 남는 재난 참사 순서 정렬	폐쇄형
영향을 미친 요소 파악	재난 참사를 기억하는 이유에 대한 물음	폐쇄형, 개방형
	재난 참사를 덜 기억하는 이유에 대한 물음	폐쇄형, 개방형
감정	현재의 기억에 영향을 주는 요인 직접적 물음	폐쇄형
	재난 참사 발생 당시와 지금 감정에 대한 물음	폐쇄형
태도	어떤 형태의 애도를 표하는지에 대한 물음	폐쇄형
	재난 참사를 기억하기 위한 노력에 대한 물음	개방형

설문은 온라인 설문 방식으로 2025년 5월 5일부터 10일까지, 6일 동안 실시했으며, 개인 SNS 홍보 및 <사회학연구실습> 단체 공지방을 활용하여 비확률표집 방법 중 하나인 편의 표집 방식으로 경상남도에 거주하는 20대 청년 총 27명을 대상으로 설문 응답을 받았다.[3] 다른 한편, 해당 설문지는 통계 프로그램을 통해 분석한다면, 단순 수치화로 인하여 응답자 개별 특성과 태도 간의 관계, 기억과 감정 표현의 맥락적 일관성 등을 충분히 포착하기 어렵다고 판단하였다. 따라서 연구자가 직접 응답 내용을 수작업으로 분류하여 기초적인 분석의 토대를 마련하였고, 주관식 서술에 대한 교차분석과 적극적 해석을 결합하여 설문의

2 결과적으로 27명 중 7명은 해당 문항에 응답하지 않았으며, 20명은 해당 문항이 포함된 총 17문항 설문지를 통해 설문을 진행하였다.

3 다양한 표본 확보 방식이 존재함에도, 해당 표본추출 방법을 설정한 이유는 비확률표집 방법의 자발적 참여와 간편성, 현실성을 고려했기 때문이다(Babbie, 2021: 295).

질적 의미를 보다 두텁고 면밀하게 파악하고자 하였다.

4. 재난 참사의 기억과 잊음의 경계

1) 조사 결과의 개략

20대 청년 27명을 대상으로 설문 조사를 진행한 결과, 남성 13명(48.1%), 여성 14명(51.8%)이 설문 조사에 참여하였으며, 나이는 2003년생 13명(48.1%), 2000년생 7명(25.9%), 2001년생 4명(14.8%), 2002년생 3명(11.1%)으로, 2003년생이 가장 많이 참여하였다. 한국사회에서 발생한 재난 참사 중 가장 먼저 떠오르는 참사를 기억나는 순으로 나열해 달라는 질문에 대한 응답은 다음 <표 1-2>를 통해 확인할 수 있다.

<표 1-2> 가장 먼저 떠오르는 참사 순서

순위	응답	응답 결과	비고	
1순위	세월호 참사	21명	삼풍백화점 붕괴	-
			대구 지하철 참사	2명
			이태원 참사	4명
2순위	이태원 참사	18명	삼풍백화점 붕괴	1명
			대구 지하철 참사	2명
			세월호 참사	6명
	삼풍백화점 붕괴	18명	대구 지하철 참사	7명
			세월호 참사	-
			이태원 참사	2명
4순위	대구 지하철 참사	16명	삼풍백화점 붕괴	8명
			세월호 참사	-
			이태원 참사	3명

위 표를 통해 응답자들이 가장 잘 기억하는 재난 참사는 1순위로 세월호 참사이며, 공동 2순위는 이태원 참사와 삼풍백화점 붕괴, 4순위는 대구 지하철 참사임을 확인할 수 있다. 가장 잘 기억하는 참사의 경우, 이유를 파악하기 위해 뉴스 및 언론 영향, 국가 대응 논란, 학교 교육 경험, 시민단체의 영향, 개인적 관련, 기념공간 방문, 예술 작품, 개인적 관심, 미디어를 통한 직접적 경험으로 문항을 설정하였다. 복수 응답이 가능하도록 한 설문 결과는 다음 <표 1-3>을 통해 확인할 수 있다. 이는 사례별, 응답이 가장 많은 3순위에 대한 것이다.

<표 1-3> 사례별 기억에 영향을 받은 요인

재난 참사명	문항	응답 결과
삼풍백화점 붕괴	-	0명
대구 지하철 참사	뉴스 및 언론에서 많이 다뤄서	1명
	개인적으로 관련이 있기 때문에	1명
	관련된 기념공간 및 기관을 방문했기에	1명
세월호 참사	뉴스 및 언론에서 많이 다뤄서	16명
	국가 대응이 논란이 된 적이 있어서	12명
	미디어를 통해 당시 상황을 직접 목격해서	12명
이태원 참사	국가 대응이 논란이 된 적이 있어서	4명
	미디어를 통해 당시 상황을 직접 목격해서	4명
	뉴스 및 언론에서 많이 다뤄서	3명
응답자 전체		27명

이와 같이 각 사례별 영향을 받은 요인은 다양하게 나타났는데, 대구 지하철 참사, 세월호 참사, 이태원 참사 등 모든 경우에서 뉴스 및 언론의 영향이 컸음을 확인할 수 있다. 한편으로 세월호 참사와 이태원 참사의 경우, 국가 대응 논란과 미디어를 통한 직접 목격이 기억의 유지에 영향을 미친 요인으로 작용함을 발견할 수 있다. 참사별로 덜 기억하는 이유에 대해서도 조사를 진행했다. 이에 대해 삼풍백화점 붕괴를 선택한 8명 중 7명(87.5%), 대구 지하철 참사를 선택한 16명 중 10명(62.5%)이 '시간이 오래 지나 자연스럽게 잊혔기 때문에'라고 응답했다. 이태원 참사 경우에는 3명 중 2명(66.6%)이 '나의 관심사가 아니기 때문에'에 응답했다. 이를 통해 시간이 오래 경과한 재난 참사일수록, 그리고 관심사가 아닐수록 더 잘 잊힘을 유추할 수 있다.

마지막으로, 현재의 재난 참사에 대한 기억에 영향을 미치는 요인에 대해 확인할 수 있다. 이는 재난 참사와 유사한 경험, 미디어 보도 방식,

언론 보도, 주변 사람들의 관심, 정부의 대응성, 영화·예술작품, 학교 교육, 직접적인 경험, 소속된 커뮤니티, 기념물·기념관, 기타 항목으로 총 11개를 구성하였다. 그 결과, 27명의 응답자 가운데 15명(55.5%)이 1순위로 언론 보도를 선정하였으며, 2순위로 6명(22.2%)이 직접적인 경험, 3순위로 6명(22.2%)이 미디어 보도 방식을 꼽았다. 이를 통해 전체적으로 한국사회에서의 재난 참사에 대한 개인별 영향을 받은 형태와 기억에 영향을 미치는 요소를 직접적으로 알아볼 수 있었다.

2) 기억의 사회적 구성: 정보 접근 경로와 기억 형성의 상관관계

기억은 개인적 경험으로만 형성되는 것이 아니라, 사회적 맥락 속에서 구성된다. 어떠한 경로를 통해 재난 참사를 접했는가는 그 기억이 어떻게 구조화되고, 해석되는지에 있어 핵심적인 변수로 작용한다. 이에 이 절은 정보 접근 경로에 따라, 기억이 어떻게 형성되고, 어떤 영향을 미쳤는지, 나아가 개인은 어떤 영향을 받게 되었는지의 문제를 아울러 밝히고자 한다.

첫째, '미디어를 통한 직접 목격'은 재난 참사에 대한 기억과 관심에 상반되는 결과를 낳았다. 직접 목격을 통해 재난 참사에 더욱 관심을 가지게 된 응답자들이 존재하는 반면, 재난 참사 발생 당시 모습이 적나라하게 보도됨으로써 오히려 재난 참사에 대해 회피하게 되고, 관심이 적어지는 경로도 있었다. 전자의 경우, 응답자 13은 "참사 발생 당시, 선장이 부둣가에서 돈을 말리고 있는 모습과 무책임한 어른들이 기다리라고 하는 모습이 충격적으로 다가와 분노가 느껴졌다"라고 응답했다. 나아가 "이러한 경험으로 해당 재난 참사에 대해 관심을 가지게 되었다"

고 밝혔다. 응답자 14는 “참사의 시작부터 끝까지 뉴스를 통해 직접 목격하게 되면서, 희생자와 유가족에 깊이 공감할 수 있었기에 개인적으로 관심을 가지게 되었다”고 밝혔다. 또한, 응답자 15의 경우, “세월호 참사 발생 당시 뉴스를 직접 시청하였고, 이후 노란 리본 달기와 꾸준한 팽목항 답사, 간담회 참석을 통해 재난 참사에 관심을 가지게 되었다”고 밝혔다. 분석 결과, 세 응답자 모두에게 미디어를 통한 직접적인 목격은 개인적인 관심으로 연결되었고, 이는 재난 참사에 대한 기억 형성에 영향을 미치고 있었다.

하지만, 응답자 12와 23은 후자의 입장을 보였다. 응답자 12는 이태원 참사 발생 당시, “시체가 길에 누워있는 모습을 너무 많이 보여줘 충격적이라 뉴스에서 보도될 때마다 회피했다”라고 밝혔다. 해당 응답자는 추후 문항에서 개인적으로 아무런 애도를 취하지 않는다는 응답을 선택하며, 재난 참사에 대한 관심이 다소 적은 경향성을 보여줬다. 응답자 23 역시 이태원 참사 당시, “압사 장면이 담긴 영상이 온라인에 퍼지게 되면서 자연스럽게 시청하게 되었고, 매우 끔찍하다는 감정을 느껴 회피하게 되었다”라고 응답했다. 이와 같이, 미디어를 통한 직접 목격은 재난 참사 이후의 기억과 태도에서 상반된 영향을 가져오는 이중적 구조를 보여준다. 이는 미디어를 통한 직접 목격이 기억을 형성하는 강력한 매개체이며, 동시에 잊음을 촉진하는 탈기억화의 장이 될 수 있음을 시사한다.

둘째, 시민단체 및 영화, 기념물 등의 문화적 장치들의 영향에 따라 해당 재난 참사에 대해 높은 관심을 보이고, 기억 유지와 태도 형성에 영향을 미침을 확인할 수 있었다. 이와 관련된 사례 수가 많지는 않았지만, 뚜렷하게 일관된 경향을 보이기에 의미있는 자료로 분석될 수 있다.

응답자 6의 경우, "세월호 간담회에 참석함으로써 참사에 대한 슬픈 감정과 진상규명에 대한 필요성을 느낄 수 있었고, 추후 유가족 관련 보상 등에 대한 관심을 가지게 되었다"고 밝혔다. 응답자 7의 경우, "세월호 참사 관련 영화인 <생일>을 통해, 유가족의 아픔에 공감이 가능했고, 이후 재난 참사 피해자 운동에 대해 더욱 관심을 가지게 되었다"고 밝혔다. 응답자 15의 경우, 팽목 기억관에 방문함으로써 추모공간 부지와 관련해 진도군과 갈등상황이 있음을 인지하게 되었다. 이로써 "기억공간 조성과 관련한 갈등 과정과 공간 조성과정에 관심을 가지게 되었고, 재난 참사 기억공간 조성에 대해 전반적으로 심층적인 고민을 하게 되었다"고 밝혔다. 이러한 사실은 앞서 알박스의 집단기억이론과 아스만의 문화적 기억이론을 통해 살펴보았듯, 기억이 고립되고 주관적인, 혹은 심리적인 것이 아니라, 사회적 틀을 통해 기억이 구체적으로 구성되고, 지속된다는 사실을 시사한다. 말하자면 이는 기억이 사회적으로 구성된다는 알박스의 이론의 정합성을 드러내며, 영화나 기억공간과 같은 문화적 형식을 통해 기억이 형성된다는 점을 환기시킨다.

이와 대조해, 재난 참사에 대해 현재 '아무렇지 않음' 감정을 느낀 사람들은 재난 참사를 기억하는 이유로 어떤 경로를 선택했는지에 대해서도 조사해 보았다. 덜 관심을 보인다는 자료를 확실히 입증할 자료가 부족하기에, 애도에 대한 태도를 묻는 문항에 '개인적으로 특별한 행동을 하지 않음'이라고 응답한 응답자들에 대하여 교차분석을 실시하였다. 해당 자료들이 비교적 재난 참사에 대한 적은 관심을 최대한 반영할 수 있는 자료라고 판단했기 때문이다. 아무렇지 않다고 느낀 사람들은 27명의 응답자 가운데 6명이었으며, 특별한 애도 행위를 하지 않는 응답자는 7명이었다. 이 7명 가운데 앞선 6명이 아무런 감정을 느끼지 않는다고 응답한 응답자였다. 총 7명을 대상으로 가장 영향을 받은 요소를 분석한 결과—영화·예술작품, 기념공간 등의 영향을 받은 이들이 아니라—모두 재난 참사에 대한 정보를 보편적으로 접할 수 있는 뉴스 및 언론 보도를 선택한 응답자들이었다. 이를 통해, 이들에게 문화적 매개물의 영향이 약한 상태임을 파악할 수 있었다.[4]

뉴스 및 언론 보도가 위와 같은 문화적 매개물에 비해 재난 참사의 기억 형성에 영향을 덜 미친다는 것을 한국사회의 언론 보도 경향을 통해 이해할 수 있다. 따라서 뉴스 빅데이터 분석 시스템인 빅카인즈를 통해 2025년 4월 16일, '세월호 참사' 키워드가 포함되어 보도된 신문 기사에 대해 분석하였다. 조사 결과, 재난 참사 애도 관련 기사보다 정치권 중심의 기사가 훨씬 많은 것으로 나타났다. 세월호 키워드가 포함된 총 537개의 뉴스 기사 중, 223건이 정치적 발언이나 정치인의 행보에 한정되어 있었으며, 단 96건만 재난 참사 추모에 관한 기사였다. 이는 재난 참사 보도가 사회적 추모를 위한 것이 아니라, 정치적 갈등 프레임 속에서 다루어지고 있는 형국을 보여준다. 관련하여 임인재(2020)는 재난 참사에 대해 시민이 행동 의도를 형성하는 데 있어 감정은 중요한 요인이라는 것을 실증한 바 있다. 하지만, 한국사회의 언론 보도 경향은 시민이 사회적 공감을 형성하기 어려운 형태를 만들고, 이는 나아가 재난 참사에 대한 기억형성까지 어렵게 한다는 점을 시사한다.

이와 같이 개인의 미디어를 통한 직접 목격, 시민단체의 활동, 기억공간 방문 등의 경험은 재난 참사에 대한 관심을 불러일으키고, 지속적인 기억의 작용을 가능하게 한다. 따라서, 재난 참사에 대한 정보 접근 경

4 물론, 뉴스 및 언론을 접한 이들 또한 의미있는 기억을 형성하기도 한다는 점을 간과해서는 안 되며, 해당 설문에서 비교 대상이 한정적이었다는 점을 염두에 두어야 한다.

로는 기억의 강도와 형태에 결정적인 영향을 미치는 것을 인지할 필요가 있다. 이는 기억이 사회적 실천으로 전환되기 위해 무엇이 필요한지에 대해서도 실마리를 제공하는 중요한 지점이다.

3) 감정과 매개물의 실천적 태도로의 전환성

재난 참사에 대한 감정은 단순히 개인적이고 심리적인 반응을 넘어, 기억을 유지하게 하고 실천적인 태도로 전환을 매개하는 사회적 요인이다. 따라서 응답자들이 재난 참사에 대하여 어떤 감정을 느끼는지, 그리고 이러한 감정이 애도의 실천적 행위로 어떻게 연결되는지 파악할 필요가 있다. '귀하가 기억하는 재난 참사에 대하여, 지금 어떤 감정을 느끼는지 사례별로 체크해 주십시오.'라는 물음에, 각 사례별 3순위 감정을 도출한 결과, 모든 재난 참사에 대하여 '슬픔, 분노, 책임감'이라는 키워드를 선택하였다. 이후의 물음인 '참사의 애도일이 다가오면 귀하는 보통 어떤 태도를 취하는지 선택해 주십시오'라는 질문에 18명(66.7%)의 응답자가 'TV나 온라인 뉴스, SNS 등을 통해 관련 내용을 찾아봄'이라고 응답했으며, '개인적으로 조용히 애도하는 시간을 가짐'에 15명(55.6%), '개인적으로 특별한 행동을 하지 않음'은 8명(29.6%)으로 나타났다. 그리고 '추모식 등 공식적인 추모 활동에 참여하거나, 시청함'은 2명(7.4%)에 불과했다. 재난 참사에 대해 느끼는 감정은 슬픔과 분노, 책임감을 느끼는 반면, 공식적인 추모 활동에 참여하는 행위는 적었으며, 개인적으로 애도를 실천하는 소극적 행위를 보이는 경향을 발견할 수 있었다. 물론, 대부분 학생인 20대이기에, 공식적인 추모 활동에 참여하기엔 일정한 한계가 있다. 또한 전국 단위에서 맞춤한 추모 행사가 열리는 것은 아니기에, 지방에 거주하는 학생들의 경우 학업과 병행하여 참여하기에 현실적인 어려움이 존재한다.

이러한 경향성 속에서도 뚜렷한 개인의 동기로 인하여 적극적인 애도의 행위로 이어지는 사례 또한 존재하긴 했다. 세월호 참사와 이태원 참사에 대해 특히나 책임감을 느끼는 경우였는데, 응답자 13은 교육전공으로, 충분히 자신에게 비슷한 상황이 재현될 수 있기에 학생들을 보호할 책임감을 느끼며, 인파가 많은 축제 방문 시, 자신이 할 수 있는 일을 떠올리며 책임감을 느낀다고 했다. 해당 응답자는 추모식 등 공식적인 추모 행사에 참여하는 실천적 행위를 활발히 전개하고 있다. 또한, 대구에서 경호원으로 일하는 응답자 11의 경우, 본인이 경호원으로서 인파가 많이 몰리는 축제와 행사에 참여하는 경우가 많기에, 사람들에게 피해가 생기지 않도록 책임감이 생긴다고 밝혔다. 해당 응답자는 대구 중앙로역 기억공간에 방문하는 등의 적극적인 추모 활동에 참여하고 있다. 이와 같이, 개인적 경험과 위치, 개별 동기가 애도의 형식에 연결됨을 파악할 수 있다. 하지만, 똑같은 재난 참사가 발생하지 않도록 사회적 책임감을 느낀다는 응답자 5명은 모두 개인적으로 애도를 실천하는 소극적 태도를 보였다. 이제까지 살펴본 내용을 정리하면 <표 1-4>와 같다.

<표 1-4> 슬픔, 분노, 책임감을 느낀 사람들의 애도 행위 비교

애도 행위로 전환	문항	응답 결과
소극적 태도	TV나 온라인 뉴스, SNS 등을 통해 관련 내용을 찾아봄	18명
	개인적으로 조용히 애도하는 시간을 갖음	15명
	개인적으로 특별한 행동을 하지 않음	8명
	추모식 등 공식적인 추모 활동에 참여하거나, 시청함	2명
적극적 태도	**감정**	**애도 행위**
	• 교육전공으로 학생들을 보호할 책임감을 느낌 • 인파가 많은 축제 방문 시, 본인이 할 수 있는 일을 떠올리며 책임감을 느낌	공식적인 추모에 참여
	경호원으로서 인파가 많이 몰리는 축제와 행사에 참여하는 경우가 많아, 피해가 생기지 않도록 책임감 느낌	대구중앙로역 기억공간 방문

결과적으로, 추모식의 일정이나 장소 등을 이유로 일반 20대가 참여하기엔 어려운 경향을 보이며, 모든 사람들에게 위와 같은 뚜렷한 동기가 작용하지 않기에, 적극적 애도까지의 연결이 다소 미미하다. 이를 통해 감정은 애도의 전제가 되지만, 반드시 실천으로 자동 전환되는 것은 아님을 파악할 수 있었다. 한편으로 애도를 표할 여건 및 환경 등이 충족되지 않으면, 재난 참사에 대한 감정은 내면에 머무를 가능성이 높다. 이와 관련하여 재난 참사를 기억하고 잊지 않기 위해 어떤 노력이 필요한지 묻는 질문에, '언론과 미디어를 통한 지속적인 사회적 언급', '국가 차원에서 애도 시간을 갖도록 유도'와 같은 응답을 확인할 수 있었다. 이는 지속 가능한 기억으로의 전환을 위해 사회적 장치의 필요성을 강조한 문화적 기억 이론을 상기하도록 한다. 즉 개인이 재난 참사에 대해 슬픔, 분노, 책임감 등과 같은 공감적 행위를 보이지만, 사회적 실천 행위로 연결될 수 있도록 장치를 마련해야 한다는 것이다. 만일 이를 위해 국가 차원에서 이러한 개개인의 공감적 감정을 연결시켜주기 위한 매개

물 및 형식을 마련한다면, 이는 감정에만 그친 것에서 넘어서 사회적 행위로 실천될 기폭제가 될 것이다.

4) 재난 참사별 기억과 잊음의 차이와 기억 형성 요인의 정합성

이 조사는 삼풍백화점 붕괴, 대구 지하철 참사, 세월호 참사, 이태원 참사 총 4개의 재난 참사의 기억과 잊음에 영향을 미치는 요인들을 조사하기 위한 목적에서 기획되었다. 이 절에서는, 해당 설문 조사의 결과를 바탕으로, 기억과 잊음에 영향을 미치는 요소들이 실제로 어떻게 작동했는지, 보다 심층적이고 정밀하게 분석한 결과를 살펴본다.

첫째, 응답자가 실제 영향을 받은 요소가 현실에서 어떻게 나타났는지 살펴보자. 우선, 설문 조사 분석을 통해 재난 참사 사례별, 영향을 받는 요인이 다른 것을 확인할 수 있었다. 4장의 <표 1-2>를 통해 보았듯, 총 4개의 사례 가운데 1순위로 기억하는 참사로 세월호 참사가 21명으로 가장 많았고, 이태원 참사 4명, 대구 지하철 참사 2명, 삼풍 백화점 붕괴에는 응답이 없었다. 4순위로 기억하는 참사로는 대구 지하철 참사 16명, 삼풍백화점 붕괴 8명, 이태원 참사 3명으로 나타났으며, 세월호 참사는 0명이었다. 따라서, 이 결과를 바탕으로 두 가지 분류로 나누어보면, 잘 기억되는 사례로 세월호 참사와 이태원 참사를, 잘 기억되지 않는 참사로는 삼풍 백화점 붕괴와 대구 지하철 참사를 꼽을 수 있다. 이 두 사례 간에 뚜렷한 차이를 보이는 요소가 존재했다. 잘 기억되는 사례의 경우, 잘 기억되지 않는 사례들에 비해 '미디어를 통한 직접 목격'이 많았다는 점이다. 앞서 살펴보았듯 세월호 참사 21명 가운데 12명, 이태원 참사 4명 가운데 4명 모두가 미디어를 통한 직접 목격을 선정했지만, 삼풍백화점은 아무도 1순위로 선정하지 않았으며, 대구 지하철 참사를 고른 2명의 경우도 '미디어를 통한 직접 목격'을 고른 응답자는 없었다. 또한, 잘 기억되지 않는 사례에 대해 이유를 <표 1-5>로 나타내면 다음과 같다. 이 내용은 총 요소 11개의 문항 중, 상위 3개만 뽑아 산출한 결과이다.

<표 1-5> 사례별 기억하지 못하는 이유

순위	재난 참사명	기억하지 못하는 이유	응답자 수
잘 기억되는 사례	세월호 참사 (0명)	-	-
	이태원 참사 (3명)	나의 관심사가 아니기 때문에	2명
		기타(사건 중심 보도로 인한 서사 파악 어려움)	1명
잘 기억되지 않는 사례	삼풍백화점 붕괴 (8명)	시간이 지나 자연스럽게 잊혔기 때문에	7명
		재난 참사에 대한 대처가 끝났다고 생각하기에	1명
		뉴스 및 미디어에서 많이 다루지 않아서	1명
	대구 지하철 참사 (16명)	시간이 지나 자연스럽게 잊혔기 때문에	10명
		뉴스 및 미디어에서 많이 다루지 않아서	3명
		나의 관심사가 아니기 때문에	3명

이를 통해 '시간이 지나 자연스럽게 잊혔기 때문에'라는 응답이 잘 기억되지 않는 사례에 공통적으로 나타나며, 전체 응답자 중 절반 이상을 차지했다. 추가적으로, 대구 지하철 참사에서 '나의 관심사가 아니기 때문에' 라는 응답이 의미있게 나타났다. 이에 대한 이유로 지역적·세대적 거리감으로 인해 공감하기 어려웠으며, 본인의 일상과 직접적인 관련이

없다고 인식했기 때문이다. 응답 결과를 종합해볼 때, 20대의 경우 비교적 최근에 일어난 사례일수록, 그리고 이들이 직·간접적으로 경험한 참사일수록 기억을 잘 하는 반면, 그렇지 않고, 비교적 시간이 오래된 사례일수록, 사회적 거리감 때문에 기억을 덜 하는 경향이 있는 것으로 나타났다. 이를 통해 사건의 직·간접적 목격이 기억 형성에 영향을 미치는 핵심 요인 중 하나임을 확인할 수 있다.

둘째, 지금까지 기억과 잊음에 영향을 미치는 요소의 차이에 대한 분석을 토대로 재난 참사의 기억에 영향을 주는 가장 만연한 요인을 파악하고자 했다. 본인이 '실제로 영향을 받았다고' 응답한 요소와 기억에 영향을 '미친다고 생각하는' 요소가 실제로 일치하는지에 대해 분석하기 위하여 재난 참사의 기억에 직접적인 영향을 미친 요인을 앞 순서인 5번에 배치하였고, '재난 참사에 대한 현재의 기억에 영향을 미치는 요인은 무엇이라고 생각하는지 순위대로 작성해 주십시오'라는 문항을 비교적 뒷 문항인 10번에 배치하였다.

앞선 4장에서, 삼풍백화점 붕괴, 대구 지하철 참사, 세월호 참사, 이태원 참사 총 4개의 재난 참사 중 가장 기억에 잘 남는 참사에 대하여, 기억에 영향을 미친 요소를 <표 1-3>을 통해 살펴본 바 있다. 이를 통해 뉴스 및 언론의 영향을 받은 사람이 20명, 국가 대응에 대한 영향을 받은 사람이 16명, 미디어를 통한 직접 목격에 영향을 받은 사람이 16명으로 응답자들이 가장 영향을 많이 받은 3가지를 파악할 수 있었다. 따라서, 해당 응답을 선택한 24명의 응답자를 대상으로 10번 '영향을 미친다고 생각하는' 질문에 대해 분석한 결과, 24명 모두 '언론 보도, 미디어 보도 방식, 정부의 대응성' 가운데 하나, 둘, 혹은 모두를 선택하였다. 이를 통해, 실제로 사람들이 영향을 받은 요소와 생각하는 요소가 뉴스 및 언론, 미디어 보도, 국가 대응 방식이라는 점에서 일치하며, 해당 요소들이 기억에 전반적인 영향을 미치는 요인으로 작용한다는 점을 알 수 있었다.

지금까지, 재난 참사에 대한 기억과 잊음에 영향을 미친 요소와 우리 사회가 기억을 형성하고 유지하기 위하여 필요한 보편적인 요소가 무엇인지를 알아보았다. 이를 기반으로, 우리 사회가 재난 참사를 기억하는 방식 및 사회적 실천과 연대의 방식을 어떻게 구성할 것인지를 논의할 수 있다.

5. 맺음말: 잊지 않기 위하여

이 글은 "재난 참사에 대한 기억과 잊음에 영향을 미치는 요소는 무엇인가?"라는 물음에서 시작하여, 설문 조사를 통해 20대 청년의 재난 참사의 기억과 잊음에 영향을 미친 요소와 재난 참사의 입체적인 기억 형성 구조의 경향을 파악할 수 있었다. 이 연구의 발견이 시사하는 함의를 정리해보자면 다음과 같다.

첫째, 재난 참사에 대한 관심도와 기억의 지속성은 미디어와 영화·예술 작품, 기념물·기념관 등의 재난 참사를 접한 경로에 영향을 받는다. 둘째, 감정은 애도의 전제가 되지만, 애도의 실천적 행위로 무조건 전환되는 것은 아니다. 셋째, 미디어를 통한 직접 경험과 시간의 흐름 및 지역적·세대적 거리감이 재난 참사에 대한 기억과 잊음의 경계에 영향을 미치며, 언론 보도와 미디어 보도방식, 정부의 대응성이 기억 형성에 가장 큰 영향을 미친다.

이 연구는 한국사회의 대표적인 재난 참사 전반에 대한 기억과 잊음의 형성을 비교의 관점에서 조사했기에, 개인의 사회적 태도로의 전환 맥락을 파악할 수 있었다는 점에서 의의가 있다. 이 연구의 발견을 참고할 때, 언론과 미디어를 통해 재난 참사 이후의 사회적 논의 및 담론을 지속적으로 활성화 시키고, 개인의 감정과 책임감을 개인에게만 머무르게 하는 것이 아니라 국가 차원에서 사회적 행위로 전환시킬 수 있는 연결점 및 매개체를 마련할 필요가 있다. 또한 재난 참사에 대한 사회적 거리감을 완화시킬 수 있도록 개인과 개인, 개인과 집단, 개인과 사회 간에 기억의 연대가 가능한 장치가 마련될 필요가 있다. 이를테면 추모 공간의 상시 운영이나 공간 확대, 재난 참사 관련 교육과정 편성, 공공 추모 행사, 디지털 기억 플랫폼 구축 등과 같은 제도적 장치가 마련된다면 개인의 감정과 책임감이 사회적 차원으로 확장되어 지속 가능한 기억 공동체 형성이 가능할 것이다.

이러한 시사점에도 불구하고 이 글은 경상남도에 거주하는 20대에 한정된 조사 결과에 입각하며, 응답자 수가 27명에 불과하다는 점에서 제한된 일반성을 지닌다. 향후에는 조사 연령을 확대해 세대 간 재난 참사에 대한 인식 차이와 기억 형성 과정 차이, 자녀가 있는 세대와 그렇지 않은 세대 간 재난 참사를 인식하는 태도 차이, 시대적 국가 대응 비교 등의 복합적인 분석이 더해질 필요가 있다. 또한, 인터뷰나 참여 관찰 등의 방법론이 보완된다면, 한국사회의 재난 참사 기억문화 형성과 사회적 기억의 실천적인 방향을 제안하는데 보다 의미있는 자료로 사용

될 수 있을 것이다.

재난 참사에 대한 기억은 개인을 넘어서 공동체가 함께 구축해야 할 사회적 책임의 문제이다. 우리가 어떻게 기억하느냐에 따라, 재난 참사의 고통을 계속 반복할지, 의미있는 변화를 도모할지 그 경로가 달라진다. 이 글이 흩어져 있는 기억의 퍼즐을 연결하고, 한국사회의 재난 참사와 사회적 연대의 고리를 튼튼하게 엮을 수 있는 발판이 되길 희망한다.

II. 기후위기와 재난취약성

경남·경북 산불 피해를 중심으로

______최주영

1. 들어가며

1) 기후위기의 심화와 산불재난

기후위기가 심화됨에 따라 전 세계적으로 재해의 빈도와 강도가 증가하고 있다. 자연재해는 수많은 생명을 앗아갈 뿐만 아니라, 경제적·사회적·환경적 측면에 심각한 영향을 미친다. 2025년 3월 21일 경남 산청에서 발생한 산불은 빠르게 확산되어 경남 하동까지 번졌으며, 다음날인 22일에는 경북 의성군 안평면에서 산불이 발생하여 안동, 청송, 영양, 영덕까지 번졌다(『국민재난안전포털』, 2025년 3월 28일). 특히 이번 산불은 역대 최대 희생자를 기록하며 총 31명의 목숨을 앗아갔고, 사상자를 포함해 총 82명이 피해를 입었다. 대규모 영남권 산불 피해는 산림파괴와 산림 황폐화라는 환경적 피해를 초래했을 뿐만 아니라, 농지와 가축 자원이 손실되고 재산 피해가 발생하는 경제적 피해와 지역주민들의 정신적·심리적 고통의 사회적 피해를 발생시켰다. 그러나 이번 산불을 단순히 자연재난으로 보기에는 특정 지역과 계층, 연령대에 불균등한 피해를 입히는 양상을 드러냈다.

이러한 산불재난 역시 기후위기와 밀접하게 연관된 것으로 지적된다(『한겨레』, 2025년 5월 1일). 고온 건조한 날씨와 강한 바람이 맞물려 산불이 발생되기 쉬운 기상조건이 형성되었고, 이러한 기후변화가 재난피해를 더욱 심화시키는 요인으로 작용했다. 기후위기는 다양한 형태의 재난으로 특정 사회의 취약한 위치에 있는 사회적 약자를 더욱 취약하게 만든다. 전 세계를 혼란에 빠트렸던 코로나19 팬데믹이 전형적인 약자의 재난에 해당한다. 기후변화로 인해 박쥐의 서식지가 변경되면서 바이러스를 지닌 박쥐와 인간의 접촉이 증가해 코로나19가 발생했으며, 이는 취약계층에게 더 큰 피해를 초래했다. 사회의 하위층에 속한 이들은 바이러스에 감염되더라도 제때 치료받기 힘들고, 생계 유지를 위해 위험한 상황에서도 노동을 지속해야 했기 때문에 전염병에 더욱 쉽게 노출되었다(『Wisdom Agora』, 2025년 4월 29일). 이는 2022년 발생한 반지하 침수 사건도 마찬가지이다. 취약계층은 폭우로부터 자신을 지킬 수 있는 주거환경을 갖추지 못해 안전을 보장받지 못했다. 이처럼 기후위기가 동반한 재난은 약자를 집중적으로 공격함으로써 자신의 위력을 발휘하며, 계급 불평등을 심화시킨다.

경남·경북 산불 피해는 기본적으로 자연재난의 성격을 띠지만, 그 여파로 피해를 입은 지역사회는 여전히 연쇄적이고 혼란스러운 사회재난 상태에 놓여 있다. 지역 주민들은 생계 활동 중단에 따른 경제적 어려움과 함께, 산불로 인한 심리적·정신적 고통을 동시에 겪고 있다. 이처럼 주민들은 자연재난이 사회재난으로 확산되는 과정에서 이차적이고 복합적인 피해를 경험하고 있는 것이다. 따라서 이 글은 경남·경북 산불 피해 사례를 통해 취약계층의 재난 당시의 모습과 재난 발생 이후의 생활 불안과 사회적 혼란에 주목하고, 복합재난 상황에서 취약계층이 더욱 취약해지는 사회구조적 원인과 양상을 밝히고자 한다.

2) 지역 사례 연구의 필요성

〓 선행연구의 자원을 끌어오기

경남·경북 산불 피해는 최근에 발생한 사례로, 이에 대한 유사 선행 연구가 부족한 실정이다. 이와 같은 연구 공백은 지역사회가 직면한 피해를 정확히 파악하지 못하게 하며, 효과적인 대응 및 복구 방안 마련을 어렵게 한다. 따라서 이 글은 경남·경북 산불 피해를 분석함으로써 기존 연구의 공백을 보완하고, 후속 사례 연구의 발판을 제공하고자 한다. 선행 연구는 부재하지만 관련 문헌을 통해 재난에 대한 개념 정의와 재난이 공동체 및 사회에 미치는 영향에 대한 연구의 분석 틀을 재구성하였다.[1]

먼저 박재묵(2008)의 「환경재난으로부터 사회재난으로」는 산불을 환경재난[2]으로 볼 수 있는 단서를 제공한다. 이 글은 산불과 같은 재난이 피해 지역주민에게 경제적 손실뿐만 아니라 심리적 고통을 초래하는 사회재난의 양상을 보인다고 밝혔다. 특히, 산불과 같은 재난이 단순한 환경적 피해를 넘어 지역주민의 생계 수단을 붕괴시키고, 주민들의 심리적·정신적 불안과 스트레스를 유발시킨다고 설명했다. 실제로 태안 기름 유출 사고 당시에도 경제적 곤란이 장기화됨에 따라 일부 피해 주민이 자살을 선택하는 비극적인 일이 발생했다. 이는 재난 이후 피해자가 다시 고통받는 '재희생자화'의 사례로 볼 수 있다. 이처럼 재난은 단기적 피해를 넘어 장기적 피해를 유발해 지역사회의 심각한 문제를 초래할 수 있음을 시사한다.

김치홍·김명희(2024)의 「이태원 참사 159번째 희생자의 자살에 대한

1 「재난과 돌봄 생활 : 강원도 산불피해자들의 비공식적 자원과 거주지 선택에 주목하여」는 2019년 4월 강원도에서 발생한 산불을 다룬 논문으로, "사회적으로 취약한 집단이나 계층일수록 그 피해가 크다. 즉 취약성이 크다는 것은 재난 발생 직후의 피해가 심각할 뿐만 아니라 재난 이후 삶이 회복되기까지 오랜 시간이 걸리고, 또다시 재난이 발생하게 되면 더욱더 취약해질 가능성이 높다는 의미이다."라며 산불과 같은 재난이 특히 노인에게 취약하다고 언급하고 있다(이지연·오민석, 2024: 90-92). 그러나 노인의 재난취약성 원인에 대한 탐구보단 재난 이후 노인의 돌봄, 이재민에 초점이 맞추어져 있기 때문에 재난취약성의 원인에 대한 연구가 필요하다.

2 '환경재난'의 개념에 대해서 명시적으로 규정하고 있는 법률은 없지만, 인명이나 재산 피해를 동반하는 사회재난 규모의 환경오염이나 환경훼손으로 정의할 수 있다(김현준, 2016: 315-316).

사회학적 심리부검: 재난 참사 피해자의 재희생자화를 중심으로」에서는 이태원 참사 159번째 희생자의 자살 사례를 통해 재난 이후의 사회적 대응 방식에 따라 재난의 또 다른 희생자가 발생하는 재희생자화의 양상을 실증적으로 드러내 보였다. 이 연구를 통해 이 글의 핵심 개념을 구조화하고, 재희생자화의 양상에 대한 이해를 도울 수 있었으며, 재난 이후 정부의 책임과 대응의 중요성을 인식할 수 있었다.

김동진(2023)의 「국민의 건강수준 제고를 위한 건강형평성 모니터링 및 사업 개발-건강형평성 관점의 재난통계 개선 방안」은 재난의 불평등 인식조사를 통해 사회계층이 낮은 집단일수록 재난 피해에 더욱 취약하며, 재난 이후 회복력 또한 상대적으로 낮게 나타난다는 결과를 도출했다. 이를 통해 재난이 누구에게나 똑같은 결과를 가져오는 것이 아니라 특정 계층에게 더 취약하게 작용하는 '재난취약성'의 문제를 유발함을 알 수 있었다.

그러나 기존 연구에서는 재난의 지역적 요소에 대한 논의가 부족하다. 특히 최근 발생한 산불 피해 지역은 산간 지역으로, 대부분 인구수가 적은 군 단위에 해당하며, 고령화 비율이 높아 60세 이상 노인의 피해가 크게 나타났다(『KBS NEWS』, 2025년 4월 9일). 이에 따라 재난이 지역적 요소에 미치는 영향을 면밀히 파악하려는 노력이 필요하다. 또한 자연재난과 사회재난을 별개의 현상으로 간주하는 연구 경향은 두 재난이 서로 연쇄적인 반응을 일으키는 것을 간과할 위험이 있다. 자연재난은 주거지 파괴, 경제적 손실, 정신적 고통 등 또 다른 사회재난을 발생시키므로 자연재난과 사회재난 간의 복합적인 상호작용을 이해하고, 복합재난을 체계적으로 분석하는 '지역 사례 연구'가 요청된다(김병수·고명석, 2020: 7-8 참고).

질적 사례 연구: 경남·경북 산불 사례를 중심으로

이 글은 연구주제와 관련한 학술 논문을 참고하여 재난에 대한 핵심 개념을 정의하고, 신문 기사와 관련 서적을 기반으로 질적 사례 연구 방법을 활용하여 경남·경북 산불 피해 사례에 대한 심층 분석을 실시하였다. 질적 사례 연구는 특정한 사례의 사회 현상 또는 원인에 대한 심층연구를 시도하는 방법론이다(Babbie, 2013: 514). 사례와 관련한 문서와 보고서, 언론기사와 시청각 자료, 법령과 통계 자료를 활용하여 경남·경북 산불 피해를 분석하였다. 이 방법론을 채택한 이유는 기후위기와 재난취약성이라는 주제가 포괄적인 특성을 지니고 있어, '경남·경북 산불 피해'라는 하나의 사례를 집중적으로 분석함으로써 재난취약성을 설명하고 그 원인을 입체적으로 분석하는데 적합하기 때문이다. 연구 분석 시기는 산불이 처음 발생한 3월 21일부터 5월까지이며, <표 2-1>은 경남·경북 산불을 시기별로 분류한 것이다. 이 자료를 토대로 희생자가 가장 많이 발생한 경남 산청·하동과 경북 의성, 안동, 청송, 영양, 영덕을 주요 지역으로 선정하여 재난취약성을 심층적으로 살펴보고자 한다.

<표 2-1> 2025년 경남·경북 동시다발 산불

최초 발생일	산불 피해 지역	희생자
3월 21일	경남 산청·하동 산불	4명
3월 22일	경북 의성 산불	2명
3월 24일	경북 안동 산불	4명
3월 25일	경북 청송 산불	4명
	경북 영양 산불	7명
	경북 영덕 산불	10명

출처: 「산림청」, 산불발생정보, 2025.

2. 기후위기와 재난취약성

1) 재난의 개념: 자연재난, 사회재난, 복합재난

「재난 및 안전관리 기본법」(이하 「재난안전법」) 제3조에 따르면, 재난은 국민의 생명·신체·재산과 국가에 피해를 주거나 줄 수 있는 것으로 정의하고 있다. 그러나 이러한 정의는 사회 차원의 피해와 공동체 차원의 피해를 반영하지 못하고 있다. 현대 사회는 국민뿐만 아니라 이주민, 난민, 외국인 노동자 등이 사회의 일원으로 공동체 일부를 형성하고 있으며, 이들을 모두 공동체의 중요한 구성원이다. 그러나 국민이 아닌 이들을 보호할 만한 법적·제도적 마련이 구체화되어 있지 않다. 재난 발생 시, 이들은 특히 취약한 상황에 놓일 가능성이 크며, 적절한 보호 체계가 마련되지 않는다면 사회적 갈등이 심화되고 공동체 통합이 저해될 우려가 있다. 따라서 「재난안전법」에서 정의하듯 국민과 국가라는 경계에 갇힌 재난 개념에서 벗어나, 다양한 사회구성원을 포괄하는 공동체 차원의 재난 피해 개념으로 확장한다면 효과적인 재난 관리가 이루어질 수 있을 것이다.[3]

「재난안전법」에서의 재난은 '자연재난', '사회재난', '해외재난'으로 분류된다. '자연재난'은 태풍, 홍수, 폭염, 지진 등 자연현상으로 인해 발생하는 재해로 규정하고 있으며, '사회재난'은 화재·붕괴·폭발·교통사고 등으로 인하여 발생하는 큰 규모 이상의 피해와 국가 핵심 기반의 마비를 포함하는 것으로 정의하고 있다(「재난안전법」 제3조 제1호). 하지만 「재난안

---

3 「국가법령정보센터」 "재난 및 안전관리 기본법" https://www.law.go.kr/%EB%B2%95%EB%A0%B9/%EC%9E%AC%EB%82%9C%EC%95%88%EC%A0%84%EB%B2%95(검색일: 2025. 4. 14.).

전법」이 정의하는 사회재난은 물리적인 피해 규모와 국가 시스템의 마비에 초점을 두고 설명하고 있어 재난피해자의 정신적·신체적·경제적 고통을 충분히 고려하지 못한다. 이는 장기적인 관점에서 개인의 삶의 질을 떨어뜨리고 경제적 불평등을 심화시켜 사회 전반에 부정적 영향을 미칠 위험이 있다. 이러한 문제는 앞서 언급한 재난의 정의인 국민의 생명·신체·재산에 피해를 주는 결과를 초래할 수 있으므로 재난피해자의 피해와 고통 또한 재난의 범주에 포함되어야 한다. 이에 본 연구는 재난피해자의 정신적·신체적·경제적 고통 역시 재난이 될 수 있음을 인식하고, 사회재난의 범위를 재난피해자의 고통까지 확장하여 경남·경북 산불 피해를 분석하고자 한다.

현재 발생하는 재난의 양상은 자연재난과 사회재난이 독립적으로 발생하는 것이 아닌 두 재난이 복합적으로 발생하는 복합재난의 형태이다(김병수·고명석, 2020: 7). 이번 영남권 산불 피해 역시 산에서 발생한 화재가 인접 지역까지 빠르게 확산되면서 지역주민들이 집과 재산을 잃고 정신적 고통을 호소하는 사회재난의 형태로 발생했다. 이처럼 자연재난과 사회재난은 서로 상호작용하여 복합적인 영향을 미치므로, 이를 분리된 개념이 아닌 '복합재난'으로 인식할 필요가 있다. 만약 두 재난을 별개의 현상으로 이해할 경우, 두 유형의 재난이 복합적으로 상호작용하는 관계성을 충분히 고려하지 못하게 한다. 이는 효과적인 대응을 저해할 수 있으며, 정책 수립 및 지원 과정에서 중복되거나 불필요한 지원이 발생할 수 있으므로 「재난안전법」에 '복합재난'의 개념을 추가할 필요가 있다.

2) 재난취약성과 재희생자화

▬ 재난취약성

재난취약성이란 한 사회 또는 지역에서 특정 계층이 재난의 영향을 받을 가능성이 높음을 의미한다. 경제적·사회적·신체적·환경적 요인으로 인해 재난이 발생했을 때 쉽게 피해를 입을 수 있으며, 이들을 재난약자 또는 안전취약계층이라고 부를 수 있다(김소진, 2022: 185-187). 재난의 빈도가 증가함에 따라 다양한 재난 위험으로부터의 노출이 증가하고 있지만, 그 피해와 발생 빈도는 사회계층에 따라 불평등하게 나타난다. 소득, 교육, 노동 등 재난의 불평등을 유발하는 요인들은 사회적 조건들과 교집합을 이루고 있으며, 사회계층별로 불평등하게 분포된 사회적 조건들은 위험과 재난의 과정을 거치면서 확대, 재생산되는 경향이 있다(김동진, 2023: 278-279). 예를 들어, 경제적 약자는 반지하 주택이나 산림 주변 주택 등 자연재난에 취약한 주거환경에 거주하는 경우가 많으며, 이로 인해 폭우로 인한 침수나 산사태 등에 피해 입을 가능성이 높다. 또한 재난 발생 이후 피해 복구와 회복을 위한 자원이 부족해 경제적 곤란이 장기화되면서 기존의 사회적 조건들이 더욱 심화된다. 이처럼 취약계층은 재난 발생 이전에는 안전한 주거환경 확보와 재난 대비를 위한 물자를 구비하기 힘들고, 재난 발생 당시에는 신속하고 적절한 대응이 어려우며, 재난 발생 이후에는 재난 피해를 복구하는데 어려움이 발생하여 재난의 모든 과정에서 구조적 취약성을 보인다.

경남·경북 산불 피해도 이와 마찬가지로 취약계층의 재난 피해를 더욱 불평등하게 만들어 재난취약성을 심화시키는 양상을 보이고 있다. 따라서 경남·경북 산불 피해의 재난취약성의 원인을 정확히 파악하고,

이를 해결하기 위한 대책을 마련할 필요가 있다.

▬ 재희생자화

재희생자화란 과거에 피해를 경험한 동일 피해자 또는 동일 지역이 다시 피해자가 되는 과정을 의미한다(김치홍·김명희, 2024: 9). 2007년 12월 7일 태안 앞바다에서 발생한 기름 유출 사고는 우리나라 최대 규모의 기름 유출 재난으로, 바다가 심각하게 오염되면서 생태계가 파괴되어 환경적 피해가 광범위하게 발생했다. 이는 곧 어업 활동의 중단으로 이어졌고, 지역주민들의 생계에 큰 타격을 주었다. 그러나 당시 중앙정부와 지자체의 미흡한 초동 대처로 인해 피해는 더욱 확산되었다(『매일경제』, 2008년 1월 21일). 생계 곤란이 장기화되면서 지역 주민들의 심리적 불안과 절망은 더욱 커졌고, 결국 이러한 복합적 피해는 주민 3명의 자살로 이어지는 비극적인 결과를 초래했다(박재묵, 2008: 17-18). 이처럼 복합재난은 재난 당시의 환경적 피해, 생계활동 중단, 부상자 발생뿐만 아니라, 재난 이후 주민들의 심리적 불안과 혼란으로 인해 자살로 이어지는 재희생자화 현상을 발생시킬 수 있다. 따라서 재난 이후 주민을 위한 초동 대처와 피해보상, 생활비 마련 등의 대처가 중요하지만, 현실에서는 이러한 조치가 제대로 이루어지지 않고 있다.

이번 재난 피해도 산불로 인해 주민들의 생계 활동이 중단됨에 따라 경제적 어려움이 장기화되고 있어 주민들은 심리적·정신적 고통을 호소하고 있다. 이러한 상황을 제대로 대처하지 않으면 태안 기름 유출 사고와 같이 주민들의 자살로 이어지는 재희생자화가 반복될 수 있는 위험이 존재한다. 따라서 단순히 피해를 복구하는데 집중하기보다는 지역사회의 회복력과 지역주민의 생활과 안전에 관심을 최우선으로 접근하여 같은 비극이 반복되지 않도록 노력할 필요가 있다. 구체적인 지역 사례를 통해 이 지점들을 살펴보기로 하자.

3. 경남·경북 산불 피해와 재난취약성

1) 발생 원인과 피해 현황

2025년 3월 21일 경상남도 산청군 시천면 야산에서 예초기에서 튄 불씨로 인해 산불이 발생했다. 이 불은 하동군으로 빠르게 번졌으며, 정부는 산청군을 특별재난지역으로 선포하고 화재 진압을 위해 많은 인력을 동원했다. 경남 산청에서의 산불 발생 다음날인 22일에는, 경북 의성군 안평면에서 성묘객의 실수로 또 다른 산불이 발생하여 안동, 청송, 영양, 영덕까지 불이 확산되었다(『국민재난안전포털』, 2025년 3월 28일). 이로 인해 경남 지역의 산림 피해 규모는 3397ha로 추정되며, 경북 지역은 산림 피해 규모가 서울시 전체 면적의 1.5배가 넘는 9만 9천여ha에 달하여 총 10만 2천여ha의 산림이 소실되었다(『경남도민일보』, 2025년 4월 20일).

이번 산불은 산림뿐만 아니라 심각한 인명 피해를 동반하며 총 31명의 사망자를 낳아 역대 최대 피해를 기록했다. 사람에 의한 실화로 시작된 산불은 기후변화로 인한 악조건과 겹치면서 대규모 산불로 확산했다. 특히 역대 최저 강수량과 고온건조한 날씨, 태풍의 약 2배 정도인

초속 27m로 부는 바람으로 인해 역대 산불 가운데 가장 빠른 속도로 확산했고, 산림 지역의 두꺼운 낙엽층으로 인해 물이 낙엽층 아래까지 스며들지 않아 재발화하는 등 진화 작업에 상당한 어려움이 발생했다(『KBS대구』, 2025년 3월 28일).

2) 재난취약성의 원인과 양상: 지역, 노인, 장애인, 이주민

■ 지역적 취약성

경북 산불의 전개 과정과 피해 상황은 KBS대구 다큐멘터리 <[경북 산불재난특집] 화마가 삼킨 봄>을 통해 구체적으로 확인할 수 있다. 특히 영덕군과 영양군에서 가장 큰 인명 피해가 발생해, 이들 지역에 대한 집중적인 분석이 필요하다. 불은 의성에서 발생해 강한 바람을 타고 빠르게 확산되었으며, 짧은 시간 안에 80km 이상 떨어진 영덕까지 번졌다. 영덕 석리마을은 작은 어촌 마을로, 이렇게 빠른 확산을 예상하지 못한 주민들은 피할 틈도 없이 피해를 입었다. 불길은 주민들을 방파제 끝으로 몰아붙였고, 마을이 고립되어 해양경찰이 바다를 통해 구조에 나서야 했다. 더군다나 영덕군 전 지역에서 전기 공급이 중단되고 통신이 두절되면서 외부와 완전히 단절된 상태에서 주민들은 극심한 공포에 시달렸다. 이로 인해 영덕 지역에서만 총 10명이 사망하며, 경북 산불 피해 지역 중 가장 많은 인명 피해가 발생했다. 영양군의 상황도 유사했다. 청송을 지나 영양까지 번진 불로 인해 7명이 사망하고, 총 1,998명의 주민이 긴급 대피하는 등 큰 피해가 발생했다. 이처럼 경북 북부 산간 지역은 산불의 급격한 확산과 이에 대한 대응의 어려움으로 인해 심각한 인명 피해를 겪었다(『KBS대구』, 2025년 3월 28일).

이러한 경남, 경북 산불 피해 양상을 통해 재난취약성의 지역적 특성을 찾아볼 수 있었다. 첫째, 산불 피해 지역은 안동시를 제외하면 모두 '군' 단위 지역으로, 인구수가 적고 도시화 수준이 낮아 산림이 넓게 분포해 있다는 특징을 가진다. 산림의 구조적 한계로 인해 산불 초기 진화와 접근이 어려워 산불 확산 속도가 가속화되면서 피해의 규모를 확장시켰다. 이는 주민들의 신속한 대피를 어렵게 만들어 산림 주변 지역에 주거하는 주민들의 피해가 집중되는 결과로 이어졌다.

둘째, 주민 대다수가 농업에 종사하는 농촌 지역으로, 농업 중심의 경제 구조가 뚜렷한 특성을 지닌다. 농업 의존도가 높고 산업 구조가 다양하지 않아 생계 활동이 중단된 이후 대체할 수 있는 경제적 활동이 제한적이다. 이번 산불로 인해 농경지가 전소되고 농기구가 훼손되는 등 주민들의 생계 기반이 붕괴되어 장기적인 경제적 곤란에 직면하게 되었으며, 이는 지역 내 경제적 불평등을 초래해 재난 이후의 삶을 더욱 취약하게 만든다. 또한 농촌 지역은 마을 단위의 공동체 구조를 이루고 있어 재난 발생 시, 특정 가구가 아닌 집단적 피해로 확산되는 경향을 보이며, 이는 지역사회의 회복력을 저해하는 요인으로 작용한다.

셋째, 전기 공급과 통신망 관리의 미흡 또한 재난 발생 시 주요 문제로 작용할 수 있다. 농촌 지역은 도시에 비해 통신망 인프라가 상대적으로 취약하고, 고령층이 많아 통신 서비스 접근성이 떨어져 수리·보수 등의 관리가 미흡하다(『한국농정』, 2022년 10월 2일). 경북 영양군에서 산불로 인해 전력 공급과 통신이 끊기자 마을 이장 부부가 직접 마을을 돌면서 주민들을 대피시키려다가 변을 당하는 안타까운 인명 피해가 발생했다(『연합뉴스TV』, 2025년 3월 31일). 이는 재난 발생 시 주민들과의 소통을 단절시키고, 재난 문자의 수신을 방해하는 등 재난 상황을 인지하고 대피하는 데 많은 시간이 지연되어 인명 피해를 발생시킬 수 있음을 시사한다.

이러한 지역적 특성은 재난 대응을 방해하고 피해의 규모를 확장시켜 주민들의 직접적인 피해를 유발한다. 특히 산지 인근에 거주하며 농업에 의존하는 주민들에게 산불의 영향은 더욱 클 수밖에 없는 취약성을 드러낸다. 이와 같은 지역적 취약성은 지역주민들의 재난 위기를 초래하는 첫 번째 위기로 작용하기 때문에 지역의 지역적 구조, 인구 구조, 경제 기반 등 지역성에 대한 정확한 분석을 통해 재난에 대비할 수 있는 대응 체계를 마련하는 것이 필수적이다.

〓 재난취약성 집단1: 노인과 장애인

또한 산불 사망자의 공통된 특징 중 하나는 사망자 대다수가 노인과 장애인이었다는 점이다. 경남 지역 산불 사망자인 소방진화대원은 모두 60대이며, 경북 지역 산불 사망자 중 70% 이상이 80세가 넘은 노인이나 장애인인 취약계층으로 밝혀졌다(『KBS News』, 2025년 3월 31일). 이는 고령자와 장애인이 재난 상황에서 구조되기 어려운 환경에 놓여 있음을 보여주는 대표적인 사례라 할 수 있다.

첫째, 농촌 지역의 지속적인 인구 유출로 인해 젊은 세대가 도시로 이동하면서 고령 인구의 비율이 상대적으로 높아졌고, 특히 고령 인구가 밀집해 있는 산간 주변 지역에 산불이 발생해 피해가 더욱 집중되었다. 노인들은 주로 농업을 생계 수단으로 삼고 있으며, 이번 산불은 농산물에 큰 타격을 입혀 단기적인 생계 곤란을 넘어 장기적인 노인의 생활 기반 상실로 이어지는 심각한 문제를 야기했다. 다른 생계활동을 모색하려고 해도 농촌 지역 특성상 농업 외의 일자리 분야가 부족하고, 신체적 제약으로 인해 업무 수행 능력 또한 제한적이기 때문에 새로운 생계 활동을 수행하기도 어렵다. 이러한 복합적인 어려움은 결국 노인의 빈곤 심화와 사회적 고립으로 이어져, 재난 이후의 회복탄력성을 낮추는 요인으로 작용할 수 있기에 이들을 위한 제도적 대책 마련이 필요하다.

둘째, 노인과 장애인은 '신체적 제약'으로 인해 긴급 상황에서 빠른 대처가 어렵다. 일반 성인의 평균 보행 속도에 비해 노인의 보행 속도는 약 70% 수준에 불과해 대피에 시간이 더 소요된다. 특히 영덕군 산불의 경우, 불이 20분 만에 마을을 덮쳤음에도 긴급재난문자는 불이 이미 마을을 뒤덮은 후에 발송되어 신속한 대피가 사실상 불가능했다(『MBC News』, 2025년 4월 2일). 만약 대피 명령이 제때 전달되었다고 하더라도, 노인과 장애인의 신체적 제약으로 인해 실제 대피가 어려웠을 가능성이 크다. 이는 치매를 가진 노인이나 정신적·인지적 장애를 가진 사람도 마찬가지다. 이들은 재난 상황을 인지하지 못해 대피 명령을 이해하는 데 한계가 있다. 실제 경북 산불로 사망한 주민 중에는 혼자 살던 70대 지적 장애인이 포함되어 있었다(『KBS뉴스 대구경북』, 2025년 4월 21일). 이는 단순한 물리적 접근성의 문제가 아닌 정보를 인지하고 판단하는 인지적 접근성의 문제 또한 고려해야 함을 보여준다.

셋째, '디지털 정보 접근성'이 낮은 노년층과 장애인은 재난에 더욱 취약하다. 최근 노인과 장애인의 디지털 격차는 갈수록 심화하고 있으며, 이는 일상생활에서 쉽게 확인할 수 있다. 예를 들어, 온라인 예매가 필수적인 스포츠 경기나 콘서트와 같은 문화생활의 경우, 인터넷 사용에 익숙하지 않은 이들에게 문화생활을 즐길 기회조차 허락하지 않는다. 실제로 최근 야구 경기가 젊은 층을 중심으로 큰 인기를 끌고 있지만, 주로 온라인 예매로 이루어지면서 현장 매표소를 찾은 노인들이 다시 발걸음을 돌리는 사례도 존재했다(『세계일보』, 2023년 11월 10일).

앞서 말했듯 시력·청각의 저하로 휴대전화를 잘 확인하지 못할 뿐 아니라, 충분한 디지털 교육이 이루어지지 않아 노인과 장애인의 디지털 격차가 지속적으로 확대되고 있으며, 디지털의 빠른 정보에 따라가지 못해 디지털 소외가 심화하고 있다. 이러한 디지털 격차는 재난에도 큰 영향을 미친다. 예컨대 디지털 접근성이 낮은 노년층과 장애인은 안전 안내 문자 메시지를 제대로 확인하지 못하거나 문자 내용을 이해하지 못해, 재난 상황을 인식하지 못하는 경우가 많다. 산불 당시 재난문자가 연이어 발송되었지만, 시력 저하로 문자를 읽지 못하거나 스마트폰 사용에 익숙하지 않은 노인과 장애인은 재난 상황을 인지하기 어려웠던 것이다(『인사이트』, 2025년 3월 29일). 또한 2세대, 3세대 구형 휴대전화를 사용하는 노인들은 휴대전화에 재난문자 서비스가 탑재되어 있지 않아 재난문자를 받을 수 없었으며, 신형 휴대전화로 교체하기에는 경제적 부담이 커 재난 상황에서의 정보 접근성을 더욱 낮아지게 만들었다(『대구신문』, 2025년 3월 30일). 이처럼 낮은 디지털 접근성은 재난 상황에서 신속한 정보 전달과 실제 대피 행동으로 이어지지 못하게 하며, 이들의 피해를 더욱 심화시키는 요인이 된다.

〓 재난취약성 집단2: 이주민

경남·경북 산불 피해는 이주민의 재난취약성 또한 여실히 드러냈다. 농촌 지역은 노동력 부족 문제를 해결하기 위해 이주 노동자의 유입이 지속적으로 이루어지고 있으며, 이주민의 의존도도 높은 편이다. 이러한 상황에서 농촌의 지역 경제와 주민들의 경제적 활동을 위해 이주민의 존재가 필수적임에도 불구하고 재난 상황에서는 여전히 차별받고 배제되고 있다. 자국을 떠나 생계를 위해 한국으로 온 이들은 산불로 인해 일터였던 농경지가 소실되면서 한순간에 일자리를 잃었고, 경제적으로 취약한 상황에 놓이게 되었다. 또한 체류 기간을 연장하는데 필요한 여권이나 각종 서류가 불에 타 불법체류자로 전락하기도 했으며(『SBS News』, 2025년 4월 2일), 산불로 인해 다수의 주택이 전소되어 많은 이재민이 생겨남에 따라 정부와 지자체에서 임시주택을 마련했지만, 공식적인 주거지 지원 정책에서 이주민은 사실상 제외되었다.

이에 법무부는 계절근로자에 한해 다른 농가에 근무처 변경을 허가하여 경제활동을 지속할 수 있는 방안을 마련하고, 외국인의 체류민원, 국적 허가 수수료 일정 기간 면제, 체류 기간을 연장하지 못하더라도 범칙금을 면제하는 등 재난 발생으로 인한 피해 이주민 지원 방안을 마련했다(『법무부』, 2025년 3월 31일). 그러나 일자리 대책의 경우, 이주 노동자 중 일부에 해당할 뿐 계절근로자가 아닌 외국인 노동자를 위한 별도의 대책은 제시하지 않았고, 일터를 잃은 상황에서 경제활동을 지속할 수 없어 일부 노동자는 자국으로 돌아가는 등 체류에 관한 대책도 큰 도움이 되지 못했다.

이러한 이주민의 재난취약성은 과거 재난 사례에서도 동일하게 나타났다. 코로나19 팬데믹 당시 이주민이라는 이유로 긴급재난지원금 대상에서 배제하고 마스크 수급 안정화 대책에서도 유학생과 건강보험에 가입되지 않은 이주민은 제외되는 등 반복적인 국가 재난 대응 체계로부터 소외되어 왔다(『KBS뉴스』, 2020년 3월 7일). 또한 긴급재난문자나 대피 문자 등이 한국어로 제공되어 이에 익숙하지 않은 이주민은 재난 대응에 있어 위험한 상황에 놓일 가능성이 높다. 이러한 재난 정보의 언어장벽은 단순한 정보 격차를 넘어 생존을 위협하는 차별로 이어질 수 있다는 점에서 문제가 있다.

이번 영덕 산불 당시, 화마가 마을을 덮치고 있는 상황에서 이주민들은 고령 주민들을 업어 옮기며 불길의 위협 속에서도 인명 구조를 위해 적극적으로 뛰어들었다(『서울신문』, 2025년 5월 6일). 이들은 이전부터 지역주민들과의 깊은 유대 관계를 형성하며 지역 공동체의 일원으로 자리매김하였고, 이들 역시 공동체를 구성하는 민주적 성원으로 행동했다. 그럼에도 불구하고 정부와 지자체의 정책은 이들을 외부인으로 간주하며, 재난 상황에서 보호받지 못하고 배제되고 있다.

노인과 장애인, 그리고 이주민은 재난 상황에 놓였을 때 구조와 대피, 지원 체계에 있어 취약성을 보이고 있다. 특히 고령화된 농촌 지역, 신체적 제약, 정보 접근성의 한계 등이 복합적으로 작용하면서 노인과 장애인의 피해를 가중시켰으며, 이주민을 보호하기 위한 실질적인 보호 장치가 마련되어 있지 않아 재난 이후에 겪는 피해의 심각성이 커지고 있다. 이처럼 한국사회가 고령화 사회이자 다문화 사회로 이행하고 있는 현실 속에서 취약계층을 포용하고 실질적인 보호 기반을 구축하는 것은 더 이상 미룰 수 없는 과제가 되었다. 따라서 이번 산불 피해를 단순히 물적·인적 피해로만 바라보기보다는 사회적 취약계층이 직면한 위험과 보호 체계의 한계를 직시하고, 재난취약성의 구조적 위험을 줄이기 위한 노력을 경주할 필요가 있다.

4. 기후위기에 대한 사회적 대응: 경남·경북 산불 피해를 중심으로

1) 정부의 대응

이번 산불에서 두드러진 문제는 산불 확산 예측과 주민 대피 지시의 미흡함이었다. 산불 발생 당시 전국 평균기온은 14.2도로 평년보다 6.4도 높았고, 건조한 날씨와 강한 돌풍으로 인해 산불이 빠르게 확산되기 쉬운 조건이었다(『한겨레』, 2025년 4월 16일). 그러나 확산 경로와 속도를 정확히 예측하지 못하여 불길이 코앞까지 와서야 주민 대피가 이루어졌으며 긴급재난문자가 지연되는 등 대응 체계의 허점이 드러났다. 이에 따라 정부는 산불 확산 예측의 정확도를 높이기 위해 기존 '평균풍속'에서 '최대순간풍속'을 반영하는 방식으로 개선하고, 주민대피 체계를 3단계로 분류해 주민의 신속한 대피를 위한 시스템으로 개선하겠다고 밝혔다(『대한민국 정책브리핑』, 2025년 4월 16일).

개선된 대책은 주로 전체 주민을 대상으로 대응 체계 강화에 초점이 맞춰져 있다. 그러나 노인과 장애인과 같은 취약계층을 위한 구체적인 대피 지원 방안은 언급되지 않았다. 주민대피 체계의 3단계 분류에서 '실행대기'는 5~8시간 이내로 취약계층의 선제 대피가 중점이라고 언급했지만 실제로 어떻게 대피할 것인지, 필요한 인력과 대피 수단에 대해서 구체적인 실행 방안을 제시하지 않았다. 더불어 정부는 디지털 소외계층과 고령층의 보다 신속한 대피를 위해 마을 방송, 차량 순회 방송, 라디오, 마을 순찰대 등을 포함한 다중 경보 체계를 도입하겠다고 밝혔으나, 청각장애인과 노인의 청력 저하로 인해 마을 방송이나 차량 순회 방송 등 재난방송을 제대로 듣지 못할 가능성이 높고, 지적장애인의 경우 재난방송을 듣더라도 현재 자신이 처한 재난 상황을 인지하기 어렵기 때문에 재난에 적절히 반응할 수 있을지에 대한 고려가 부족하다.

2) 지자체의 대응

피해 지역의 지자체는 집을 잃은 이재민을 위한 임시주택을 공급했으나, 산불 피해를 입은 세대수를 모두 충족하기엔 턱없이 부족한 수량이다. 이로 인해 상당수의 이재민들은 호텔과 모텔 등 인근 숙박시설과 교회, 마을회관을 전전하며 생활하고 있다(『노컷뉴스』, 2025년 5월 17일). 행정안전부 「임시주거용 조립주택 운영지침」 제7조에 따르면, '12개월 이내 이주자가 피해주택을 복구하거나 임대주택 등으로 이주하는 때까지 지원한다. 다만, 주택 복구 장기화 등 관리기관의 장이 지원 기간 연장이 필요하다고 인정하는 경우에는 12개월 이내의 단위로 지원 기간을 연장할 수 있다'고 명시하고 있다(「임시주거용 조립주택 운영지침」 제7조). 이는 이재민은 최대 2년 안에 정부 및 지자체에서 지급하는 지원금 통해 주거 공간을 마련해야 하며, 2년이 지난 후에는 임시주택에서 떠나야 함을 의미한다. 문제는 현실적으로 전소된 집을 복구하거나 새 거처를 마련하기에는 지원받는 금액이 턱없이 부족하다는 점이다. 집의 복구 시기와는 관계없이 2년이 지나면 퇴거해야 하므로, 임시주택의 낮은 공급량과 짧은 거주기간으로 인해 이재민들의 많은 불편과 불만이 생길 수밖에 없다. 이에 따라 현재의 임시주택 지원 방식이 이재민을 진정으로 지원하는 방법인지 다시 생각해볼 필요가 있다.

또한 지자체는 피해 주민의 집이나 농지 등 복구가 필요한 부분에 대해 피해 주민 부담을 전제로 한 각종 저리 융자 알선을 피해 지원책으로 제시했다(『경남도민일보』, 2025년 4월 27일). 이는 피해자 스스로 일정 부분을 감당할 것으로 전제로 한 구조 대책이며, 실질적으로 자력 복구가 어려운 고령자, 농촌 거주자들에게는 오히려 큰 부담이 된다. 이러한 지자체의 지원책은 실질적으로 산불 피해자에게 도움이 되기보다는 탁상행정에 그칠 가능성이 높다. 따라서 장기적인 회복을 위한 현실적이고 실행가능한 지원책이 마련될 필요가 있다.

3) 언론의 대응

경남·경북 지역에서 발생한 대형 산불은 빠르게 확산되었고, 이로 인해 많은 재산 피해와 인명 피해가 발생했다. 그러나 이에 대한 언론의 대응은 매우 소극적이었다. 특히 지상파 방송 3사는 재난방송을 최소화한 채, 일반적인 프로그램을 방영하는 등 책임을 다하지 않았다. 특히 재난 주관 방송사인 KBS는 두 개의 채널에서 저녁 예능 프로그램을 송출하며 공영방송으로서 의무를 다하지 않았다(『농민신문』, 2025년 3월 26일).

이와 같은 방송사의 태도는 재난 상황에서의 지역방송의 중요성을 간과한 결과로 볼 수 있다. 농촌 지역은 고령층 비율이 높고, 대피를 돕는 인력이 부족하다. 이런 상황에서 재난방송은 단순히 정보를 전달하는 역할을 넘어, 주민들의 신속한 대피와 재난의 위험성을 알리는 핵심 역할을 한다. 특히 디지털 기기 사용에 익숙하지 않은 고령층이나 장애인에게 방송은 중요한 정보를 제공한다. 그렇기에 재난방송을 하지 않을 시, 현재의 위급한 재난 상황을 인지하지 못하고 대피를 늦추게 되어 더 큰 피해가 발생할 수 있다.

그러나 공중파 방송사들이 재난 상황을 제대로 다루지 않고 다른 프로그램을 내보낸 것은 큰 문제가 된다. 이러한 방송사의 태도는 단순히 방송사의 이익을 추구하는 데 그친 것이며, 재난 상황에서 공공의 책임을 다해야 할 언론의 역할을 저버린 것이므로 비판받아야 마땅하다. 따라서 재난 상황에서의 방송 역할에 대한 중요성을 인지하고, 피해 확산 방지와 주민 보호를 위해 지역 차원에서 적극적인 재난방송을 할 필요가 있다.

5. 맺음말

기후위기는 재난을 통해 사회를 혼란에 빠뜨리고, 사회 질서를 위협하는 동시에 기존 지배체제를 더욱 견고히 하는 역할을 한다. 특히 경남·경북 산불 사례는 재난이 취약계층에게 얼마나 치명적인 영향을 미치는지를 단적으로 보여주며, 재난이 사회의 불평등한 구조를 더욱 심화시키는 원인으로 작용하고 있음을 시사한다.

경남·경북 지역에서 발생한 산불은 단기간에 지역사회에 환경적·경제적·사회적 피해를 동시에 입히며, 피해 주민들의 삶을 한순간에 무너뜨렸다. 논과 밭, 평생 살아온 집과 재산은 물론, 세상을 떠난 배우자의 사진과 가족사진 같은 소중한 추억까지 모두 불에 타버렸고, 사랑하는 가족과 이웃을 잃은 주민들도 있었다. 특히 희생된 피해자의 상당수는 고령층과 장애인이었으며, 이들은 「재난안전법」상 안전취약계층으로 분류되지만, 정작 이들을 위한 대피체계는 마련되지 않았다. 또한 「재난안전법」의 보호 대상에 포함되지 못한 이주민 역시 사회 공동체의 일원으로 인정받지 못하고 이들을 보호할 법적·제도적 마련이 부족했다. 결과적으로 취약계층은 재난 발생 시 더욱 고립될 수밖에 없었으며, 산불로 인해 생계 활동이 중단되면서 재난 이후에도 회복하기 어려운 상황에 처하게 된다.

재난으로 인한 사회적 불평등은 다양한 사회 구조적 문제들과 복합적으로 얽혀 작용하기 때문에 단일한 문제 해결 방식으로는 근본적인 해소가 어렵다. 그럼에도 불구하고 취약계층이 겪는 불평등 문제는 사회적 갈등을 심화시키고 사회통합을 저해하는 주요 요인으로 작용하기에 이에 대한 적극적인 대응과 개선을 위한 노력이 요구된다. 이를 위해 이 연구는 경남·경북 산불 피해 사례를 중심으로 기후위기와 재난취약성 간의 관계를 고찰하고, 재난 상황에서 취약계층이 처하게 되는 구조적 위험성과 불평등의 양상을 재난취약성 개념을 통해 살펴보았다. 이를 통해 도출되는 시사점을 제시하자면 다음과 같다.

첫째, 사회적 응집력[4]을 강화해야 한다. 이는 재난 발생 시 사회구성원 간의 연대와 협력을 통해 재난 상황을 극복하고, 재난으로 발생하는 불평등을 완하하는데 중요한 여할을 한다. 이를 통해 개인과 개인뿐만 아니라 정부, 지자체, 개인들이 모두 하나가 되어 문제를 해결해 나가야 한다. 경남·경북 산불에서도 드러났듯이, 정부의 산불 확산 예측과 긴급

4 유럽 평의회는 '사회적 응집력'을 "가용자원에 대한 공평한 접근성, 다양성을 감안한 인간존엄성의 존중, 개인적·집단적 자율성, 그리고 책임 있는 참여를 포함하여, 그 사회 모든 구성원의 장기적 안녕을 보장할 수 있는 한 사회의 역량"이라고 정의한다(조효제, 2020: 237).

재난문자, 주민대피 지시는 미흡했고, 지자체의 지원 체계 역시 한계를 드러냈다. 이와 같은 상황에서 주민들은 스스로 재난을 극복하기 어려우며, 이러한 대응 체계의 한계가 반복된다면 기후위기로 인한 불평등은 더욱 심화되고, 그 피해는 고스란히 취약계층에게 집중될 것이다. 따라서 정부와 지자체는 실현가능한 재난 대응 체계와 사회적 보호망을 효과적으로 정비해야 하며, 일반 시민들 역시 재난취약성 문제에 대한 지속적인 관심을 기울여 재난의 사회적 응집력을 높여나갈 필요가 있다.

둘째, 기후위기를 환경적 문제로만 보는 것이 아닌 사회적 문제로 확장하여 재난을 인권의 관점에서 바라보아야 한다. 기후변화로 인한 기온 상승과 해수면 상승, 지구 생태계 파괴 등 환경적인 측면만 강조할 경우, 기후위기로 인한 인간의 권리 침해로 이어질 위험이 커지며, 특히 취약계층의 인권 침해가 일어날 가능성이 높아진다. 대피 장소로 안전하게 이동할 권리(이동권), 정부와 언론으로부터 재난 정보를 접할 수 있는 권리(접근권), 피해 당사자인 주민이 재난 복구 계획이나 정책 결정 과정에 참여할 권리(참여권), 재난으로부터 생명을 보호받을 권리(생명권) 등 재난으로부터 취약계층의 권리를 보호하기 위한 시각으로 바라보아야 한다. 이들의 권리를 존중하고 보장하기 위한 노력을 통해 재난에 효과적으로 대응하고 지속가능한 대응 체계를 마련할 수 있을 것이다.

셋째, 기후위기와 재난에 대한 교육이 필요하다. 전 세계가 그동안 경험해보지 못한 기상 재해를 경험하고 있다. 단순히 날씨가 더워지는 수준을 넘어 폭염, 폭우, 산불 등 자연재해의 빈도와 강도가 증가하면서 우리의 생명과 안전을 위협하는 심각한 문제로 이어지고 있다. 이러한 기후위기 자체가 곧 사회적 재난을 의미하며, 특히 재난에 취약한 사회적 약자의 피해가 증가함을 시사한다. 그럼에도 기후변화를 부정하거나 과장된 사실로 취급하는 가짜뉴스와 잘못된 정보가 퍼지고 있다. 이는 사람들의 인식을 혼란스럽게 하고 기후위기의 심각성을 축소시켜, 기후위기로 인해 발생하는 재난에 대한 대비를 소홀하게 만들 수 있다. 이러한 상황에서 중요한 것은 기후위기와 재난에 대한 올바른 교육이다. 기후위기에 대한 잘못된 정보를 바로 잡고, 기후위기와 다양한 유형의 재난이 맺는 긴밀한 연관성을 정확히 이해할 수 있는 교육이 필요하다. 이를 통해 기후변화로 발생하는 재난피해를 줄이고, 재난 취약계층을 위한 적극적인 대응 체계를 마련할 수 있어야 한다. 오늘날 기후위기는 환경의 문제를 넘어 사회 전반의 문제로 확장되고 있으며, 우리가 기후위기를 어떠한 관점에서 바라보느냐에 따라 대응의 방식과 방향이 달라질 수 있기 때문이다.

결론적으로 이 연구는 산불이라는 복합재난이 취약계층에게 심각한 불평등을 초래할 수 있음을 밝히고, 기존 연구에서 충분히 다루어지지 않았던 재난의 지역적 특성에 대한 탐구와 경남·경북 산불의 노인과 장애인, 이주민 등 다양한 취약계층의 존재와 양상을 심층적으로 분석함으로써 기존 연구의 공백을 메웠다는 데에 의의가 있다. 향후 산불이 발생했을 때 취약계층의 불평등한 피해를 막기 위한 구체적인 제도적·정책적 방안을 모색하는 연구가 지속적으로 이루어질 필요가 있으며, 산불뿐만 아니라 다양한 복합재난 속 취약계층의 구조적 위기와 취약성에 대한 연구를 통해 전반적인 재난 상황 속의 불평등을 해결하기 위한 노력이 절실히 필요하다.

III.

직업집단의 자살

경찰공무원은 왜 자살하는가?

_____구민철

1. 일상 속 재난, 직업집단의 자살

2022년 10월, 이태원 참사 당시 일선 경찰관들의 지휘관이었던 용산 경찰서 정보계장 A씨가 자살하였다. 당시 경찰은 국민과 언론으로부터 신속하지 못했던 현장 대응을 이유로 많은 질타를 받고 있었으며, 용산서의 정보계장 A씨는 핼러윈 기간, 안전을 우려하는 내용의 보고서 삭제를 부하직원에게 지시했다는 의심을 받아 입건되어 수사를 받고 있었다.[1] 이태원 참사 이후, 현장에 있던 대원 중 상당수는 현장 수습 및 구조 상황 중에 입었을 트라우마를 우려해, 심리 치료를 받았다. 그러나 정보계장은 이태원 현장이 아닌 상황실에 있었다. 물론 정보계장의 자살 배후에는 이태원 참사 이후 자살했던 현장 구급대원의 경우처럼, '외상 후 스트레스 장애', '업무 과중'의 요소가 존재할 수 있다. 하지만 그보다 수뇌부의 무책임한 대응에 대한 책임 전가와 아랫선만을 겨냥한 이른바 '마녀사냥'식 수사 그리고 참사를 목격하며 발생한 부정적 감정과 여론의 화살을 경찰에게 돌리는 대중과 언론의 경향 등이 강하게 자리한다.

참사 직후, 일어난 경찰공무원의 자살은 비단 이태원 참사가 처음은 아니다. 2014년 세월호 참사 현장의 지원 업무를 해 온 경찰의 자살도 당시 세간에 알려진 바 있다. 세월호 참사 현장을 오가며, 지원 업무를 해왔던 진도경찰서 소속 김 경위는 2014년 8월, 전남 진도대교에서 투신하여 실종되었고 9일 뒤에 시신이 발견되었다. 참사 이후 현장에서

1 장예지, 박재영, 2022, "용산경찰서 전 정보계장 숨진 채 발견... 보고서 삭제 지시 의혹". 「한겨레」 2022.11.11. https://www.hani.co.kr/arti/society/society_general/1066848.html(검색일: 2025. 5. 23)

동고동락하며 유가족 지원 업무 등을 열성적으로 수행했던 그는 동료들에게 얼마 전 있었던 승진 탈락과 격무에 대한 스트레스를 호소했던 것으로 전해졌다.[2]

문제는 경찰공무원의 자살이 단지 참사의 부수효과가 아니라 꾸준히 증가하는 일상 속의 재난이 되어가고 있다는 점이다. 우리나라 경찰공무원의 연간 자살자수는 2013년 17명, 2014년 21명, 2015년 18명, 2016년 26명, 2017년 22명으로 매해 두 자릿수의 현장 경찰관이 자살로 사망했다. 2013부터 2017년까지의 경찰공무원 자살자 수는 같은 시기 순직한 경찰공무원 숫자인 80명보다 많은 104명으로 나타났다. 또한, 2012년부터 2016년까지 전체공무원 자살률은 8.4명인데 비해 경찰공무원은 같은 기간 18.4명으로 전체 공무원의 자살률 평균보다 2.4배나 높다(김덕환 · 박동균, 2018: 23).[3] 특히 일선 현장에서 일하는 젊은 경찰관들의 자살이 늘어감에 따라, 정부와 경찰 부처, 그리고 학회 등에서 경찰공무원의 자살에 대한 논의가 확산되고 있으며 오늘날 한국의 국가 수준 자살예방정책은 소방관과 경찰을 고위험군에 속하는 직업집단으로 상정하였다. 경찰청은 외상 후 스트레스 등 경찰의 마음 상태를 도와주려는 대책으로 2013년부터 심리상담 프로그램을 시행하였으며, 이는 마음동행센터를 통해 운영되고 있다(부민서·조윤오. 2020: 154). 그리고 이름바

---

2 황병서, 2022,「세월호 이어 또…참사 뒤 이어지는 극단적 선택 '비극'」,『이데일리』2022년 11월 11일. https://www.edaily.co.kr/News/Read?newsId=03466966632524736 (검색일: 2025. 7. 23).

3 경찰공무원의 계급별 자살자 분포를 살펴보면, 경위가 55명(45.1%)으로 가장 높았으며, 경사가 42명(34.47%), 경장이 9명(7.4%), 경감이 8명(6.6%), 순경, 경정이 각 4명(3.3%) 등의 순으로 나타났다. 경찰공무원의 기능별로 살펴보면 지역경찰 근무자가 52명(42.6%)으로 가장 많았으며, 수사 형사가 24명(19.7%), 생활안전 14명(11.5%), 교통이 12명(9.8%) 등의 순이었다(김덕환·박동균, 2018: 46). 해외에서 진행된 연구를 살펴보아도, 미국 경찰공무원의 자살은 일반인 평균의 2-6배 이르며, 이탈리아와 로마의 경우에도 경찰공무원의 자살률이 일반인보다 높다고 나타났다(김덕환·박동균, 2018: 27).

'경찰 복지법'이라 불리는 「경찰공무원 보건 안전 및 복지 기본법」의 8조의 2 「의료지원에 관한 법률」은[4] 경찰공무원을 대상으로 '심신 건강 연구'와 그에 따른 '특수건강 진단'을 실시하도록 명시하고 있다.

이러한 사실들을 아울러 볼 때, 오늘날 경찰관은 여러 가지 이유로 업무수행 중 만성적으로 수많은 스트레스 상황에 직면해 있다. 매해 20건 내외로 발생하는 경찰공무원 집단의 자살은 경찰이라는 직업의 폭압적인 근무환경과 만성적 스트레스의 크기를 보여준다. 경찰공무원이란 직업집단은 오늘날 국민의 안전과 일상을 지키는 임무를 수행한다는 사회적 인식과는 달리, 역설적으로 자살에 매우 취약한 상태에 놓여 있는 것이다. 이러한 형국은 약자들의 복지를 수행하지만, 관료적인 조직 문화와 과도한 노동조건 속에서 역설적으로 복지에 취약한 직업집단으로 변모한 사회복지사의 자살과 일면 비슷한 점을 보인다(김인숙, 2017; 김명희, 2024).

하지만 이에 대응하는 현행 법률체계와 정부의 대처 방식은 경찰이 겪는 일상적이고 만성적인 스트레스를 업무적 특성으로 인한 어쩔 수 없는 정신건강의 문제, 즉 '외상 후 스트레스'로 정의 내리는 데 머물러 있다. 이는 자살의 사회적 원인을 찾기보단 '질환'을 치료하고 해결하려 하는 의료적 접근법이라 볼 수 있다. 이러한 의료적 접근법은 정부가 계급적 권위주의, 수뇌부의 책임전가, 비효율적 행정 등 경찰 조직 내부에 적층된 문제와 조직문화에서 비롯되는 일선 경찰관에 대한 폭압적 처우를 정신건강의 문제로 은폐하는 것이 될 수 있다. 이러한 한계를 극복하기 위해 경찰공무원의 자살을 여러 사회적 조건에 의해 일어나는 '사

4 국가법령정보센터, 2024. 02. 20.일부 개정되어, 현재까지 적용되고 있음 (검색일: 2025. 11. 28) https://www.law.go.kr/법령/경찰공무원보건안전및복지기본법/(14839,20170726)

회적 타살'로 바라보고, 그 조건을 해명하기 위한 사회학적 심리부검이 진전될 필요가 있다. 요컨대 스트레스를 앓고 있는 경찰의 개인적 심리가 아닌, 경찰 주위를 둘러싼 사회적 환경과 담론을 진단하여야 한다는 것이다.

이 글은 "경찰공무원이 조직 내에서 겪는 스트레스의 사회·문화적 요인과 과정은 무엇인가?"라는 물음에서 시작한다. 이에 답하기 위해 이 글은 사회학적 관점의 질적 사례 연구를 통하여 경찰공무원의 자살이 1) 폭압적 근무 강도와 열악한 처우, 2) 준 군사조직적 문화로 인한 조직 내 '계급적 권위주의', 3) 왜곡된 역할의 강제와 그에 따른 취약한 위치성이라는 세 요소로 이루어진 만성적 폭력과 무관하지 않음을 환기시키고자 한다.

2. 직업집단의 자살에 대한 사회학적 접근

1) 심리 부검과 그 한계

경찰공무원의 자살과 관련한 대부분의 선행연구는 '업무상 스트레스'와 '조직 내 문제로 인한 정신건강의 훼손'에 주목하며, 연구에서 가장 빈번하게 언급되는 자살요인은 '외상 후 스트레스 장애'로 인한 자살이다. 이에 따라 기존 선행연구에는 해당 '정신 질환'을 치료하여 얼른 현장으로 복귀시키기 위한 방안과 일시적 근무 이탈이 실무에 영향을 끼치지 않도록 경찰 행정 및 인원 통제, 그리고 해당 정신 질환을 앓는 현장 경찰관을 무사히 현직으로 복귀시키는 방안을 제안하고 있다. 아울러 경찰공무원들의 자살 문제는 주로 경찰학 또는 행정학계에서 선행 연구로써 다루어지는 특성을 보이기도 한다. 이와 사뭇 달리, 송혜진(2022)은 "자살은 개인의 문제만이 아니라 조직, 사회, 환경의 다양한 상호작용 속에서 나타날 수 있는 결과"이며, 이러한 자살 대상자에 대한 이해를 위해, 여러 가지 요소들을 심층적이고 포괄적으로 다룰 수 있는 심리 부검이 필요하다고 제안한다(송혜진, 2022: 136). 그러나 송혜진의 연구가 말하는 심리부검은 경찰의 '만성적 스트레스'와 '심리'의 내부에 주안점을 두는 '심리학적 심리부검'에 머문다는 점에서 제한적이다. 경찰공무원의 자살을 진단하기 위해선 경찰이라는 직업 역할이 수행되고 있는 곳의 사회적 환경과 담론, 그리고 질서를 함께 진단할 필요가 있기 때문이다.

직업집단의 자살에 대한 사회학적 접근은 바로 이 지점에서 요청된다. 이제까지 군인(윤민재, 2008), 쌍용차 해고 노동자(김명희, 2012), 사회복지직 공무원(김인숙, 2017), 그리고 간호사들의 '태움' 자살(송해리·김명희, 2022), 초등 교사들의 자살(김명희, 2024)에 대한 사회학적 연구가 제출된 바 있다. 이들 연구는 기존의 심리학적·정신의학적 접근 방식의 한계를 넘어 젠더적 특성과 조직 내 관료주의, 신공공관리주의 등이 휴먼 서비스 분야에 종사하는 직업집단의 자살에 크게 관여함을 밝히고 있다. 그리고 이들 연구의 상당수가 자살의 사회학적 전환을 이끈 에밀 뒤르케임(É. Durkheim)의 자살론에 주목하는 특징을 보인다. 뒤르케임의 자살론이 정신, 심리학적 병리와 그에 따른 개인 선택의 문제로 치부되던 자살을 사회적 힘(social forces)의 결과로 발생하는 사회적 문제로 끌어올렸기 때문이다(김명희, 2024: 188). 이 내용을 좀 더 자세히 살펴보면 다음과 같다.

2) 사회적 폭력과 숙명론적 자살

고전 사회학자 가운데 시민사회의 구조와 과정에 관해 가장 통찰력 있는 분석을 제공한 사람은 뒤르케임이다. 그중에서도 뒤르케임이 가장 날카롭게 분석했던 주제는 사회생활의 중간 영역인 가족, 직업집단, 교육 기관 등이었다. 즉, 뒤르케임은 시민사회의 친밀한 영역과 공공 영역 모두에 관심을 기울였다. 그 중에서도 뒤르케임은 직업집단의 출현이 새로운 질서의 규범 형성에 있어 핵심적인 역할을 담당할 것이라고 바라보았다. 특히 자살론에서 제시한 자살의 유형학은 근대사회의 분화된 직업세계에서 발생하는 자살의 조건에 대한 선구적 통찰을 담고 있다. 이를테면 이기적 자살이 집합적 활동의 결함에 따른 의미 상실 때문에 주로 지적 작업을 하는 사람에게서 나타난다면, 아노미적 자살은 개인의 열망을 규제하는 데 결함이 나타나는 공업 및 상업의 세계에서 주로 일어난다는 통찰이 그것이다(뒤르케임, 2008; 김명희, 2025: 389-390).

특히 뒤르케임이 제시한 4가지 자살 유형 중 숙명론적 자살 개념은 경찰공무원의 자살을 설명하는데 있어서도 유용성을 지닌다. 뒤르케임에 따르면 숙명론적 자살은 "지나친 규제의 결과, 미래가 무자비하게 제한되고, 욕망이 난폭하게 제압되는 사람들의 자살"을 뜻한다(뒤르케임, 2008: 345). 이같은 조건에서 발생하는 자살은 세계보건기구가 '자기를 향한 폭력'의 한 형태로 정의하고 있듯이 사회적 폭력의 작동과 긴밀한 연관을 맺고 있다. 이러한 맥락에서 정신의학자 제임스 길리건(J. Gilligan)은 자살과 살인이 폭력 치사의 두 유형이라고 말한다. 이 둘을 하나의 범주로 묶는 이유는 자살도 살인도 결국 사회가 개인을 상대로 저지르는 폭력이라는 점에서 근본적으로 같다고 보기 때문이다. 나아가 길리건에 따르면 자살은 폭력 누적분과 긴밀한 연관을 맺고 있으며, 폭력 치사 발생률은 한 국가가 심리적·사회적·정치적으로 얼마나 건강한지를 보여주는 척도라고 말한다(길리건, 2012: 176-189; 김명희, 2025: 140-141).

이 글은 숙명론적 자살 개념을 통해, 일선 경찰관들이 여러 가치와 규범 및 통제에 충돌하며 혼란을 경험하는 메커니즘을 논하고자 한다. 이제 살펴보겠지만, 일선 경찰관들에게 가해지는 조직 내 문화와 행동 규범, 직업적 가치관과 상부의 명령 등의 규제는 일선 경찰관을 숙명론적 자살 희생자의 기본적 특징인 "개인들이 그들의 사회세계를 둘러싸고 있는 규범에 의해 지나치게 규제되어, 개인의 자유의지와 자율성, 그리고 통제력을 박탈당한 상태"(김명희. 2024: 189) 에 빠지게 한다.

3. 질적 사례 연구와 분석 자료

이 연구는 경찰공무원 자살이 일어나는 사회적 조건을 탐구하기 위해 질적 사례 연구를 진행하였다. 질적 사례 연구는 하나의 체제 및 현상에 대해, 양적인 자료를 통한 일반화가 아닌, 구술, 텍스트, 시청각 자료 등을 활용하여 그 속의 맥락을 이해하는 것이다(김치홍·김명희, 2024: 143). 직업

집단의 자살을 다룬 기존 연구가 강조하듯, 죽은 자는 말할 수 없기에 자살 연구에는 방법론적인 한계가 존재한다. 따라서 대부분 자살 생각 또는 심리 그 자체에 대한 연구가 주를 이루고 있다. 하지만 전·현직 경찰관들이 현장에서 일하며 느꼈던 조직 내·외부의 적층된 문제 등을 시청각 자료와 현장의 증언이 담은 자서전 또는 에세이를 수집·분석함으로써 이들이 처해있는 사회적 조건을 추론하는 것은 가능하다.

특히 EBS에서 2015~2016년 방영한 <사선에서>는 재난과 범죄의 최전선에서 임무를 수행하는 경찰서의 지구대 및 파출소, 그리고 소방서와 119안전센터 등에서 근무하는 현장 요원들의 목소리와 이야기를 담고 있다. 이 프로그램을 통해, 현직 경찰관의 극한 노동 환경과 모순적인 업무에서 오는 괴리를 살펴볼 수 있다. 분석에 활용한 자료의 구체적 목록을 제시하면 다음과 같다.

<표 2-1> <사선에서> 탐구 주요 회차 목록

	방영일	회차 명	유튜브 링크
1	2016.8.16	투캅스 이태원을 지켜라	https://www.youtube.com/watch?v=fS1eyJTopCM
2	2015.12.24	흥청대는 대한민국, 연말연시 시민안전을 지켜라	https://www.youtube.com/watch?v=HWolGL9JpqU
3	2016.2.4	긴급출동, 신림을 사수하라	https://www.youtube.com/watch?v=reDtiNQtxmU
4	2015.9.10	사이렌은 멈추지 않는다! 고속도로 순찰대	https://www.youtube.com/watch?v=7seUHBX7jt8

하지만 시청각 자료의 경우, 경찰서에서 직접 제작한 다큐멘터리와 지상파에서 방영하는 다큐멘터리, 그리고 영화는 모두 경찰의 책무성에 대해 영웅적, 헌신적 면모를 부각시키는 측면이 있기에, 경찰에게 노출

되는 만성적 스트레스를 드러내기에는 역부족이다. 따라서 이 글은 전·현직 경찰관의 조직과 현장 경험에 대한 증언과 서술이 담긴 자서전과 에세이를 두루 함께 살펴보았다. 그 목록은 다음과 같다.

<표 2-2> 참고 자서전 및 에세이 목록

	제목	저자	출판사	출간일	주요 내용
1	경찰의 민낯	장신중	좋은 땅 출판사	2016.2.04	전직 경찰의 자서전
2	나는 경찰서로 출근합니다	어보경	지식인하우스	2022.6.22	현직 남성 경찰(8년차)의 에세이
3	경찰관속으로	원도	이후진프레스	2019.9.27	현직 여성 경찰관의 일기 모음
4	경찰, 더 위험하다	박상융	행복에너지	2024.3.31	전직 경찰의 자서전

시중에 출간된 도서 가운데, 1과 4에 해당하는 2권의 전직 경찰 자서전은 경찰 내부의 문제점과 개선 방안을 지적하는 내부 고발성 성격의 책이다. 이를 통해 시청각 자료에서 볼 수 없는 경찰 내부의 민낯과 부조리를 파악할 수 있다. 2와 3에 해당하는 2권의 에세이 및 수필은 젊은 경찰관이 현장에서 겪었던 일을 일기처럼 상세히 기록하고 있으며, 그곳에서 느낀 감정과 조직의 분위기에 대한 내용이 주를 이룬다. 이 자전적 에세이를 통해 일선 경찰관들이 현장에서 겪은 감정과 구체적인 경험의 내용을 파악할 수 있다. 그 내용을 몇 가지 쟁점으로 추려보자면 다음과 같다.

4. 경찰공무원의 직업적 특성에 가려진 사회적 폭력

1) '근무 기계'가 되어버린 현장 경찰관

■ 폭압적 근무조건

경찰공무원에게 가해지는 폭압적 조건 중, 대부분에게 가장 먼저 떠오르는 것은 살인적인 근무 강도와 환경일 것이다. 구체적인 근무환경은 계급과 부서에 따라 차이가 있고, 계급에 따른 권위가 강한 경찰조직은 상위 계급일수록, 상위 기관의 조직일수록 강도가 유해지는 경향이 짙다. 그러나, 일선에서 근무하는 대부분의 '현장' 경찰관은 내근과 외근 가릴 것 없이 매우 강한 근무 강도 속에 존재한다.

근무시간 측면에서 지구대 경찰관은 주당 근무시간이 50~84시간으로 법정 근무시간인 40시간보다 월등하게 많은 것으로 보고되고 있으며, 수·형사와 교통경찰의 경우에는 주당 90시간 이상 근무하는 경우도 허다하다(김덕환·박동균, 2018: 31). 파출소의 야간 당직 근무는 대부분 '3조 2교대' 근무를 기준으로 돌아가며, 9일간 '주간-주간-주간-야간-휴무-야간-휴무-야간-휴무'의 근무 패턴이 근무자에게 주어진다.

주간 근무는 9시부터 18시까지로 8시간을 근무하며, 야간 근무는 18시부터 다음날 오전 9시까지로 밤을 지새우며 꼬박 16시간을 근무하는 것이다. 9일의 근무 패턴에서 3일의 8시간 근무, 또 다른 3일의 16시간 근무는 3일의 근무 휴식에도 불구하고, 경찰이 1년 365일 모든 날 8시간을 근무하는 것이나 다름이 없는 상황이다. 아래의 진술은 경찰들이 처해있는 과로의 현실을 잘 드러내 보여준다.

<표 2-3> 파출소 순경의 근무 패턴[5]

1일	2일	3일	4일	5일	6일	7일	8일	9일
주간	주간	주간	퇴근	휴무	비번	휴무	비번	휴무
퇴근	퇴근	퇴근	야간	휴무	야간	휴무	야간	휴무

새벽 5시가 넘어서면서 머릿속이 몽롱해졌다.

모든 것이 하얘지는 느낌이었다.

...

파출소에 근무하는 경찰관은 더욱 힘들다.

초저녁부터 새벽 시간대까지 주취자에게 시달리고,

이해관계자들과 승강이를 하느라

녹초가 된 상태에서 밤을 새워야 하기 때문이다.

-경찰의 민낯 (장신중, 2015: 101)

위를 통해 알 수 있듯, 현장 경찰관은 근무 시간의 3분의 2 이상을 밤을 지새우며, 순찰을 돌고, 때로는 주취자들의 난동과 행패를 감당해 가며 과도한 근무에 시달리고 있는 상황이다. 특히 지방 경찰청에서 육체적인 일을 도맡아 하는 기동대는 일선 경찰관들의 호불호가 극심히 갈리는 부서 중 하나이다. 일반적으로 지방 경찰청에 신규 채용된 경찰관들은 의무적으로 기동대에 차출된다. 지방 경찰청 별로 차이가 있지만, 의경과 전경의 모집이 폐지되면서 대부분의 경찰청이 젊은 순경을 우선

5 이 표는 경찰공무원의 근무조건을 예시하기 위해, '3조 2교대'의 근무방식을 토대로 작성한 것이다. 근무방식은 서의 근무 가용 인원에 따라 차이가 있으며, 인원이 많은 경우, 4조 2교대를 운영한다. 최근 주간-야간이 아닌 주간-오후-야간의 근무를 교대로 수행하는 4조 3교대 방식을 도입하여, 시범 운영 중이다.

적으로 기동대에 차출하기 때문이다.

기동대가 주로 하는 업무는 집회·시위 관리와 방범순찰지원이다. 집회·시위와 시위신고가 24시간 가능해짐에 따라, 이러한 업무는 24시간 동안 언제 어디서든 일어날 수 있는 일이 되었다. 또한 이 업무는 현장이 얼마나 혼잡할지, 얼마나 오래 지속될지 예측할 수 없는 업무라는 특성이 있다. 때로는 밤샘 근무와 당직을 모두 수행하고도, 새벽에 출동 명령을 받을 수 있는 상황인 것이다.

경리부서, 수사과 등 내근 부서의 경우 야간 근무 시간이 필수적으로 정해진 것도 아니며, 새벽에 급히 출동을 나가야 하는 일도 없지만, 일반 행정직 공무원보다 더 많은 야근을 수행하면서 수많은 민원에 시달리고 있다.

> 매일 해야 할 업무량은 정해져 있는데 '월급이 덜 들어왔다',
> '왜 오늘은 식대가 지급되지 않냐?', '화장실이 망가졌다.' 등
> 매일매일 새로운 내부 민원이 들어왔다.
>
> 내부 민원을 처리하다 보면 내 할 일이 쌓여 버렸고,
> 어쩔 수 없이 야근을 해야 했다.
>
> ...
>
> 수사관인 나는 10일에 한 번씩 24시간 당직을 선다.
>
> -나는, 경찰서로 출근합니다(어보경, 2022: 25)

이같이 수많은 내부 민원 처리를 위해 내근직 인원 또한 끊임없는 야근을 해야 하는 상황에 처해 있는 것이다. 경리부서의 경우, 관내의 경리

와 복지업무를 담당하며, 담당자 한 명이 백여 명의 월급, 식사 그리고 청사 물품 및 시설의 관리를 도맡아 하기도 한다. 또, 회계 마감이 가까워질 때나, 수사과의 경우 조사해야 할 사건이 중첩적으로 발생하는 때에는 언제 끝날지 모르는 초과근무를 견뎌야 한다.

대부분의 공무원은 보통 초과근무를 시행할 시 근무 내역을 보고하며, 그에 따른 추가 수당을 지급받을 수 있다. 그러나 '공무원수당 등에 관한 규정 제15조(시간외근무수당)'[6]의 4항에 따르면, 시간외근무수당이 지급되는 근무 명령 시간은 하루에 4시간으로, 한 달에 57시간을 초과할 수 없다.

> 24시간 근무의 대가는
>
> 4시간 초과근무 시간 인정과 하루의 대체휴무가 끝이다.
>
> 하루의 대체 휴뮤가 9시부터 18시까지 점심시간 빼고
>
> 8시간을 근무한 대가라면,
>
> 약 12시간은 무료봉사를 하는 것이다.
>
> -나는, 경찰서로 출근합니다(어보경, 2022: 25)

즉 위와 같이, 초과근무가 하루 4시간을 넘기거나 한 달에 57시간을 넘기는 경우, 하루의 "12시간은 무료봉사"를 하고 있는 형국인 것이다.

---

6 제15조(시간외근무수당) ④ 다음 각 호의 어느 하나에 해당하는 경우를 제외하고는 제1항 본문에 따른 시간외근무수당이 지급되는 근무명령 시간은 1일에 4시간, 1개월에 57시간을 초과할 수 없다. <신설 2012. 8. 22., 2013. 3. 23., 2014. 11. 19., 2021. 3. 30.>. https://www.law.go.kr/법령/공무원수당등에관한규정(검색일: 2025. 12. 14)

〓 야간 근무와 불합리한 처우

지역 경찰의 24시간 근무는 민간기업과는 구분되는 몇 가지 특징을 갖고 있다. 첫째, 업무가 시간대별로 균등하지 않고 밤 10시부터 새벽 2시까지 등의 특정 시간대에 업무가 집중된다는 점, 둘째, 교대제 근무방식으로 지역 경찰인력의 개인 특성이나 연령 및 체력 등에 상관없이 일괄 배치된다는 점, 셋째, 지역경찰 업무의 상당수가 주취자 대응 및 관리 등 감정노동의 성격이 강하다는 점, 넷째, 인력 부족으로 적절한 휴가 및 휴게시간이 보장되지 않고 있다는 점이다. 이에 따라 경찰공무원의 순직은 다른 공무원 및 민간부문 종사자에 비해 월등히 높아 사회문제로 제기되고 있다(한국노동연구원, 2012; 김덕환·박동균, 2018: 30).

그렇다면, 야간 근무를 밥먹듯이 하는 현장 경찰관에게 지급되는 야간 수당은 얼마일까? '공무원수당 등에 관한 규정' 제16조(현업공무원 등에 대한 야간근무수당)[7]에 따르면 야간근무는 1일 8시간을 기준으로 하며, 수당은 봉급기준액의 209분의 1의 50퍼센트를 지급한다. 해당 기준에서 '봉급기준액'은 '공무원수당 등에 관한 규정' 별표 12[8]에서 명시하는 바에 따라, 순경 9호봉(2,507,300)이며, 경장 이상부터 10호봉을 봉급기준액으로 한다. 또한, 9급 공무원 신분인 순경 계급은 '공무원수당 등에 관한 규정' 15조에 따라, 기준 호봉 금액(2,507,300)의 60%가 봉급기준액으로 적용된다.

즉, 위에 기준에 따라 야간수당을 계산할 경우, 순경의 봉급기준액은

---

7 제16조(현업공무원등에 대한 야간근무수당) ② 야간근무는 1일 8시간을 기준으로 하되, 매 시간에 대하여 제15조제2항에 따른 봉급기준액의 209분 1의 50퍼센트를 지급한다. 〈개정 2012. 1. 6.〉 https://www.law.go.kr/법령/공무원수당등에관한규정 (검색일: 2025. 11. 28)

8 국가법령정보센터. https://www.law.go.kr/법령별표서식/(공무원수당 등에 관한 규정,20251104, 별표12). (검색일: 2025. 11. 28)

2,507,300원의 60%인 1,504,380원이며, 위 봉급기준액에 기초한 야간 수당은 209분의 1의 50% 금액인 3,598.52원이며, 반올림하여, 3,599원이 된다. 결론적으로 순경의 야간 근무수당은 시간당 3,599원인 것이다. 위 기준에 따라 현장에서 주로 일하는 경찰 계급의 2025년 기준 야간 수당을 계산하여 표로 나타내면 다음과 같다.

<표 2-4> 현장 경찰관의 추가 근무수당 (2025년/1시간 기준)

직급	시간외 근무수당	야간 근무수당	휴일 근무수당
경정	16,386	5,462	131,721
경감	14,572	4,857	117,137
경위	13,313	4,438	107,018
경사	12,497	4,166	100,453
경장	11,145	3,715	89,589
순경	10,797	3,599	86,791

위 표에서 볼 수 있듯 최일선에서 근무하며, 잦은 당직 업무를 수행하는 경찰 계급의 야간 수당은 3천원에서 5천원 남짓에 해당한다. 2025년 기준, 순경이 하루 16시간의 밤을 온갖 출동과 주취자의 난동을 감당하면서 받는 돈은 57,584원에 불과한 것이다.

> 하지만 우리는 2019년 순경 기준으로 시간당 2,997원의
>
> 야간수당을 받으며 일을 하고 있어.
>
> 2018년에는 2,937원이 었는데 해가 바뀌고 90원이 오른 거야.
>
> ...
>
> 평균 3,000원도 안되는 돈을 받으면서 보내는 밤은 참 길고도 지독하더라

...

시간당 2,977원짜리 밤을 지새운 고충으로

5만 3천원짜리 링거를 맞아가며,

순찰차 세차비가 지급되지 않아 손수 차에 물을 뿌리고,

뒷좌석에 주취자가 남겨놓은 토사물과 똥오줌을 치우며,

- 경찰관속으로(원도, 2022: 87)

현장 경찰관에게 주어지는 폭압적 근무 강도와 그에 미치지 않는 수당과 대우는 업무에 대한 긍지와 보람을 갖기 어렵게 만들며, 만성적 피로와 질환, 그리고 직업 의식에 대한 회의감을 갖게 하는 요인이 된다.

'젊은 경찰관이여, 조국은 그대를 믿노라!'는 경찰공무원을 준비하는 수험생이면 절대 모를 수가 없는 유명한 문구로, 중앙경찰학교 본관 건물에 크게 쓰여있기도 하다. 위 문구를 보며 경찰을 준비하고, 자랑스레 임명된 젊은 경찰관은 현장에 투입되자마자 폭압적 근무환경에 압도당하고, 4,000원짜리 밤을 새우며 버티면서도 이를 경찰이라는 직업의 '숙명'으로 받아들이는 모순에 빠지게 된다.

2) '지휘부의 병정'이 되어버린 현장 경찰관

〓 계급적 권위주의에 찌든 경찰 조직

경찰조직은 일반 행정조직과 달리 계급의 계층성이 강하기 때문에 상급자의 지시 명령에 의무적으로 복종하여 업무를 하여야 한다(이황우, 2012: 46; 김덕환·박동균, 2018: 42). 한국사회 대부분의 군사 조직이 그러하듯, 조직 내 인원들에게 임무와 역할, 그리고 책임을 구분해 부여하기 위한 '직

급'이 한국의 경찰 조직 내에서는 '계급'과 '신분'으로 비틀려 작동한다.

현행법상, 순경부터 경사까지는 경찰'관'에 해당하지 않는다. 법적으로 '경찰관'으로 규정된 직급은 경위 이상의 계급이다. 이에 따라, 경찰'리'와 경찰'관'이 가진 권한은 차이가 있다. 경찰'리'의 계급에 해당하는 순경부터 경사까지는 어떠한 '보직'에 임명되는 경우는 거의 없다. ~장이나 ~관을 맡는 경우가 없다는 뜻이다. 경위까지도 일반 직원인 경우가 대부분이다. 또한 순경부터 경사까지의 직급은 범인을 스스로의 힘으로 감옥에 넣을 수 없다. 사법경찰관은 스스로 의견서를 써서, 사건을 검찰로 송치하고 범죄인을 형사입건할 수 있는 권한을 가진다. 하지만 순경에서 경사까지의 직급은 사법경찰'리'이기 때문에, 원칙적으로는 송치할 의견서를 적을 수 없는 것이다. 과거 경찰조직에서는 경위 이상을 간부, 경사 이하의 계급을 '비'간부로 구분했다. 간부의 상대 개념으로 '아닐 비(非)'라는 부정적 의미를 붙여, '간부가 아님'을 규정한 것이다. 이러한 상대 개념을 쓰는 조직이나 기관은 경찰 외엔 없다(장신중, 2015: 21).

경찰 조직의 역사를 분석한 장신중(2015)은 한국 경찰 조직의 '비간부', '간부가 아닌 자'란 호칭은 일제강점기 식민지 정책에서 비롯되었다고 주장한다. 당시, 식민지 조선의 경찰 수뇌부를 장악한 일제는 조선인들로 구성된 하위직급의 경찰관들을 '법과 양심에 따라 주체적으로 행동하는 법 집행관'이 아니라 시키는 대로 충성하고 복종하는 '병정' 또는 '노예'로 만들고자 '구분 짓기' 작업을 수행한 것이다(장신중, 2015: 21). 위와 같은 '계급적 권위주의'는 친일 순사와 군사 독재 시절을 거치며, 조직

내에 깊게 뿌리 내려 여전히 사라지지 않고 있다.[9]

나아가 장신중(2015)은 2015년 당시 그의 기록에서 경찰조직은 각종 행사진행 시, '국기에 대한 경례' 보다 '임석 상관에 대한 경례'를 먼저 시행한다(장신중, 2015: 22). 그러나 「경찰의식 규칙」 제4조(국기에 대한 경례)[10] 1항에 따르면, 모든 의례 중 '국기에 대한 경례'는 항상 제일 먼저 실시하여야 하는 의례이다. 위 사례에서 볼 수 있듯 현재 경찰 조직은 국기보다 상관에 대한 충성을 드러내는 것이 우선이다. 민주화 이후 법이 개정되기 전, 1990년대 중반까지 경찰이 시민들에게도 상관에 대한 경례를 받았다는 점만 보더라도, 한국 경찰 조직 내, 계급적 권위주의가 심하게 적층되어 있음을 알 수 있다. '간부'와 '비간부'는 제식의 권위와 실무적 권한뿐만 아니라, 식당, 목욕탕, 숙직 및 휴식실도 따로 있을 정도로 구분된다. 이러한 '구분 짓기'의 위계 서열에 따라 계급적 질서는 직급의 분류가 아니라 '인격의 차이'임을 현장 경찰관들에게 강요해 왔던 것이다. 2010년대 중반, 지난한 문제 제기의 결과 해당 표현이 다소 바뀌었지만, 경찰이란 준군사조직 특유의 계급적 권위주의는 여전히 바뀌지 않고 있다.

〓 성과주의에 따른, 불가해한 지시와 복종

여기서 주목할 점은 사라지지 않는 조직 내 계급적 권위주의가 또다른 경찰 조직의 고질적인 문제를 낳는다는 것이다.

---

9 2017년 자살현황에 의하면, 자살자 22명 중 21명이 경위 이하 계급이고, 야간근무 등 치안 최일선에서 근무하는 경찰관이다(김덕환·박동균, 2018: 40).

10 제6조(국기의 경례 등) ② 경찰기는 모든 의식에 있어서 국가 또는 국기에 대하여 경례를 한다. ③ 경찰기는 제2항의 경우를 제외하고는 소속관서의 장과 그 상급자에 대하여만 경례를 한다. https://www.law.go.kr/행정규칙/경찰의식규칙/(582,20210122) (검색일: 2025. 12. 14)

> 경찰은 현실적으로 국민의 안전을 지키는
> 치안 업무에 집중할 수 없다.
> 경찰청의 지시를 우선적으로 수행해야 하기 때문이다.
>
> 출세 지향적 경찰 수뇌부는 태생적으로
> 국민의 안전보다는 정치권력의 요구에 부응할 수밖에 없다.
>
> \- 경찰의 민낯(장신중, 2015: 237)

위 진술을 통해 알 수 있듯, 현장 경찰관은 현실적으로 안전 관리와 치안 업무에 집중하기보다는 상관의 지시를 먼저 따라야 한다. 가령 그것이 본래 업무와 아무런 관계가 없는 일이라도 마찬가지다.

더욱이 경찰조직 내에 몰아친 신자유주의 혹은 신공공관리주의의 파도는 경찰이란 공공조직이 따라야 할 '공공성'이란 가치를 민간기업이 따르는 '성과주의'로 덮어버렸다. 1980년대 이후 신자유주의 경향에 따라 거의 모든 국가에서 신공공관리(NPM: New Public Management) 기법들을 도입하고 있고, 공무원들의 업무수행의 비효율성을 인식하고 이를 개선하기 위한 방법으로 성과 중심의 인사제도를 강조하고 있다. 경찰의 수사행정분야에서도 이러한 경향에 따라 계량적인 시스템을 구축하여 직무평가를 실시하고 이를 통해서 인센티브를 부여하려는 방향으로 성과 평가가 개편되었다(정세종, 2008: 37 참고).[11] 이에 따라, 각 경찰청과 서는 상부에 실적과 성과를 어필하기 위해, 과도한 경쟁을 시도했다. '해결 건수'와 '검거율', '평균 현장 도착 시간' 등을 교묘히 조작하고, 각 서에 새로 취임한 지휘관은 본인의 성과를 알릴 '특수 시책'을 임기 동안 시행했다(장신중, 2015: 51). '특수 시책'의 일환으로 '집중 순찰제'와 같은 살인적 근무가 현장 경찰관들에게 강제되기도 했으며, '경찰리'들은 '간부'의 지시에 절대적으로 복종해야만 했다.

경찰 조직의 성과를 위한 광기가 가장 많이 투영된 '특수 시책'의 사례를 하나 들어보자. 2010년대 중반 4대악 근절이 주요 과제가 되며, 각 서는 다름 아닌 '이벤트' 경쟁에 불이 붙었다. 불과 몇 년 전만 해도, 제복을 입은 경찰관들이 우스꽝스러운 분장을 하고 춤을 추는 영상을 한 번쯤 본 적 있을 것이다. 당장에 성과를 드러내기 위한 '보여주기'식 경찰 행정은 성과주의 경쟁에서 더욱 심화되어, 그저 '어떤 활동을 했는지'를 중시하는 평가체계로 변모했다(장신중, 2015). 현재 충주시가 운영하는 유튜브 채널이 성공함에 따라 모든 관공서가 우후죽순 유튜브 계정을 운영하는 것처럼, 당시 각 서는 다른 경찰서가 이벤트를 시행할 때마다 서로를 벤치마킹하여 온갖 댄스영상과 행사, 웃긴 브로슈어를 만들어 SNS에 '우리 이런 것도 했어요'라는 식으로 게시했다.

---

11 그중 치안종합 성과평가는 치안행정의 성과를 객관적으로 평가하고, 그 결과를 통해 정책을 환류하여 국민들에게 더 나은 치안서비스를 제공하고자 도입되었다. 경찰청은 2005년부터 전략적 성과관리 방법의 하나인 BSC(Balanced Scorecard)를 기반으로 통합성과관리 시스템을 구축하였다. 치안종합 성과평가의 기본체계는 경찰관서 및 부서의 성과를 측정하는 '조직평가'와 개인의 업무성과를 측정하는 '개인평가'로 구분된다. 개인평가는 조직평가 점수와 개인점수(업적과 기여도) 결과를 직위별 비율에 따라 산출한다. 조직 및 개인의 평가결과는 동일조직, 계급간 상호비교를 통해서 S(20%), A(40%), B(30%), C(10%) 4단계로 성과등급이 부여되는데, 성과평가결과는 우수관서, 부서표상 및 성과상여금 지급, 심사승진 등에 활용된다(김덕환·박동균, 2018: 38).

'살면서 경찰관 볼 일이 없는 게 제일 좋다'는
말이 보여 주듯 부정적인 이미지는 경찰의 숙명이다.

이와 같은 이유 때문일까.
우리 회사는 '좋은 이미지' 형성하는 데
목을 매는 성향이 있는 것 같다

-나는, 경찰서로 출근합니다(어보경, 2022: 59)

밤새 야간 근무를 한 경찰관들이
어깨띠를 두르고 학교 앞으로 가서 등교하는 학생들에게
연필과 지우개를 나눠주며 학교폭력 예방 캠페인을 해야 한다.

현장 경찰관들은 자괴감을 넘어 허탈감을 느낀다

-경찰의 민낯(장신중, 2015: 52)

야간 근무를 수행한 경찰관들이 어깨띠를 두르고 치안업무가 아닌 이벤트 경쟁을 하는 상황은 현장 경찰관들에게 피로도만이 아니라 "자괴감을 넘어 허탈감"을 느끼게 하기 충분하다. 이벤트 경쟁은 이외에도 더욱 기괴한 방식으로 드러났다.[12]

2013년 4월 광화문에서 경찰관들이 엉덩이 춤을 추는 플래시 몹이 열렸다.[13] 당시, 경찰대학장으로 임명된 이금형 전 부산 경찰청장이 부

12 치안정책연구소(2015)의 연구 결과에 따르면, 경찰업무 수행 중 가장 큰 스트레스는 '대면자의 문제행동'과 감정노동으로 인한 것으로 나타났다(김덕환·박동균, 2018: 41).

13 이광호. 2013. "경찰의장대의 '강남스타일'" 「뉴스1」 2013년 4월 28일. https://www.news1.kr/photos/448369 (검색일: 2025. 5. 23)

임하자마자 경찰대학 소속, 경찰악대에게 광화문 거리 중심에서의 '4대악 근절 홍보 공연'을 지시했던 것이다. 이에 따라 현장 경찰관과 교관은 물론 경찰대학 학생들까지 엉덩이 춤에 동원되었고, 해당 이벤트의 이름은 '서울시 교육청과 경찰대학 학교 폭력 STOP 예방 콘서트'였다.[14] 당시 이금형은 치안정감으로 내정되어 임명식을 갖기 전, '성적 차별을 업무 능력으로 이겨냈다'고 말한 바 있다(장신중. 2015: 58). 그러나 이금형으로부터 시작된 이벤트 경쟁은 오히려 '여경 무용론'과 같은, 여경에 대한 혐오와 평가 절하를 더욱 심화시켰다. 2013년 7월, 경북지방경찰청의 신임 여경은 '착한 운전 마일리지 제도'의 홍보를 위해, 걸그룹 '크레용팝'의 노래 <빠빠빠>에 맞추어 춤을 추는 영상을 업로드했다. 2014년 11월에는 대전 지방 경찰청 소속 여경들이 '학교 폭력 근절'을 위해 지하철과 놀이동산에서 춤을 추었다. 2015년 4월에는 경북지방 경찰청 소속 여경이 '보이스 피싱 예방'을 위해, 또 춤을 추었다. 2010년대 중반은 경찰공무원 중 여성의 비율이 급격히 증가하며 사회의 주목을 받던 시기였다. 이 시점은 대중이 '여성 경찰'에 대한 첫인상을 본격적으로 형성할 수 있는 기회였으나, 경찰청은 여경에게 '질서와 제도'를 위한 치안 업무 대신 '춤'을 추게 한 것이다.[15]

결국 여경에 대한 혐오감과 무용론은 '성과'와 '경쟁'을 위해 여성 경찰을 홍보 도구로 사용해 버린, 경찰 조직 수뇌부의 '이벤드 경쟁'이 그 원인 중 하나로써 존재할 수 있는 것이다.

---

14 해당 이벤트 때문인지는 몰라도 그 해, 이금형은 경찰대학장으로 부임한지 1년도 안되어, 박근혜 정부에 의해 경찰청장으로 임명된다.

15 서울시 교육청 공식 블로그.(https://m.blog.naver.com/seouledu2012/110167412 31; 선담은. 2019. "[뉴스AS] '걸그룹 댄스 여경' 홍보영상은 왜 문제일까요?". 「한겨레」 2025년 5월 23일. https://www.hani.co.kr/arti/society/society_general/894993.html (검색일: 2025. 5. 23)

ⓒ 서울시 교육청 공식 블로그

<그림 1-1> 2013년, 광화문 광장에서 '학교 폭력 근절'을 위한 춤을 추고 있는 경찰[15]
<그림 1-2> 2013년, '착한운전 마일리지 제도'의 홍보를 위해 제복을 입고 춤을 추는 경찰[16]

현장 경찰관들에게 위와 같은 '이벤트 경쟁'은 크나큰 흑역사로 남아 있다. 학창 시절부터 경찰의 꿈을 품고 준비한 경찰대학 학생들이 광화문에서 엉덩이 춤을 주며, 또는 밤샘 근무를 선 뒤 학생들에게 공책을 나눠주던 경찰관들이 받아들인, 경찰이란 '직업의 숙명'은 무엇일까? 그들이 느낀 경찰 조직에 대한 허탈감은 경찰이란 직업을 가진 자신으로의 자괴감과 수치심으로 이어질 공산이 크다.[16]

16 길리건에 따르면, 폭력 뒤에는 수치심이 숨어 있다. 이러한 수치심 또는 치욕감은 죄의식과 더불어 자기 살인을 촉진하는 감정이다. 수치심은 자기애라는 감정이 존재하지 않는 상태이다(길리건, 2012: 126~133; 김명희, 2025: 142-143).

5. 맺음말

이 글은 경찰공무원의 자살을 부추기는 심리가 아니라, 그 사회적 조건과 환경에서 자살의 위험요인을 찾아보고자 하였다. 이제까지 살펴보았듯 오늘날 경찰공무원의 업무 환경은 우리가 통상 알고 있던 '공무원'의 이미지와는 많이 다르다. 경찰공무원의 직업 환경에 '안정적인 직장', '마음대로 쓸 수 있는 휴가', '칼 퇴근'이란 없다. 2명의 전직 경찰관과 2명의 현직 경찰관의 이야기를 진지하게 경청해 보았을 때 경찰공무원의 업무 환경에는 '직업적 특성'에서 비롯되는 현장 자체의 위험성과 그에 따른 정신적 고통에 더하여, 1) 폭압적 근무 강도와 열악한 처우, 2) 준군사조직적 문화로 인한 조직 내 '계급적 권위주의' 그리고 3) 성과경쟁에 따른 왜곡된 역할의 강제와 그에 따른 취약한 위치성이라는 세 요소가 결합되어 만성적 폭력이 크게 자리함을 알 수 있었다.

이제까지의 고찰을 통해 확인할 수 있는 것은 경찰공무원의 자살은 우울증이나 가정 내 스트레스와 같은 정신 건강상 문제의 조기 발견 및 심리 지원의 체계화(황세웅, 2012; 박종철·곽영걸, 2017)로 단순히 해결될 수 있는 문제가 아니라는 점이다. 그들이 받아들인 '경찰'로서의 직업적 숙명에는 '권위주의', '성과주의' 등의 조직 문화가 초래한 왜곡된 직업 행동의 강제와 혹사, 그리고 그로 인한 소진(Burn out)이 크게 자리한다. 이러한 사회적 환경이 '젊은 경찰관이여, 조국은 그대를 믿노라!'란 문장과는 모순되게 현장 경찰관들을 더욱이 생의 극한으로 내몰고 있는 것이다.

경찰조직은 엄연한 '공공기관'이며, 공공의 이익을 위한 '공공성'을 최우선의 가치로 추구한다. 민간 기업의 조직 원리를 적용한 '성과주의'가 현장 경찰관들에게 왜곡된 역할과 불필요한 경쟁 및 감정적 혹사를 강제하도록 방치해서는 안 된다. 경찰공무원의 직급은 업무의 책임을 구분하기 위함이다. 이것이 인격과 신분을 구분하는 계급으로 작동하게 해서는 안 된다. '친근하고 편안한 경찰'의 이미지는 시민의 치안 서비스에 대한 이미지와 참여도를 향상시킬 수 있다. 그러나 이미지를 과도하게 홍보한 나머지 '공권력'과 '경찰관'이란 이름은 대원들의 위치가 취약해질 만큼 그 위상이 가벼워져서는 안 된다. 경찰공무원의 자살은 앞서 설명한 '사회적 폭력'을 무시한 채 설명될 수 없으며, 자살을 '정신건강의 문제'로 환원하는 것은 그들이 처한 폭력적인 사회적 조건을 은폐할 위험이 있다. 경찰이 처한 만성적 스트레스에는 앞서 언급한 여러 요소가 작동하지만, 그 요소 대부분은 조직 내부에서 비롯된 것이 대부분이다.

이 글의 발견이 치안과 시민 보호, 질서 유지라는 책임 아래, 자신들이 겪는 혹사와 위험을 생색내지 않는 그들이 책임에 맞는 응당한 권한을 사용하며, 헌신과 희생에 대한 정당한 인정과 대우를 받고, 국가로부터 보호받을 수 있는 사회를 앞당기는 데 조금이라도 기여할 수 있길 바라마지 않는다.

IV. 여성과 민주주의

페미니즘 백래시를 넘어서

_____유민주

1. '이대남' 담론과 여성혐오

20대 대선으로부터 이어진 정치권의 반(反)페미니즘 전략, 즉 '백래시(backlash·반동)'로 여성 정책과 성평등 정책이 후퇴되고 성차별적 구조가 외면되는 상황에서 페미니즘 정치가 더욱 중요한 의미를 갖게 되었다. 구조적 성차별의 존재와 성평등 정책의 필요성을 부정하는 정치세력에 대항해 수많은 여성이 광장의 주역으로 등장했다. 2024년 12·3 비상계엄 사태 이후 이들이 광장에서 보여준 연대와 투쟁은 윤석열 정부의 정책 기조에 대한 가장 확실한 비판의 표출이었다. 여성들, 그중에서도 청년 여성들은 페미니즘을 삶과 정치의 근간을 이루는 주요한 실천방식으로 선택했으며 한국 민주주의의 독자적인 정치 세력으로 부상했다.

한편으로 성평등 정책의 퇴행과 '이대남', '이대녀' 담론의 빌단이 된 20대 대선은 한국의 정당과 정치인들의 정치적 행동 양식에서 여성혐오적 특성이 적나라하게 드러난 강력한 백래시가 중심이 된 대선이었다. 그리고 그 전초전이라 할 수 있는 것은 2021년 4월 7일 실시된 지방자치단체장 보궐선거다. 보궐선거 당시 야당이었던 '국민의힘'이 승리한 이후, 국민의힘 선대위 뉴미디어본부장이었던 이준석은 야당이 승리할 수 있었던 이유에 대해 집권 여당이 남성을 차별하고, 여성의 이익에 집중하는 페미니즘 정책을 펼쳤기 때문이라고 주장했다(『중앙일보』, 2021년 4월 12일). 한국사회의 2030 남성들이 같은 또래 여성들보다 사회와 국가로부터 특혜나 우대를 받은 것이 없음에도, 정부가 여전히 여성에 대한 구조적 차별을 상정하고 이들을 사회적 약자로 지목하여 남성을 기득권자로 몰아가는 '극단적 페미니즘' 정책, 일명 역차별 정책을 펼쳐 왔기 때문에 청년 남성들의 지지를 잃었다는 것이다.

이를 시작으로 20대 대선을 준비하는 정치권은 2030 남성의 표심 공략을 선거의 주요 승리 전략으로 설정하는 모습을 보였다. 당시 국민의힘 윤석열 후보와 이준석 당 대표는 주요 선거 공약으로 '여성가족부[1] 폐지'를 내세웠으며, '성폭력 무고죄 강화'와 '구조적 성차별은 없다'는 노골적인 청년 남성 중심의 정치 행보를 보였다. 주요 대선주자들의 발언은 미디어를 통해 확산되고 핵심 정치적 어젠다로 설정된다는 점에서 중요함에도(김지민·김경민·최고훈, 2023: 204), 이들은 선거 정치 및 그 이후까지 가장 적극적인 젠더 포퓰리즘의 행위자로 역할했다. 공적 정치의 공간에서 명백히 젠더를 구별하고 젠더에 따라 다른 태도를 취함으로써, 20대 대선은 그 어느 때보다 보수적인 젠더 정치로 점철되었다.

여기서 주목해야 할 것은 정치권이 20대 남성을 주요 캐스팅보트로 설정함과 함께 '젠더갈등'이 한국사회에서 주요 담론으로 부상하는 현상이다. 실제로 한국언론진흥재단의 뉴스 빅데이터 분석 시스템 빅카인즈에서 '젠더갈등(젠더 갈등)'을 키워드로 주요 보수언론인 조선·동아·중앙일보의 기사를 검색하면 2016년까지 한 자리 수에 불과하던 기사의 양이 2018년~2020년까지 두 자릿수를 유지하다 2021년 380여 개로 압도적으로 증가했다.[2]

확실히 20대 대선을 기점으로 '젠더'는 성평등의 인지와 제고가 아닌 젠더 간 분열을 조장하거나 갈등을 부각하는 구도로 다뤄지고 있다. 정치권은 이익을 위해 반(反)페미니즘 전략을 적극 채택했고 극단적 페

1 2025년 10월 1일 「정부조직법 개정안」이 시행됨에 따라 현재는 '성평등가족부'로 명칭을 바꾸었다.

2 구체적으로, 2014년과 2016년에 각각 2개와 6개로 한 자릿수를 유지하던 기사의 수가 2018년 56개, 2019년 126개, 2020년 52개, 2021년 388개로 급증하는 양상을 보인다.

미니즘, 젠더갈등, '이대남'[3] 등의 담론을 동원해 젠더를 '배제(혹은 삭제)'하도록 몰아가고 있다. 이는 분명히 문제적인 현상이며, 그 구체적 양상을 면밀히 파악할 필요가 있다. 특히 2021년이라는 특정 연도에 폭발적으로 증가한 젠더갈등 기사의 수는 정치권과 언론이 지속적이고 의도적으로 (재)생산해 온 젠더갈등 담론이 대통령 선거를 포함한 정치적 시공간에서 어떻게 한국사회의 주요 갈등으로 확장되고 동원되는지 살펴볼 필요성을 시사한다.

이러한 인식을 토대로 이 글은 최근 몇 년 동안 가시화된 '젠더갈등'이 정치권과 언론을 통해 등장한 후 급격히 증가했다는 점을 고려해, 한국사회의 반(反)페미니즘 정치의 확산 계기가 '젠더갈등'을 부추기는 정치권의 담론 동원 전략에 있다는 문제의식에서 출발한다. 이에 반(反)페미니즘 정치전략을 가능하게 하는 기제로서 '담론'에 주목하고, 담론정치를 매개로 전개된 백래시 정책의 구체적 양상을 분석하고자 한다. 이 글의 주요 질문은 다음과 같다.

첫째, 백래시 정치는 담론을 통해 어떻게 구체화되는가?
둘째, 담론 정치를 통한 반(反)페미니즘 정치전략이 어떻게 정책 차원으로 발전하는가?
셋째, 이 연구의 발견이 페미니즘 정치에 제공하는 함의는 무엇인가?

이에 답하기 위해 이어지는 2장에서는 젠더갈등 담론과 한국의 백래시 정치에 관한 선행연구들을 살핀다. 3장에서는 보수언론과 정치인의

3 '이대남'은 '20대 남성'의 줄임말로, 흔히 보수적이고 여성혐오적(반(反)페미니즘적) 성향을 띠는 이들을 의미한다.

젠더 관련 발화와 보도가 정치적 담론으로 구성되는 과정을 분석하는 데 필요한 연구 방법과 연구 범위를 제시한다. 4장에서는 반(反)페미니즘 정치전략으로서 담론 정치가 활용되는 방식을 살핀다. 백래시 정치를 가능하게 하는 데에 '특정 담론'이 '어떻게' 개입했는지 추적하며 백래시 정치가 담론을 통해 구체화되는 과정을 드러내 보인다. 또한 이러한 담론정치를 통해 백래시 정치가 실제로 어떻게 전개되었는지를 윤석열 정권의 젠더 정책 변화 양상을 중심으로 살펴본다. 마지막으로 5장에서는 이 연구의 발견이 페미니즘 정치에 시사하는 함의가 무엇인지를 성찰하며, 논의를 마무리한다.

2. 페미니즘 백래시의 정동들

1) 한국 정치의 반(反)페미니즘적 정동과 백래시 정치

한국 정치에서 여성혐오적 정동이 두드러지게 관찰된 시기는 박근혜 전 대통령 집권 때다. 1990~2000년대 한국 여성운동은 성주류화 전략을 정책도구로 삼아 젠더 평등의 제도화를 시도했으나, 보수적인 사회 규범과 정치 환경 탓에 실패하였다. 특히나 정치의 경우 여성대표성 문제는 단순히 의회 내 여성 비율의 문제와 동일시되었고(이진옥, 2018; 김은희, 2019), 그마저도 강제력을 가지지 못하면서 여성은 정치적 공간에서 여전히 과소대표 되었다(안숙영, 2016; 김은희, 2019). 이로 인해 박근혜 전 대통령이 '여성' 상징성을 독점한 상황에서 국정농단이라는 공적 문제는 '여성'의 문제로 축소되었고, 여성 혐오적 정동은 '박근혜 탄핵'에 대한 시민들의 요구가 거세지던 시기 온라인과 오프라인 집회라는 정치적 공간에서 두드러지게 부상했다(이진옥, 2017; 장은미·이소현, 2021).

최초의 여성 대통령이 탄핵되면서 치르게 된 19대 대선 과정은 여성 대표성에 대한 반동과 정치의 남성성을 복원하는 방식으로 진행되었다(이진옥, 2017: 120). '페미니스트 대통령'을 표방했던 문재인 정부는 집권 초기 내각의 30%를 여성으로 채웠지만 문제적 남성들을 내각에 기용하는 모순적인 행보를 보였다(권수현, 2023: 130).[4] 문재인 정부의 성평등 공약은 남성주의적 젠더질서가 지배하는 정치적 공간에서 '정부 개혁의 상징'으로만 활용되었으며, 주류 남성 중심 정치의 재강화와 여성의 정치적 대표성이 부재(타자화된 기표로서 기능)는 결국 페미니즘을 "정치 진영의 문제"이자 "선별적, 정략적으로 도구화"하는 결과를 낳았다(김지민 외, 2023: 217). 표면적으로는 여성운동 출신 일부 인사를 장관으로 기용해 여성 정치 세력화가 정부의 젠더 의제에 포함된 듯 보였으나, 적대적 정치가 심화되면서 여성운동은 오히려 문재인 정부에 대한 부정적 여론의 표적이 되었다.

이에 신경아(2023)는 문재인 정부와 당시 여당이었던 더불어민주당을 '백래시 정치'의 출발점이라 분석한다. '백래시(backlash)'는 페미니즘 리부

---

4 자질과 자격에 대한 여러 비판이 있었던 탁현민을 대통령비서실 의전비서관실 선임행정관으로 임용했고, 퇴직한 탁현민에게 더 높은 의전비서관 자리를 제안하며 다시 불러들여 임기 마지막까지 함께 했다. 또한 위력에 의한 성폭력 범죄자인 안희정의 부모님 장례식에 대통령 명의의 화환을 공식적으로 보냄으로써 안희정의 정치적 위력을 공개적으로 확인해주었고, 박원순 전 서울시장의 성폭력 사건과 이와 관련한 지지자 집단의 2차 가해 행위에 대해서는 침묵하는 등 남성연대 정치를 복원했다(권수현, 2023: 131-132; 김지민 외, 2023: 217)

트 이후 대중화된 페미니즘 개념 가운데 하나다. 본래 '백래시'란 페미니즘 운동뿐 아니라 "민주주의의 성장을 가로막는 모든 유형의 '반동'과 '반격'"을 뜻한다(『연합뉴스』, 2023년 2월 1일). 하지만 이 글과 관련 선행연구에서 백래시는 '안티페미니스트 백래시(anti-feminist backlash)'로 규정하여 사용한다. 안티페미니스 백래시는 사회경제적 변화로 공포와 불안을 느끼는 집단이 여성운동과 페미니즘에 분노를 투사하고 이를 희생양으로 삼는 사회적 현상으로, "여성과 남성이 동등한 기회와 대우를 보장받아야 한다는 사상에 대한 명백한 또는 암묵적인 반대"를 의미한다(권수현, 2023; 신경아, 2023: 23).

결국 문재인 정부를 거치며 여성 의제를 포함한 젠더정치가 한국 정치의 중심부로 부상했고, 이러한 변화는 20대 대선에서 '여성가족부 폐지'와 같은 백래시 동향이 부상하는 정치적 조건을 마련했다(신경아, 2023). 덧붙여 권수현은 언제, 어디에서나 존재하는 백래시가 정치적이고 사회적인 폭발력을 지니며, 대통령·의원·정당·의회 등 정치엘리트 집단에 의해 정당화될 때 성평등과 민주주의를 위협한다고 지적한다(권수현, 2023: 130).

2) 젠더갈등과 담론, 백래시 정치의 교차

빅데이터 분석 업체 타파크로스(TAPACROSS)는 2016년부터 2019년에 걸쳐 언론기사, SNS, 인터넷 포털 및 커뮤니티 사이트 데이터 총 5401만 167건을 분석해 젠더갈등이 정치갈등, 세대갈등, 직장 내 갈등을 넘어 한국사회의 가장 큰 갈등 이슈임을 지목했다(TAPACROSS, 2019). 타파크로스의 조사는 빅데이터 검색결과를 통해 젠더갈등의 원인이 된 사건을 분석했다. 그 결과 2015~2016년도에는 강남역 살인, 소라넷, 장동민 발언, 화장실 몰카 사건이, 2017년~2018년에는 데이트 폭력, 성범죄, 스토킹, 홍대 누드모델, 82년생 김지영이 제시됐다.

이러한 젠더갈등이 확산된 공간은 2015~2016년에는 온라인 카페와 커뮤니티, 일간베스트와 페이스북의 순으로, 이후 2017~2018년에는 온라인 카페와 커뮤니티, 일간베스트, 페이스북, 텀블벅의 순으로 나타났다. 이에 타파크로스는 젠더갈등이 젊은 층이 주도하는 온라인 카페와 커뮤니티, SNS 공간에서 극대화되어 드러나며, 2010년대 중반 이후 가시화된 현재의 젠더갈등은 20대라는 특정 세대에 집중된 세대갈등의 성격을 띄는 것이 특징이라 지적한다. 또한 해당 조사는 2015~2016년에 비해 2017~2018년에 젠더갈등에 대한 부정적 반응이 증가했으며, 일베, 워마드 등 10대와 20대가 주로 활동하는 특정 커뮤니디에서 상대 성별에 대한 혐오발언이 과열되며 여성혐오뿐 아니라 남성혐오에 대한 담론도 크게 증가했다고 분석한다(TAPACROSS, 2019).

최근에는 젠더갈등의 원인으로 여성권익의 향상과 이에 상응하는 남성들의 박탈감이 지목되기도 했다. 2019년 문재인 대통령의 지지율 하락에 대한 대책을 모색하기 위해 작성된 대통령 직속 정책기획위원회 국민주권분과의 보고서 '20대 남성 지지율 하락요인 분석 및 대응방안'(2019) 은 20대 여성을 "민주화 이후 개인주의, 페미니즘 등의 가치로 무장한 새로운 '집단이기주'의 감성의 진보집단"으로 언급한다. 보고서는 또한 불법촬영물 제작 및 유포에 대한 동일범죄·동일처벌을 요구하는 혜화역 집회 등으로 정치세력화된 여성 집단에 비해 여성할당제, 가산제 등 여성 친화적 정부정책에 실망한 20대 남성의 경우, 정부나 여당 등에서 그들의 이익을 대변할 지원세력이 없다고 인식한다고 보고한

바 있다(『한겨레』, 2019년 2월 27일).

강희영·최유정(2019)은 이러한 젠더갈등 담론으로 인해 사회구조적 성차별의 문제로 바라보아야 할 사안이 갈등 프레임에 갇히며, 갈등 당사자 간 자원 배분 싸움이나 두 집단이 알아서 해결해야 할 문제로 축소될 수 있다고 비판한다. 정성조(2019) 또한 역차별 당하는 남성의 억울함을 젠더갈등의 프레임으로 호명하는 담론이 여성들이 경험하는 성폭력 위협, 취업난, 유리천장, 경력 단절 등의 현실적 문제를 은폐하고 축소할 뿐 아니라, 사회가 당면한 재생산 위기의 대응을 어렵게 한다고 지적한다.

이에 홍지아(2022)는 온라인 커뮤니티 등에서의 젠더갈등 사례를 정치권이 전략적으로 활용하고 심화시킨다고 비판한다. 한국에서 안티페미니스트 백래시가 정당성을 가질 수 있게 된 것 또한 한국 정치엘리트 집단이 젠더갈등 사례 속 권력 집단의 주장을 정당한 것으로 적극 활용했기 때문이다(권수현, 2023: 130). 신경아(2023: 142-146)는 '여성할당제 폐지', '여가부 폐지', '남성 역차별', '군복무가산점제' 등의 키워드가 2008년 이명박 정부, 2013년 박근혜 정부, 2017년 문재인 정부의 출범 초기와 2021년 서울시장 보궐선거 시기 등 선거나 정부 출범이라는 매우 정치적인 시점에 언론을 통해 등장해 급격히 증가했다는 점에서 한국사회에서 전개된 안티페미니시트 백래시의 확산 계기가 정치권의 젠더갈등 담론 동원에 있다고 강조한다.

김지민 외(2023)는 이러한 젠더와 정치전략의 결합을 젠더 포퓰리즘이라 명한다. 그리고 2022년 한국의 20대 대통령 선거 사례에 주목해 남성 보수 정치인들의 페이스북 게시글에 관한 비판적 담론 분석을 진행하여 젠더 포퓰리즘을 둘러싸는 "정치적 커뮤니케이션"이 어떻게 전개되는지 살펴본 바 있다. 홍지아(2022)는 젠더의 사회구조적 차원을 탈각시키는 여성혐오적 발언들이 온라인 커뮤니티를 중심으로 재생산되고, 이어 주류 언론과 정치권이 이들의 발언을 공론장에 적극적으로 가져오며 “정치의 언어”로 활용한다는 점이 반(反)페미니즘 담론 정치의 특징임을 밝힌다.

이 같은 성과에도 불구하고 이들 연구는 여성혐오에 기반한 담론이 일종의 ‘표퓰리즘’으로서 작동하는 양상만을 살필 뿐, 그 이후 전개되는 백래시 정치 정책 실행의 구체적 차원은 살피지 못했다는 점에서 한계가 있다.

3. 비판적 담론분석으로 다가서기

1) 비판적 담론분석

이 글은 20대 대선 시기 주요 정치인과 대표 보수 언론의 젠더 관련 발화와 보도가 어떠한 정치 담론을 형성했는지를 규명함으로써 윤석열 정권의 백래시 담론 정치가 자리 잡게 된 배경을 밝히고자 한다.

더불어 이러한 담론적 전개가 정책 수준에서 어떻게 구현되어 성평등 정책의 후퇴로 이어졌는지를 비판적 담론분석의 방법을 활용해 고찰한다.

이 연구에서 적용한 비판적 담론분석(Critical Discourse Analysis)은 노만 페어클러프(N. Fairclough)에 의해 발전된 이론적 틀에 기초한다. 페어클러프(2012)는 텍스트 분석에만 머무는 기존 담론 분석의 한계를 지적하고 이데올로기 층위까지 아울러 분석하는 비판적 담론분석의 전망을 제시했다. 이는 텍스트가 늘 사회적 효과를 담고 있으며 그 안에 이데올로기가 작동한다고 보고, 텍스트 분석의 '층위'를 구분해 이 '층위' 사이의 관계에 관심을 두는 관점을 말한다(Fairclough, 2012: 91-92). 이에 따라 담론은 텍스트 층위, 상호텍스트성 층위, 이데올로기 층위라는 세 가지 측면으로 구분된다(이성빈·김명희, 2024: 101).

더불어 담론은 특정한 인과적 효력을 가지며 사람들의 정체성 형성에 기여한다. 담론이 "사람, 행동, 사회관계, 물질세계에서 변화를 일으키는 인과적 힘"을 지닌다(Fairclough, 2012: 32; 이성빈·김명희, 2024: 99 재인용)는 것이다. 이는 담론을 매개로 한 정치현상, 즉 '담론 정치'에 주목해야 하는 이유이기도 하다. 담론적 시각으로 정책을 사유하고 분석하는 것은 정책이 단지 "주어진 문제를 해결하는 과정"이 아니라, "특정한 의미를 가진 문제를 만들어 내"며 사회적 삶의 방식을 규정하는 과정이기 때문이다(김올튼, 2024: 231). 이는 동시에 '담론으로서의 정치'가 중요함을 역설하는 것이다.[5]

따라서 비판적 담론분석 접근을 통해 담론 텍스트와 정책 텍스트에 포함된 내용과 이데올로기를 확인하고, 그것이 "불평등한 권력관계를 형성하고, 재생산하고, 변화시키는 데"(김지민 외, 2023: 211) 어떠한 역할을

5 나아가 비판적 담론분석은 "담론적 실천과 사회적 실천 사이의 연계를 주목하여 특정한 담론의 의미를 사회적 갈등과 지배구조의 맥락 속에서 해석한다"(신진욱, 2009: 275)는 점에서도 의미가 있다.

하는지 살펴보고자 한다.

2) 자료 수집 및 연구 과정

해당 연구는 20대 대선의 가장 쟁점적인 현안 중 하나가 '젠더'를 중심으로 구성되었음을 고려해 이준석이 국민의힘 당 대표로 당선된 2021년 6월 11일부터 20대 대선 투표 하루 전날인 2022년 3월 8일까지 올라온 윤석열 당시 국민의힘 대통령 후보와 이준석 당 대표의 페이스북 게시글, 그리고 같은 시기 조선, 동아, 중앙일보의 기사를 분석하였다. 공식적인 대통령 선거 캠페인은 2022년 2월 15일에 시작됐지만, 이미 그 이전부터 주요 후보들이 담론과 정책의 윤곽을 드러내며 대선 관련 정치적 논의가 본격화되고 있었다는 점에서 대선 관련 정치적 발화와 논의의 시기를 광범위하게 설정해 살펴볼 필요가 있다. 이 가운데 분석의 기점을 이준석의 국민의힘 당 대표 당선으로 설정한 이유는, 이 시기부터 그가 '젠더 정치'의 핵심 행위자로 두드러진 영향력을 행사하기 때문이다(김지민 외, 2023: 212).

당시 대선 후보 윤석열과 당 대표 이준석은 정치인들 가운데서도 유독 강력한 발언 권력을 지닌 인물로, 대선 국면에서 이들의 언행은 특히 큰 주목을 받았다. 특히 이들은 개인 SNS, 주로 페이스북을 통해 당의 공식 메시지보다 더 선명한 발언이나 때로는 상반된 입장을 적극적으로 드러냈으며, 이에 언론도 크게 반응하면서 SNS를 통한 발언의 정치적 효과가 한층 강화되었다(김지민 외, 2023: 215). 이러한 이유로 본 연구는 두 정치인의 페이스북 게시글 중에서도 젠더와 관련된 내용을 주요 분석 자료로 수집했다.[6] '젠더와 관련된 페이스북 게시글'에는 (1) 젠더/페미니즘 등을 언급하거나 이와 관련된 주제(여성가족부, 성차별, 성범죄 등)로 한 발언 (2) 특정한 성별의 유권자/대중에 대해 언급한 발언 (3) 차별금지법(성소수자 등), 군사안보(남성 군 징집) 등 이성애 규범과 성별 역할 규범에 관련되는 주제의 발언을 포함한다.[7]

게시물 수집은 2025년 4월에서 5월 사이에 수집하였으며, 수집한 자료의 개요는 <표 3-1>과 같다. 분석 시기 두 정치인이 작성한 젠더 관련 게시물 가운데, 좋아요·댓글·공유 수가 비교적 높은 경우에는 파급력을 참조하기 위해 해당 수치를 병기하였다. 이는 영향력을 정확히 파악하는 지표는 아니지만, 반응의 강도를 가늠하는 참고 자료로 활용하였다. <표 3-1>을 살펴보면, 두 정치인 모두 본격적인 대선 캠페인 이전부터 젠더 이슈에 대해 적극적으로 발언해 왔으며, 특히 2022년 1월을 기점으로 '여성가족부 폐지'를 주요 대선 의제로 부상시키고 있음을 확인할 수 있다.

---

6 또한 페이스북 포스팅의 맥락과 의미를 다각적으로 이해하기 위해, 필요한 경우에는 젠더와 관련된 재현, 정책, 발화가 포함된 각종 발언과 전후 배경 자료도 보충적으로 활용하였다. 이러한 자료들에는 페이스북 게시글을 게재하게 된 배경, 페이스북 게시 내용을 설명하는 인터뷰, 동의 혹은 반대한다는 의미로 페이스북에 공유한 기사 등이 포함된다.

7 '젠더와 관련된 페이스북 게시글'의 선정/분류 기준은 김지민 외(2023)가 제시한 기본 틀을 활용했다.

<표 3-1> 두 정치인의 젠더 관련 게시량 비교[8]

자료 수집 기간: 2025. 4. 19. ~ 4. 30.

시기	윤석열	이준석
21년 6월 (11일부터)		1개 • '젠더갈등' 문제: 좋아요 1.4만, 댓글 2.2천개, 공유 385회
7월		1개 • 여성 정책 중요성 낮음: 좋아요 3.6천, 댓글 664개, 공유 45회
8월	1개 • 성범죄[9]	
9월	1개 • 청년 남성 타겟팅[10]	2개 • 여성가족부(존재 이유 없음) • 여성단체 불필요
10월	3개 • 청년 남성 타겟팅 2개 • 저출생 정책	
11월		2개 • 반(反)페미니즘('남성 가해자화' 반대) • 페미니즘 비판(정치 전략/도구)
12월	2개 • 성범죄	2개 • 차별금지법 반대 • '교제 살인', '데이트 폭력' 표현 거부

8 이준석의 페이스북 게시물의 경우, 자료 수집 시기인 4월까지만 하더라도 게시물이 공개로 처리되어 있어 확인 가능했으나, 현재 이준석이 페이스북 게시물을 비공개(혹은 삭제)로 돌리면서 해당 글들을 찾아볼 수 없다는 문제가 있음을 밝힌다.

9 '성범죄'라고 작성된 내용은 성범죄 사건의 구조적 차원(요인 등)은 소거한 채, 이를 일반 범죄와 동일시하며 개별 사례의 단편적이고 피상적인 피해에 집중하거나, 일회성으로 구체적 방안이 결여된 성범죄 처벌 강화 문구를 담은 게시물을 올린 경우를 의미한다.

10 '청년 남성 타겟팅'이라 작성된 내용은 청년 여성은 배제한 채 청년 남성만을 정치적 대상으로 호명한 내용의 게시물을 올린 경우를 의미한다.

시기	윤석열	이준석
22년 1월	7개 • 여성가족부 폐지 2개: (7글자 공약) 좋아요 3.9만, 댓글 1만개, 공유 876회 / (부가 설명) 좋아요 1.6만, 댓글 3천개, 공유 293회 • 군인 대우 2개: (병사 봉급 월 200) 좋아요 1.3만, 댓글 3.7천개, 공유 375회 / (부가 설명) 좋아요 7.5천, 댓글 1.6천개, 공유 137회 • 무고죄 처벌 강화: 좋아요 1.9만, 댓글 4.2천개, 공유 287회 • 저출생 정책 • 신지예 기용 사과: 좋아요 6.4천, 댓글 4.8천개, 공유 379회	10개 • 여성가족부 폐지 5개: 좋아요 4.2천, 댓글 1.9천개, 공유 29회 / 좋아요 2.3천, 댓글 779개, 공유 10회 / 좋아요 3.3천, 댓글 1천개, 공유 29회 • 페미니즘 비판(정치 전략/도구) 3개 • 청년 남성 타겟팅 2개: 좋아요 2.7천, 댓글 1.1천개, 공유 18회
2월	4개 • 여성가족부 폐지: 좋아요 1.5만, 댓글 2.8천개, 공유 203회 • 여성단체 적폐: 좋아요 8.6천, 댓글 1.8천개, 공유 447회 • 여성혐오(외모품평) 지적[11]: 좋아요 1.3만, 댓글 3.5천개, 공유 272회 • 청년 남성 타겟팅: 7.1천, 댓글 1.6천개, 공유 341회	6개 • '젠더갈등' 문제(문재인 정권이 초래): 좋아요 2.6천, 댓글 908개, 공유 42회 • 여성 정치인 발언 반박 2개 • 차별금지법 반대 • 여성 청년의 정치적 관심이 낮음 • 여성혐오(외모품평) 지적
3월 (8일까지)	4개 • 3.8 여성의 날을 맞아 기존 여성 공약 재공유[12]: 좋아요 8.6 • 군인 대우: 좋아요 8.2천, 댓글 2.1천개, 공유 140회 • 여성단체 적폐: 좋아요7.9천, 댓글 1.6천개, 공유 259회 • 성범죄: 좋아요 9.9천, 댓글 1.7천개, 공유 236회	2개 • 민주당의 여성 인권 무지 비판 • 청년 남성 타켓팅
총 자료 수	22개	26개

11 해당 게시물은 김건희에 대한 민주당의 여성 외모 품평을 비판한 내용으로, 구조적 차원이 아닌 개인에 대한 인신공격 및 여성혐오를 지적하고 있다.

12 해당 게시물은 무고죄 처벌 강화, 여성가족부 폐지, 성범죄 처벌 강화에 대한 내용을 담고 있다.

나아가 같은 시기 한국의 대표적 보수언론이 젠더 담론을 어떤 방식으로 다루며 이를 주요 갈등 의제로 확장했는지, 그리고 그것이 윤석열 정부의 집권이라는 정치적 시공간에서 어떻게 기능했는지를 살펴보고자 했다.

이에 따라 조선·동아·중앙일보의 기사를 분석 대상으로 삼았으며, 젠더갈등(남녀갈등, 각 띄어쓰기 포함), 여가부, 역차별, 군대, 보궐선거, 이대남을 검색어로 설정해 빅카인즈에서 관련 기사를 추출하였다.

그 가운데 단신 보도, 젠더갈등이 기사의 핵심이 아니라 여러 이슈 중 하나로 단편적으로 언급되는 보도, 사회적 이슈에 대한 여론조사 결과를 나열하거나 대통령 후보자 공약을 소개하며 '젠더갈등 해소'를 단순히 포함하는 기사 등은 분석에서 제외하였다. 이러한 과정을 거쳐 총 147개의 기사가 최종 분석 대상으로 선정되었다. 각 언론사별 기사의 수는 <표 3-2>와 같다.

<표 3-2> 언론사별 젠더갈등 관련 기사의 수 자료 수집 기간: 2025.4.19.~5.10.

	조선	중앙	동아
젠더갈등 관련 기사 수	57개	64개	26개
총 계 147개			

이 가운데 기사들이 젠더갈등을 다루는 방식에 따라 언론사별 분류를 진행하였다. 분류 기준은 아래와 같다.[13]

13 '젠더갈등 관련 기사'의 분류 기준은 홍지아(2022)가 제시한 기본 틀을 참고해 변형했다.

1) 젠더갈등 생산자를 지목하는 개인/집단은 누구인가?
   (젠더갈등에 대해 설명하고 비판하며 담론을 주도하는 것이 누구의 목소리/입장으로 표현되는가?)
2) 젠더갈등 생산자로 지목된 개인/집단은 누구인가?
   (갈등의 주체와 원인으로 어느 개인이나 집단이 지목되는가?)
3) 젠더갈등에 대한 보도에서 적시되는 젠더갈등의 내용과 쟁점은 무엇인가?
4) 이것이 어느 매체를 통해 유통/전달/확산되는가?

<표 3-3>은 이 기준에 따라 분류한 기사의 내용을 요약한 것이다. 표에는 모든 기사의 내용을 수록하기 어려워, 담론의 핵심 이데올로기를 드러내는 기사만을 선별하였다. 유사한 내용의 기사는 먼저 작성된 것을 대표로 표기하였다.

<표 3-3> 담론 생산주체에 따른 기사 분석 자료 수집 기간: 2025.4.19.~5.10.

젠더갈등 생산자를 지목하는 개인/집단	젠더갈등 생산자로 지목된 개인/집단	내용	날짜	신문사
쟁점: 여가부(산하,유관기관) / 여성계 / 페미니스트				
이준석, 유승민, 하태경	여가부	여가부가 ①성차별이 존재하지 않음에도 여성에게 특혜를 주며 젠더갈등조장(하태경), ②여성을 절대 소수자로 전제(이준석)/여가부의 업무를 타부처로 이관하고 중복예산은 군필청년지원 사용에 필요(유승민)	2021.7.7	조선일보
하태경	여가부, 젠더갈등을 부추기는 (급진적) 여성우월주의자들	여가부가 젠더갈등 조장[14]	2021.7.10	
유튜브 채널 '성인권센터'	여가부, 양성평등진흥원	여가부가 남성 피해 가능성을 강조하지 말라고 가르치며, 페미니즘 관점에서 젠더갈등 조장	2021.10.19	
윤석열	여가부	여가부가 사실상 '남성혐오부'로 기능하고 있다고 비판	2022.1.10	
이준서, 유승민, 하태경	여가부	비효율적인 여가부 대신 양성평등위원회 설치 주장(유승민), 여가부는 젠더갈등조장부라 주장(하태경)	2021.7.6	중앙일보
유승민, 하태경	여가부	여가부의 무능, 장관의 정치적 임명, 여가부의 젠더갈등 조장 문제시	2021.7.7	동아일보
조수진 (국민의 힘 최고위원)	여가부/여성할당제 폐지를 주장하는 사람들	양성평등을 추진하는 부처/제도가 불필요하다는 주장이 갈등 야기	2021.7.7	
이준석	여가부	여가부의 젠더갈등 해결 미흡과 갈등 악화 지적	2021.7.10	
쟁점: 정치인 / 정치권				

14 해당 기사는 여가부가 젠더갈등을 조장한다며 5가지 구체적 사례를 제시한 하태경 의원의 페이스북 발언을 소개한다. 소개된 여가부의 젠더갈등 조장 사례는 다음과 같다. 1) 여가부가 작성한 아이돌 외모 규제 가이드라인, 2) 초중고생에게 '김치녀는 혐오지만 김치남은 혐오가 아니다'라고 가르치라는 여가부, 3) 대구 지하철 참사 관련 왜곡, 4) 레이디퍼스트 유래 왜곡, 5) '남성은 잠재적인 성범죄자'라는 양평원장 망언

젠더갈등 생산자를 지목하는 개인/집단	젠더갈등 생산자로 지목된 개인/집단	내용	날짜	신문사
이낙연	이준석, 유승민	여가부 폐지가 여성혐오적인 표퓰리즘임을 비판	2021.7.7	조선일보
한국여성정치네트워크, 사이버성폭력대응센터, 젠더정치연구소 여.세.연	이준석, 유승민, 하태경	여가부 폐지주장이 혐오정치임을 비판	2021.7.9	
류호정	하태경, 박용진	여성군복무 공약을 통해 젠더갈등 부추김을 지적	2021.7.22	
이준석	장혜영, 정의당	안산선수 페미/남혐논란을 두고 본인(이준석)에게 입장표명을 요구하는 정의당이 젠더갈등 조장[15]	2021.8.12	
심상정	이재명, 윤석열	2030의 사회적 좌절을 젠더갈등으로 치환하고 부추기는 두 후보 비판	2021.11.19	
이준석	문재인	문재인 정부가 젠더갈등 초래	2022.2.12	
진중권	이준석	이준석 현상이 젠더갈등과 능력주의를 핵심으로 하고 있으며, 이준석이 이를 적극적으로 양산	2021.6.24	중앙일보
유튜버 크로커다일	정치권	정치권이 정치적 이익 위해 페미/반페미 갈등을 양산	2021.11.24	
이준석, 하태경, 홍준표	윤석열 선대위	윤석열 선대위의 '강성페미', '젠더갈등 유발자' 페미니스트 신지예 영입 비판	2021.12.20	
이재명	윤석열	윤석열의 여가부 폐지 공약에 대한 정치적 편향성 비판	2022.1.9	
동아일보 사설(언론사)	양준우 대변인, 국민의 힘, 일부 누리꾼	양준우 대변인, 국민의 힘, 일부 누리꾼의 안산 선수 공격 커뮤니티 주장 확대 및 젠더갈등 부추김 지적	2021.8.3	동아일보
동아일보 사설(언론사)	이재명, 윤석열	윤석열·이재명의 이대남 대상 공약(여가부 개편, 성범죄 무고죄 처벌 강화 등)이 젠더갈등 조장	2021.11.13	
남성 네티즌	이재명	이재명의 비판	2022.1.15	
이준석	이재명	여성가족부 폐지 공약이 분열을 조장한다는 이재명의 주장 비판	2022.1.15	
쟁점: 인터넷 커뮤니티				

15 해당 기사는 안산 선수에게 남혐 발언의 책임을 묻는 양진우 대변인의 발언이 여혐이라 비판한 정의당이 이준석에게 입장표명을 요구하는 상황을 다루며, 정의당의 행보가 젠더갈등을 심화한다는 이준석의 주장을 소개하고 있다.

젠더갈등 생산자를 지목하는 개인/집단	젠더갈등 생산자로 지목된 개인/집단	내용	날짜	신문사
남성 네티즌	치어리더 하지원	치어리더 하지원의 숏컷 및 남성 혐오 발언 비판	2021.8.21	조선일보
남성 네티즌	여대	약대와 로스쿨의 여대 정원은 남성에게 역차별	2022.2.2	중앙일보
남성 네티즌	여학생	여고생의 비아냥 섞인 위문편지는 '군 조롱'	2022.1.20	
유튜버 A씨	페미니스트	페미니스트는 권리만 외칠 뿐 군대 등의 의무는 회피	2022.1.22	

4. 정치전략으로서 반(反)페미니즘

1) 20대 대선과 반(反)페미니즘 담론

윤석열 전 대통령은 20대 대선을 코 앞에 두고 여성가족부 폐지 공약에 대해 "더 이상 구조적인 성차별은 없다. 차별은 개인적 문제다. 남성이 약자일 수도, 여성이 약자일 수도 있다"고 말한바 있다(『한국일보』, 2022년 2월 7일). 또한 하태경 국민의힘 의원은 여성할당제 존치를 두고 "여성에 대한 제도적 차별은 사라졌고, 여성 할당제가 존치될 이유가 없다"고 말했다(『인사이트』, 2022년 2월 7일.). 이처럼 유력 대선 후보와 정당은 '구조적인 성차별은 없다'는 상징적 선언을 통해 젠더의 사회구조적 맥락을 탈각시키고 사회적 차별을 개인적 차원의 문제로 치환했다. 하지만 실제 20대 대선이 치러진 과정은 역설적으로 그 어느 때보다 젠더 집단을 명확히 구별짓고, 이들을 차별적 정치 도구로 동원하고자 하는 모습을 노골적으로 드러냈다. 이러한 전략의 중심에는 '여가부 폐지'와 '이대남'으로 대표되는 젠더갈등 담론이 자리한다.

〓 '이대남'의 호명과 편 가르기 정치

'이대남'은 '20대 남성'의 줄임말로, 흔히 보수적이고 여성혐오적(반(反)페미니즘적) 성향을 띠는 이들을 의미한다. 20대 대선 기간 내내 '이대남'은 정치권과 언론에 의해 대통령 선거의 향방을 가를 주요 집단으로 과잉 위치되었다. 이 과정에서 특히 당시 국민의힘 대통령 후보였던 윤석열과 당 대표였던 이준석은 이대남 담론의 생산과 수행을 통해 정치적 대표성을 획득하고자 전략적으로 움직였다. 위와 같은 현상은 2021년 6월 11일 이준석이 국민의힘 당 대표로 당선된 이후, 정치계가 '이대남'들의 주장을 적극적으로 수용하고 전면에 내세우기 시작하면서부터 가속화했다.

윤석열과 이준석은 여성혐오에 기반한 남초 커뮤니티의 언어를 차용하며 '역차별 받고, 페미니즘에 분노하는 이대남' 정서를 심화시켰고, 노골적으로 청년 남성을 주요한 정치적 주체로 호명했다. 이준석은 "20대 남성이 정치개혁을 선도한다(이준석, 2022.1.30.)"와 같이 20대 남성을 지속적으로 소환하는 글을 페이스북에 게시하며 이들의 정서에 호소했고, 정치적 집결을 꾀했다. 윤석열 또한 '석열이형TV'[16]라는 개인 유튜브 채널을 개설하고, 페이스북에 "항상 노력하며 여러분께 다가가는 '깐부' 석열이형이 되겠습니다(윤석열, 2021.10.24.)"라는 글을 남겼다. '형'이라는 단어

16 현재는 '윤석열'로 채널명이 바뀌었다.

사용을 통해 남성과의 동맹과 네트워킹을 공고히 하는 것은 '타자'로 위치 지워진 여성이 해당 정치적 공간에 참여하거나 개입할 수 없도록 경계를 설정하고, 이들을 네트워크 외부로 배치함으로써 배제를 강화하는 전략으로 기능한다.

정치인과 청년 남성의 네트워크 형성을 통한 '이대남' 담론의 강화는 청년 남성의 분노와 억울함의 상징으로 대표되는 군대 관련 정책 담론에서 더욱 심화된다.

> 우리는 북한의 실질적 군사위협 속에서 살고 있습니다. 최근 그 위협은 더욱 커졌습니다. 엄중한 안보 현실 속에서 국방의 의무를 다하는 청년들에게 국가 재정 지출의 우선순위를 두어야 합니다. 그들에게 최저임금도 보장하지 않는 것은 공정과 상식에 맞지 않습니다(윤석열 페이스북, 2022.1.10.).

윤석열은 2022년 1월 9일 페이스북에 "병사 봉급 200만원"이라는 공약을 제시했다. 같은 날 이준석은 "필요한 예산은 적극적으로 당에서 우선순위를 조정해서 뒷받침할 수 있게 하겠다(이준석, 2022.1.9.)"는 글을 올렸다. 이는 "성인지감수성에 예산이 불필요하게 많이 책정됨으로써 정작 예산 투입이 필요한 군사부문에 돌아오는 몫이 적어졌다"(『한국일보』, 2022년 2월 7일)는 윤석열의 발언과 같은 맥락에서 이해된다. 이들은 공적 영역에서 '남성적 가치와 활동'의 극치로 여겨지는 군사적 활동을 중시함과 동시에 성평등 가치를 외면하는 모습을 보이며 혐오에 기반한 담론을 재생산시키고, 정치 주체로 호명한 청년 남성의 지지를 유도했다.

'이대남' 담론을 구성하는 또 다른 프레임은 '페미니즘의 피해자로서 남성'이라는 정체성을 공고히 하는 것이다. 이준석은 이에 해당하는 '이대남'의 주장을 적극 대변하듯, 페이스북에 다음과 같은 글을 게시했다.

> [정의당 장혜영 의원이 올린 교제 살인 대책 촉구 글을 소개하는 기사(「매일경제」, 2021.11.21.)를 인용하며] 선거 때가 되니까 또 슬슬 이런 저런 범죄를 페미니즘과 엮는 시도가 시작되고 있습니다. "남성은 잠재적 가해자" 프레임은 2021년을 마지막으로 정치권에서 사라졌으면 합니다(이준석, 2021.11.21.).

이준석은 단순 형사사건을 장혜영 의원이 여성혐오 범죄로 확대해석한다며 문제를 제기했다.[17] 그는 이와 같이 페미니스트와 극단적 페미니즘의 잣대로 인해 남성이 피해자가 되고 있다고 주장했다. 이러한 이준석의 발언은 사회적 특성과 맥락을 삭제함으로써, 여성이 폭력의 주요 대상이 되는 현실을 지워버리고 젠더의 실재성과 사회구조적 차원을 탈각시킨다. 이는 "피해자 지위를 탈취해 신자유주의 하에서의 청년 남성의 약자 서사, 즉 '피해자 정체성'을 재확인시켜 줌으로써 이들이 느끼는 감정과 행위를 정당화하는 '새로운 합리성'(민가영, 2022: 229)"으로 작동하며 '이대남' 담론을 견고히 한다.

이러한 전략은 언론을 통해서도 이루어진다. '이대남'은 20대 남성 전체를 대표한다고 보기 어려울 뿐 아니라 온라인 공간에서 다소 공격적이고 폭력적인 반응을 보여온 일부에 불과함에도, 정치계와 언론은 이

17 본문의 '형사사건'은 2021년 11월 17일 이별 통보를 한 전 여자친구를 칼로 수차례 찌른 후 집 베란다 밖으로 던진 30대 남성 A씨의 사건을 가리킨다. 장혜영 의원은 해당 사건에 대해 페이스북에서 "이 범죄의 이름은 '아파트 살인'이 아니라 '교제살인'이다. 본질을 흐리지 말아달라"며 언급했다. 「매일경제」. 2021. "장혜영 "페미니즘이 싫습니까? 그럼 여성을 죽이지 마세요""(2021.11.21.)

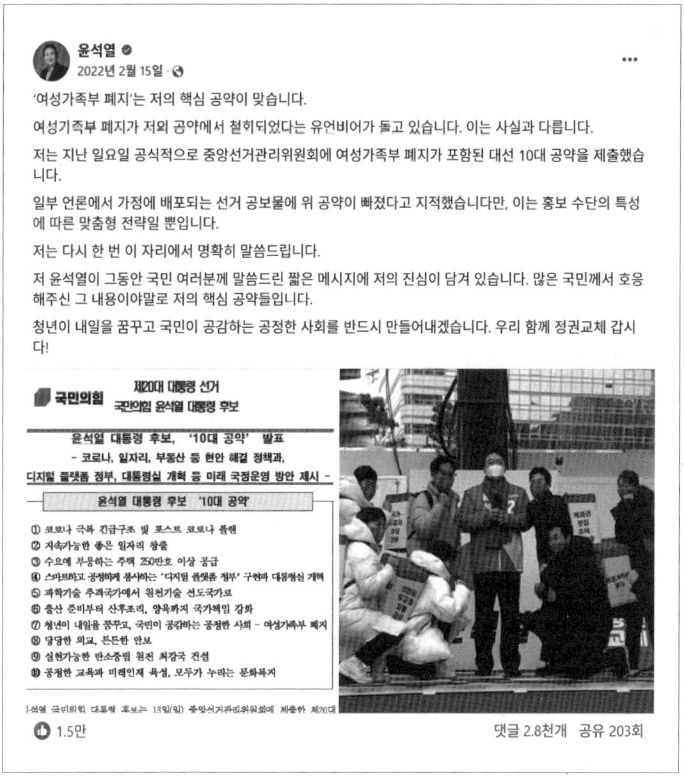

〈그림 2-1〉'여성가족부 폐지' 공약에 관한 윤석열 전 대통령의 페이스북 게시물

들을 공론장에 반복적으로 소환했다. 단순화된 세대론적 프레임에 근거해 특정 집단을 분석하는 것이 위험하다는 비판적 논의가 있었음에도, 정치권과 언론은 '이대남 현상'에 과도한 의미를 부여하며 이것이 마치 유효한 담론인 것처럼 확산시켰다. 언론은 정치권의 이대남 공약 발화를 소개하며 유포와 재확산에 일조하고 젠더갈등이 벌어지는 대표적 공간으로 지목되는 온라인 공간에서의 젠더갈등을 함께 중계하는 행태를 보였다.

동아일보는 2021년 10월 27일 "'나도 퐁퐁남이었다" … 남초 강타한 "설거지론"이 뭐기에'라는 제목의 기사를 올리며 연애 경험이 적은 남성이 결혼 전 문란한 생활을 한 여성과 결혼해 제대로 된 남편 대접을 받지 못하고 있다는 남초 커뮤니티의 주장을 소개한다. 또한 아내의 비위를 맞추기 위해 전업주부인 아내가 요구하는 집안일을 떠맡는 '퐁퐁남'의 사연을 자세히 다룬다(『동아일보』, 2021년 10월 27일). 같은 해 8월 조선일보는 치어리더 하지원의 페미니스트 논란을 보도하며, 해당 치어리더의 숏컷과 이른바 '남성혐오 표현' 사용이 문제라는 남초 커뮤니티의 주장을 인용했다(『조선일보』, 2021년 8월 21일). 또한, 중앙일보는 21년 10월 "어두워지면 집에 갈 때마다 항상 '내가 오늘도 안전하게 잘 살아 들어갈 수 있을까' 생각한다"는 가수 전효성의 발언을 향한 남초 커뮤니티의 비난을 구체적으로 보도했다(『중앙일보』, 2021년 10월 29일).

보수 언론의 젠더갈등 기사에 등장하는 GS25의 남혐 이미지 사용 논란(일명 '손가락' 논란), 안산 선수에 대한 공격, 페미니즘 수업 커리큘럼 비판 또한 같은 방식이다. 이러한 유형의 기사는 남초 온라인 커뮤니티 게시글과 댓글의 혐오 발언을 출처로 하여 일반인들의 상식으론 공감하기 어려운 갈등 상황을 중계한다. 주목할 지점은 해당 기사들에서 젠더갈등 피해자로 소환되는 20대 남성이 남초 온라인 커뮤니티에서 역차별을 주장하는 획일적 존재로 등장한다는 점이다.

결과적으로 보수 언론은 젠더갈등 보도라는 이름으로 이러한 중계를 지속하며 '이대남만의 젠더갈등' 담론 생산에 기여한다.

이처럼 여성혐오를 조장하는 선정적인 에피소드는 언론이라는 공적인 장에서 논의될 만큼 논리적이지 않고, 신뢰할 만한 충분한 근거를 갖추고 있지 않다. 그럼에도 이는 언론을 통해 사회적 발언권을 부여받아 '논란거리'로 보도되며, 정치권이 설정한 '이대남'을 전략적으로 포섭하고 해당 담론을 지탱하는 '젠더갈등' 프레임을 재생산하는 데 기여한다. 결론적으로, 성평등, 페미니즘, 남성 역차별 등에 대해 비슷한 의견을 가진 20대 남성들이 모인 온라인 공간, 즉 몇몇 남초 온라인 커뮤니티의 게시물과 댓글 등이 언론과 정치권에서 젠더갈등의 주요 발화자로 등장하고, 정치권이 이들을 주요 타깃으로 삼아 정치적 주체로 동원하여 이들을 위하는 공약을 제시하는 것은 '역차별 받는 이대남'을 젠더갈등의 중심부로 소환하는 결과를 가져왔다. 이에 따라 '이대남'은 사회적으로 충분한 정당성과 가치를 지닌 집단으로 가시화의 장을 담보받았다 (윤지영, 2021: 50).

= '여가부 폐지' 담론과 남성역차별론

이처럼 , 윤석열과 이준석은 '이대남'의 역차별론을 중심에 둔 반(反)페미니즘적 주장들을 정치적 '상식'으로 승인하고, 그들과 직접적 네트워크를 형성하고자 시도하였다. 이는 결과적으로 '여성가족부 폐지' 공약을 내세우는 것으로 이어졌다. 2022년 1월 3일 신지예가 사퇴하고 이준석이 선대위에 재합류하면서 '여성가족부 폐지'는 윤석열의 핵심 공약이 됐다.

> [대전 엑스포 캐릭터인 꿈돌이와 꿈순이가 이름과 외양에서 전통적 성별 이미지를 반영하고 있어 성별영향평가 권고 대상에 선정되었다는 기사(「중앙일보」, 2021.9.21.)를 인용하며] 여성부가 할 일이 없으니 부처의 존재이유를 찾기 위해 일을 만들고 다닌다고 지적했는데, 여러분의 세금이 이렇게 녹고 있습니다(이준석, 2021.9.21.).

여가부가 젠더갈등에 책임이 있고, '세금을 낭비하고 권력과 결탁(윤석열, 2022.3.1.)'한다는 이들의 문제제기는 보수 언론사의 '여가부 폐지를 둘러싼 젠더갈등' 기사로 재생산된다. 조선, 중앙, 동아일보의 젠더갈등 관련 보도에서 공통되게, 가장 많이 언급되는 것은 여가부 폐지들 둘러싼 갈등이다. 해당 기사들에서 여가부는 구조적 성차별이 없음에도 여성에게 특혜를 주는 우대 정책을 추진하거나 여성의 편을 들어 젠더갈등을 유발하는 핵심 주체(책임자)이자, 젠더갈등을 해결하기 위해 해야 할 일을 안 하는 무능한 방관자로 번갈아 지목된다. 나아가서는 극단적 페미니스트, 페미니즘과 동일시되기도 한다.

> 이준석 대표는 6일 SBS와의 인터뷰에서 "여성을 절대 소수자로 몰아놓고 거기에 따라 캠페인 하는 방식은 15~20년의 시행착오면 됐다"며 "대선 후보 되실 분은 (여가부) 폐지 공약은 되도록 제대로 냈으면 좋겠다"고 말했다. 이 대표는 "여가부는 빈약한 부서를 갖고 캠페인 정도 하는 역할로 전락했다"며 "그렇게 해서 성차별 문제가 있다고 해도 잘 해결되지 않

을 것"이라고 했다(『조선일보』, 2021년 7월 7일자).

국민의힘 윤석열 대통령 후보 선거대책본부 장예찬(34) 청년본부장은 10일 윤 후보의 '여성가족부 폐지' 공약에 대해 "(여성가족부를) 한 번 깔끔하게 박살을 내놓고 제로베이스에서 출발해야 한다"고 말했다. 그는 "남성을 성범죄의 잠재적 가해자로 취급하고, 또 남성이 성범죄 가해자로 오해를 받아도 시민적 의무를 지고 열심히 해명해야 한다는 내용이 여성가족부 산하 기관에서 만들어 배포한 유튜브 성인지 교육 영상에 포함됐다"고 했다. 장 본부장은 "여성가족부의 문제는 복지 사업이나 약자 보호 사업의 문제가 아니다. (예산의) 10~20% 정도 배정되는 성인지 교육을 통해 뿌리 깊은 젠더갈등 (조장)에 앞장서고 있다는 것이 문제"라고 했다(『조선일보』, 2022년 1월 10일자, 윤석열측 "여성부는 남혐부, 깔끔하게 박살내야").

여가부 폐지에 관한 보수 언론사의 기사는 윤석열 전 대통령의 표현, 즉 '구조적 성차별은 더 이상 존재하지 않는가?'에 대한 본질적 물음은 제거한 채 젠더갈등 담론 형성에 주력한다. 여가부의 역사와 역할, 현재의 성차별 현황, 여가부가 필요한 이유 등에 대한 답을 구하는 취재나 보도 없이 '여가부=젠더갈등'이라 연결짓는 정치인들의 발언을 거듭 인용·보도한다.[18] 이는 윤석열과 이준석의 '구조적 성차별은 없다'는 주장

18 여가부가 어떻게 젠더갈등을 유발하는가에 대해 나름의 근거를 제시하는 기사는 2021년 7월 10일 동아일보의 ""하태경 "여가부가 보호하는 건 여성 아닌 여성단체 기득권""이라는 기사와, 같은 날 조선일보에 올라온 "하태경 "여가부 폐지가 갈등 조장? 상황 파악 못 하는 소리"라는 제목의 기사에 불과하나. 두 기사는 아이돌 외모 규제 가이드라인 논란 등 5가지 사례를 여가부가 젠더갈등을 조장하는 구체적 사례로 제시하는 하태경 의원의 페이스북 게시물을 인용, 보도한다. 「동아일보」 2021. "하태경 "여가부가 보호하는건 '여성' 아닌 여성단체 기득권""(2021.07.10.), 「조선일보」 2021. "하태경 "여가부 폐지가 갈등 조장? 상황 파악 못 하는 소리""(2021.07.10.).

을 전제로 한다. 다시 말해, 한국사회의 구조적 성차별이 존재하지 않고 성평등이 실현되었다는 가정 위에 여가부의 역할이 더 이상 불필요함을 확인시키는 데 지나지 않는 것이다. 이때 여가부 폐지를 정당화하기 위한 최소한의 전제조건으로서 현재의 성불평등한 구조에 대한 질문은 사라진다. 이에 따라 윤석열과 이준석은 젠더갈등의 책임을 추궁하는 담론 엘리트로서의 발언권을 확보받는 동시에 논쟁적인 주장으로 갈등을 유발하는 주체로 언론에 등장하며, 이들에 의해 여가부와 여가부가 추진하는 성평등 정책은 젠더갈등을 생산하는 주체로 지목받으며 비판과 논란의 대상으로 구조화된다.

더불어, 이러한 주장의 기저에는 '능력주의'에 대한 한국사회의 독특한 독해방식이 전제되어 있다. 절차적인 공정 외에 실질적인 공정을 보장하기 위한 시도들을 모두 역차별로 간주하며, 여성을 비롯한 소수자를 위한 평등 정책은 '능력주의' 규칙을 어기는 것으로 해석하는 것이다(김만권, 2021: 68; 윤지영, 2021: 33-34, 김지민 외, 2023: 224). 이는 '이대남' 담론의 주장과도 일치하는 것으로, 해당 이데올로기를 통해 결국 여성조직의 존재는 역차별의 상징으로 부상하게 된다. 이에 윤석열은 아무런 부연설명 없이 "여성가족부 폐지(윤석열, 2022.1.7.)"라는 단 7글자를 큰 글씨의 공약을 페이스북에 게시할 수 있었다.

> 'N번방 방지법'은 제2의 N번방 범죄를 막기에는 역부족인 반면, 절대 다수의 선량한 시민들에게 '검열의 공포'를 안겨줍니다. 통신 비밀 침해 소지는 자유민주주의 국가에서 무겁게 받아들여야 하는 문제입니다(윤석열, 2021.12.12.).

'역차별 받는 이대남'이라는 집단이 젠더갈등 담론의 전면에 등장하면서, 이른바 '이대남을 역차별'하는 데 기여하는 것으로 지목된 여가부와 성평등 정책, 여성계가 젠더갈등을 유발하는 주체 혹은 책임자로 치환되는 현상도 이러한 맥락에서 설명된다. '텔레그램 N번방' 사건으로 성폭력 범죄와 관련한 공약 제시를 요구받은 윤석열이 페이스북에 올린 글과 "성범죄 처벌 강화, 무고죄 처벌 강화(윤석열, 2022.1.6.)"라는 그의 공약은 능력주의의 침해에 기반한 '남성역차별론'에 입각한 것으로, 이에 대해 보수 정치인들과 언론 또한 성폭력 피해자가 아닌 일부 남성의 목소리를 대변하며 성폭력의 구조적 차원에 대한 부정과 몰이해를 적나라하게 드러냈다.

2) 윤석열 정권의 반(反)여성정책

윤석열 정부는 '여성가족부 폐지'라는 7글자 공약에서 출발해 '젠더갈등' 담론을 등에 업고 반(反)페미니즘 정서를 공유하는 20대 남성 유권자, 이른바 '이대남'들의 열광적인 지지를 얻으며 집권에 성공했다. 대선을 기점으로 이어진 '백래시'는 윤석열 정부의 핵심 기조가 됐다. 윤석열 전 대통령이 편승한 반(反)페미니즘 정서는 2년 7개월여의 임기 동안 그의 발언과 정책들로 구체화됐다. 성평등과 여성 정책이 후퇴했고, 성차별적 구조를 외면하는 전략이 나타났다. 취임 후 2년 반에 불과한 기간 동안 윤석열 정부는 여성가족부 폐지를 시도하고, 정책 용어에서 '여성'과 '성평등'을 삭제했으며, 상당 규모의 여성폭력 예산 삭감 등을 추진했다. 해당 정권 아래 한동훈 당시 법무부장관은 23년 "비동의강간죄 도입에 반대하는가"를 묻는 류호정 정의당 의원의 질문에 "억울한 (무고)

피해자를 낳을 수 있다"고 답하기도 했다(『여성신문』, 2024년 12월 11일). '젠더갈등'이라는 담론 프레임은 윤석열 정부의 집권이라는 1차적 결과에 이어 다시 제도화된 정책의 폐지라는 반(反)여성정책의 구체적 실행으로 구현됐다.

〓 여성가족부 '힘 빼기'

'여성가족부 폐지'를 핵심 공약으로 내세웠던 윤석열은 2022년 5월 10일 취임한 이후 2025년 4월 5일 파면되기까지 여가부를 폐지하지 못했다. 국민의힘 역시 윤석열 전 대통령이 취임한 해에 여가부 폐지 내용을 담은 정부조직법 개정안을 발의했지만, 21대 국회가 2024년 5월 29일 회기 종료됨에 따라 폐기됐다. 결과적으로 여성가족부 폐지 공약은 윤석열 정부에서 실패했지만, 해당 정부는 임기 내내 이른바 여가부 무력화에 많은 힘을 들였다.

가장 먼저 여성가족부 장관을 없앴다. 김현숙 전 장관은 해당 정부의 출범 당시 초대 여가부 장관으로 지명된 후, 2023년 9월 '잼버리 사태'[19]에 대한 책임을 지고 2024년 2월 사퇴하였다. 이는 윤 정부의 기조하에 윤석열 전 대통령이 임명한 여가부 장관의 핵심 임무 역시 부처 폐지가 되었고, 이러한 정부 기조를 무리하게 쫓아가면서 김 전 장관이 자질과 전문성 논란을 빚은 것과는 별개의 일이다. 윤석열은 대회 파행을 이유로 김 전 장관의 사표를 수리하였다. 이를 통해 여가부 장관 자리를

19 전북 부안 새만금에서 열린 제25회 세계스카우트잼버리대회가 '부실 운영' 논란으로 파행을 빚은 것으로, '코로나19 이후 한국이 유치한 가장 큰 국제행사'로 관심을 모았던 잼버리에서 다수의 온열질환자가 발생하거나, 폭염·배수 문제 등이 발생하며 논란이 됐다. 이에 대회 잼버리 주무부처로서 전반을 점검하고 지도해야 할 여성가족부의 안일한 대회 준비와 허위 보고 등이 잼버리의 총체적 실패 요인으로 지목됐다. 「한겨레」. 2023. "또 전 정부 탓?? '악취'나는 대회라니… '잼버리 사태' 팩트체크 총정리 [시사종이 땡땡땡]"(2023.08.07.).

공석으로 둔 것은 명백한 여성가족부 '힘 빼기'의 일부이자 백래시 정책의 실행이다. 이는 여가부 폐지에 대한 결연한 의지가 여가부 장관을 임명하지 않는 것으로 표현된 것이라 볼 수밖에 없다. 윤석열 전 대통령이 파면되기까지 끝끝내 후임자를 임명하지 않음에 따라 여가부는 2024년 2월부터 2025년 9월 9일까지 유례없는 최장기 장관 공백 사태를 겪었다.

다음은 예산 삭감이다. 여가부는 2024년 예산 중 '여성폭력 방지 및 피해자 지원'에 관한 예산 142억원을 감축했다. 이는 일반예산 및 양성평등기금 예산 삭감액 431억 중 33%의 비율을 차지한다. 성매매 피해자 구조 지원과 성폭력 피해자 의료비·주거지원, 가정폭력 피해자 치료·회복 프로그램·의료비, 가정폭력 피해자 보호시설 운영, 성폭력 피해자 지원 상담소 운영 예산, 여성폭력 피해 예방을 위한 인식개선·홍보 예산 등이 삭감 대상이 됐다. 2023년 대비 2024년 여가부 예산이 1조 7135억원 규모로 소폭 상승한 것과는 대조적인 흐름인데, 이는 '양성평등' 관련 부문의 예산이 줄고, 저출생과 같은 '가족' 관련 예산이 늘어난 결과다(『여성신문』, 2023년 10월 9일).

이러한 예산 삭감은 실제 여성폭력 지원 현장에서의 어려움으로 이어졌다. 미투 운동 이후 생겨난 양성평등담당관, 지자체별 담당 기관 등이 예산 삭감으로 제 기능을 다하지 못하게 되었으며, 성폭력 상담소와 같은 단체들이 반토막난 피해자 치료·회복 프로그램 예산으로 기존 피해자 지원을 축소해 진행했다(『경향신문』, 2025년 3월 7일). 실제로 여성폭력 피해자 지원에 관한 예산이 삭감된 이후, 전국 136개 피해자 보호시설 중 17곳이 운영난을 겪는다고 토로했고 피해자들을 위한 안전망은 약화했다(『프레시안』, 2025년 5월 17일).

〓 여성과 '성평등정책' 지우기

윤석열 정부 임기에서 백래시에 기반한 제도화된 정책의 폐지는 여가부 존폐 논란에만 그치지 않았다. 곳곳에서 여성과 성평등 정책이 후퇴했다. 윤석열 정부가 출범과 동시에 내놓은 120대 국정과제에는 성평등 관련 내용이 빠져있었다. 가족 지원, 아동·청소년 보호, 폭력 범죄 피해자 보호 확대 등 6대 핵심 과제 가운데 '여성'이라는 단어가 언급된 것은 단 한 번에 불과했으며, 이에 해당 정부는 성평등과 여성 폭력 관련 의제를 외면하기 위해 '여성'이란 단어를 의도적으로 삭제한 것이 아니냐는 비판을 받기도 했다(『경향신문』, 2025년 3월 7일).

앞서 제기된 비판의 타당성을 입증하듯, 먼저 교육부는 2022년 말 '성평등', '성소수자' 등의 용어를 삭제한 2022 개정 교육과정을 확정했다. 두 용어를 삭제하겠다는 시안에 이것이 구조적 성차별을 부정하고 성소수자의 존재를 지운다는 비판의 목소리가 거세졌지만, 변경 없이 강행한 것이다(『한겨레』, 2022년 11월 9일).[20] 또한 고등학교 보건 과목에서는 기존 교육과정에서 '성·재생산 건강과 권리'라 쓰던 표현이 '성·생식 건강 및 권리'로 바뀌었고 '섹슈얼리티' 용어는 삭제됐다. 실과 교육과정에서는 '전성(全性)적 존재'라는 표현이 삭제되는 등 보수 기독교계의 요구사항을 반영하는 방향으로 개정이 이뤄지기도 했다(『경향신문』, 2025년 3월 7일).

각종 정책이나 지자체 성평등 행정추진체계에서 '여성'이란 표현 자

---

20 2022 개정 교육과정의 확정으로, 교육부는 기존 도덕·보건 교육과정에 담긴 '성평등' 표현을 '성에 대한 편견' '성차별의 윤리적 문제'라고 수정했으며, 기존 교육과정에 담긴 '장애인, 이주 외국인, 성소수자 등'이라는 표현은 '성별, 연령, 인종, 국적, 장애 등으로 차별받는 사회구성원 등'으로 바꾸었다. 「한겨레」. 2022. "'성평등' '성소수자' 뺀 교육과정 개정안…어떻게 가르치려고?"(2022.11.09.).

체를 지우거나 후순위에 배치하는 움직임도 관찰됐다. 2023년 여가부가 제3차 양성평등정책 기본계획(2023~2027년)을 발표한 이후 직전까지만 하더라도 '여성'으로 표기됐던 정책이 '성별'과 같은 표현으로 대체되거나 삭제됐다. 여성 관리자 비율을 확대하기 위해 도입된 '공공부문 성별 대표성 제고' 정책명은 이전 제1차(2015~2017년) 및 제2차(2018~2022년) 기본계획에서 '공공부문 여성 대표성 제고'로 표기되었으나, 이번 제3차 계획에서 '여성' 대신 '성별'로 표현이 변경되었다.

중앙정부의 이러한 기조에 영향을 받아 지방정부 역시 동일한 양상을 보였다. 대표적으로 행정조직의 명칭에서 '성평등' 또는 '여성'이 축소되거나 밀려나는 경향이 관찰되었다. 이는 해당 가치가 조직의 임무나 정책목표의 중요성에서 축소되거나 삭제됨을 의미한다. 서울시는 여성정책담당관과 여성권익담당관을 양성평등담당관으로 통합했으며 부서도 변경했다. 인천시의 경우 '성주류화 팀'이 사라지고 '여성 일자리팀'이 새롭게 조직화 됐고, 대구는 부산 등과 함께 여성정책연구기관이 통폐합됐으며, 대전시는 성인지정책담당관 제도가 폐기되었다(『여성신문』, 2023년 5월 31일).

정책 용어에서 '여성'이 삭제된 것과 아울러, 제도/부서의 실질적 기능 또한 축소되고 후퇴했다. 고용노동부는 성차별, 직장 내 성희롱, 모성보호 및 일·가정 양립 등에 관한 상담을 24년간 담당해온 기관인 고용평등상담실의 지원을 2024년부터 중단했다. '고용평등상담실 운영' 예산을 '고용평등상담지원' 예산으로 바꾸고, 민간 고용평등상담실을 지원하는 대신 정부가 직접 사업을 수행하겠다는 것이 그 취지였다(『경향신문』2025년 3월 7일).

윤석열 정부가 축소 내지는 무마하려 했던 성평등·여성 정책은 이보다 더 많을 가능성이 있다. 2023년 초 여가부가 비동의 강간죄 도입을 추진한다고 밝힌 뒤 담당 직원들이 대통령실의 조사를 받으며 인사상 불이익을 받았다는 내용이 지난 2월 한겨레 보도로 밝혀진 바 있다(『한겨레』, 2025년 2월 20일). 이는 사회의 제반 영역에서 아직 드러나지 않은 반(反)페미니즘 정치의 힘과 결과적 후퇴가 더욱 존재할 수 있음을 시사한다.

〓 성차별의 제도적 부인[21]과 그 결과

윤석열 전 대통령은 대선 후보 시절부터 "구조적 성차별은 없다", "차별은 개인적 문제"라는 견해를 공공연히 밝히며 구조적 불평등을 노골적으로 부정했다. 윤석열 정부 시기 성평등 정책의 실질적 퇴보는 이러한 그의 반(反)페미니즘적 인식에 기초한다. 그 결과, 윤석열 정부 임기 동안 한국의 성평등 과제는 각종 평가와 지표에서 낮은 수치를 보이며 개선되지 못한 못한 채 남았다.

이를 가늠해 볼 수 있는 단적인 예는 '유리천장 지수'다. 영국 시사주간지 이코노미스트가 산정하는 '유리천장 지수'에서 한국은 2024년까지 경제개발협력기구(OECD) 29개국 중 29위로 집계돼 12년 연속 꼴찌를 기록했고, 2025년 조사에서야 28위로 간신히 바닥을 면했다. 노동 참여율, 성별 임금 격차, 기업 이사회 여성 비율, 의회 내 여성 비율 등 10개 세부 지표를 종합해 평가하는 유리천장 지수가 가장 낮다는 사실은 한국의 직장 내 여성 차별이 그만큼 심하다는 것을 의미한다(『경향신문』, 2025

21 이른바 제도적 부인(institutional denial)이란 일련의 제도적 과정을 매개로 작동하는 부인의 양식을 일컫는 것으로, 성차별 등의 피해를 구제할 구제책과 재발 방지를 보증할 효과적인 정책을 마련할 제도적 책임을 부정하는 부인 양상을 뜻한다. 예컨대 피해자들에 대한 지원이나 배상을 위한 정책을 도입하지 않거나 기존 정책을 무시하는 경우, 사건이 공정하게 처리되지 않는 경우, 공식적인 입장을 통해 해당 문제를 무시하거나 축소하려는 경향 등을 모두 포함한다(김명희, 2025: 33-34).

년 3월 7일).

비정규직 여성과 남성의 시간당 임금 격차 또한 더욱 커졌다. 2025년 1월 노동부와 여가부가 공개한 '2024년 여성경제활동백서'를 보면, 비정규직 남성 대비 비정규직 여성의 시간당 임금 비율은 2013년 74.6%에서 2023년 73.5%로 떨어졌다. 비정규직 남성과 여성의 임금 격차는 2013년 3,300원에서 2023년 5,393원으로 늘어났다. 공공기관 여성 임원은 윤석열 정부에 들어 2022년부터 2024년까지 830명에서 741명으로 10.7% 줄었다. 기업분석연구소 리더스인덱스가 분석한 결과에 따르면 327개 공공기관에서 이러한 후퇴가 일어났다고 확인됐다. 이는 이전 3년간인 2019~2021년에 공공기관 여성 임원이 759명에서 829명으로 9.2% 증가한 것과 뚜렷이 대비된다(『경향신문』, 2025년 3월 7일).

<표 3-4> 정책 영역에서 윤석열 정부의 주요 '백래시' 행보

2022년	
1월 7일	윤석열 당시 국민의힘 대선 후보, 페이스북에 '여성가족부 폐지' 글 게시
2월 7일	윤석열 후보, "구조적 성차별은 없다. 차별은 개인적 문제" 발언
3월 10일	윤석열 대통령 당선
5월 10일	윤석열 대통령 취임
5월 17일	윤석열 대통령, 김현숙 여가부 장관 임명
10월 7일	국민의힘 의원 전원 여가부 폐지 정부조직법 개편안 발의
12월 22일	교육부, 2022 교육과정에서 '성평등', '성소수자' 삭제
2023년	
1월 26일	여가부, 제3차 양성평등정책기본계획에서 '여성' 표현 대체·삭제
1월	여가부, 비동의 강간죄 도입 검토 발표 후 법무부·국민의힘 반대로 철회
9월 22일	고용노동부, 고용평등상담실 지원 중단 결정
12월 22일	여가부, 여성 폭력 방지·지원 예산 삭감
2024년	
2월 20일	김현숙 여가부 장관 퇴임
3월 7일	한국, 이코노미스트 '유리천장 지수'에서 12년 연속 꼴지
12월 3일	윤석열 대통령 비상계엄 선포

2025년	
8월	여가부 장관 17개월 이상 공석

지난 3년은 성평등 정책이 후퇴함에 따라 각종 분야에서 성평등 지표가 악화함을 확인할 수 있었던 시간이었다. 이 시기 딥페이크 문제가 수면 위로 올라왔으며 여성혐오적 성향을 띄는 피의자에 의해 소위 '인셀형', '여성혐오' 범죄라 불리는 여성 대상 물리적 범죄도 여럿 발생했다(『경향신문』, 2025년 3월 7일). 성차별을 제도적으로 부인해 온 윤석열 정부의 2년 7개월여의 시간은 여성혐오와 성폭력, 여성 대상 폭력 등의 정책의 실질적 후퇴 측면에서 냉철한 평가와 사회적 논의가 필요함을 요청하고 있다.

5. 연대와 공존의 페미니즘 정치를 향하여

이 글은 2022년 20대 대통령 선거와 유석열 정부의 출범이라는 정치적 시공간 속에서 반(反)페미니즘 정치가 '담론'을 통해 어떻게 전략적으로 형성·실행되었는지를 분석하였다. 분석 결과, 주요 대선 후보들과 정당은 '구조적 성차별은 없다'는 상징적 표현을 통해 젠더 문제를 개인화하고, 반(反)페미니즘 정서를 이용해 '이대남'이라 불리는 청년 남성들의 지지를 끌어냈다. 이 과정에서 '여가부 폐지'와 '남성역차별론' 등의 이데올로기가 정치 담론의 중심에 놓였으며, 윤석열과 이준석은 혐오를 선동하는 백래시 젠더정치의 주요 행위자로 위치했다. 이와 함께 언론이 정치권과 남초 커뮤니티의 주장을 확대 재생산함으로써 '젠더갈등'은 강력한 정책 담론으로 부상했다. 이 같은 담론 정치의 결과로 윤석열 정부가 집권한 이후 반(反)페미니즘 전략은 퇴행적 정책의 구체적 실행으로 이어졌고, 이는 여성 정책의 후퇴, 성평등 언어의 삭제, 성차별 구조의 부정 등의 상황을 초래하며 민주주의와 성평등 가치를 모두 위협하는 결과를 가져왔다.

이러한 혐오담론과 정치문화의 확산은 최종적으로 계엄 이후 광장에서의 여성이라는 백래시 정치의 반응으로 이어졌다. 윤석열 전 대통령의 탄핵을 요구하는 광장에 수많은 여성이 쏟아져 나온 것도, 이들이 함께 성평등을 외쳤던 것도 이와 같은 맥락에서 나타난 현상이다. 윤석열 전 대통령의 12·3 불법 비상계엄 선포로 광장에 나온 시민들의 주된 집단이 2030 여성들이라는 사실은 지난 윤 정부의 여성 정책이 그만큼 반동적이었다는 것을 뜻한다. 이는 윤석열 전 대통령의 탄핵 이후 새 정치체제를 구성하는 과정에서 앞선 백래시의 상처를 치유하고 회복할 방법으로서 페미니즘 정치의 새로운 방향성과 과제를 고민해 볼 필요가 있음을 시사한다.

선거 때마다 젠더와 성평등에 대한 왜곡과 폄훼, 페미니즘과 페미니스트에 대한 낙인찍기가 거세질수록 보수정권의 집권만은 막아야 한다는 진영 논리 속에서 페미니즘 정치의 역동과 가능성은 위축되고 있다. 2025년 5월 27일 대선 TV 토론에서 상대 후보를 공격하기 위해 여성 신체에 대한 성폭력 발언을 노골적으로 묘사했다. 여성혐오를 정치 도구로 전략적으로 정했다는 점에서 20대 대선과 다를 바 없는 양상이다.

이준석이 이러한 말을 공공 방송에서 여과 없이 뱉을 수 있었던 것은 혐오라는 감정을 통해 정치적으로 급부상한 경험이 있기 때문이다. 누군가에게 혐오가 권력의 발판이 되는 지금 이 시대에 우리가 마주하고 있는 위기 에 대항하는 '페미니즘 정치'는 무엇인가.

윤석열 정부에서 성평등의 후퇴를 적나라하게 확인했음에도, 21대 대선을 겪으며 "'역차별 프레임'을 자극하는 것은 피하면서도, 적극적인 성평등 공약은 내놓지 않는 전략을 구현하는 후보들(『프레시안』, 2025.5.17.)"을 경험한 지금, 이제는 새로운 정부의 정책 기조에 성평등이란 의제를 구체적 으로 어떻게 실현되게 할 것인지 모색해야만 한다.

무엇보다 페미니즘 정치는 구조적 부정의를 인식하고 그러한 인식적 부정의를 바로잡는 다차원적 노력과 함께해야 할 것을 요청하고 있다. 그러기 위해선 무엇보다 '젠더갈등'이라는 프레임, 혹은 그에 대한 발화 자체만으로 '이대남'이라 불리는 특정 청년 남성들을 집결시키는 굴레를 어떻게 끊을 수 있을지에 대한 고민이 필요하다. 이는 우리 사회에서 지속적으로 성차별을 재정의하게 만드는 구조가 무엇인지에 대한 설명의 필요를 동반할 것이다.

이와 함께 잊지 말아야 할 것은 페미니즘이 "여성(만)의 요구가 아니라 여성의 위치에서 제기하는 존엄과 권리의 요구(『비마이너』, 2021년 7월 15일)"라는 점이다. 페미니즘은 성별뿐만 아니라 나이, 노동 등 모든 차별에도 저항하는 언어가 된다. 이에 주목한다면, 페미니즘을 각종 차별에 대한 저항의 언어로 삶의 중심에 놓는 책임은 여성과 페미니즘만의 몫이 아니다. 그것은 페미니즘을 생존의 방식으로 선택한 여성들과 인간의 존엄과 평등을 지키고자 하는 모든 이들의 책임이다. 따라서 페미니즘을 갈등의 언어로 격하하는 정치권과 언론을 비판하고, 실질적인 권리를 얻기 위해 행동해야 한다. 성평등한 사회를 함께 만들고자 하는 이들이 '분할과 고립'의 정치를 넘어 서로를 정치적 주체로 세우는 '연대와 공존'의 시도로 만날 때, 페미니즘 정치는 한 발짝 나아갈 수 있다. 무엇보다 확실한 것은 연대해야 불평등을 깰 수 있다는 사실이다.

이 점에서 이 글은 '페미니즘 백래시'로 명명되는 현재의 정치적 흐름이 어떻게 형성되었는지를 비판적 담론분석을 통해 실증적으로 드러내고, '연대와 공존의 페미니즘'이라는 페미니즘 정치의 방향을 새롭게 제언했다는 점에서 의의가 있다.

제2부

경남에서 사회학하기

V.

가족 축소 시대 친밀성의 변화

반려동물과 인간의 관계

진보민

1. 들어가며

요즘 우리 사회는 가족이라는 관계의 형태가 예전과는 많이 달라지고 있다. 결혼을 하지 않거나 아이를 낳지 않는 사람이 늘어나고 혼자 살기로 선택하는 삶도 더 이상 낯설지 않다. 그만큼 오랫동안 당연하게 여겨졌던 가족의 모습은 점점 흔들리고 있다. 하지만 그렇다고 해서 사람들 사이의 친밀함까지 사라지고 있는 걸까? 오히려 우리는 달라진 구조 안에서 새로운 방식으로 서로 연결되려는 시도를 하고 있는지도 모른다(이서윤, 2009: 1).

가족의 형태는 작아졌지만 누군가와 정서적인 안정감을 나누고 싶고 어딘가에 속해 있고 싶은 마음은 여전히 남아 있다. 다만 그 욕구를 채우는 방식이 달라졌을 뿐이다. 그중에서도 눈에 띄는 변화는 반려동물과 맺는 관계다. 누군가에게는 반려동물이 집에서 말을 걸 수 있는 유일한 존재이기도 하고 또 다른 누군가에게는 가족보다 더 가까운 친밀함의 대상이 되기도 한다. “반려동물은 내 가족이에요”라는 말이 더 이상 특별하지 않게 들리는 이유다. 실제로 반려동물을 가족처럼 여기는 이른바 ‘펫팸족(Pet+Family)’은 약 1,500만 명에 달하며 이는 단순한 문화나 취향이 아니라 지금 사회에서 나타나고 있는 중요한 변화 중 하나라고 할 수 있다(『충청리뷰』, 2025년 5월 14일).

이러한 변화를 배경으로 이 글은 다음의 질문에서부터 시작한다. 왜 사람들은 반려동물과의 관계에서 깊은 정서적 유대를 느끼고 그 관계를 ‘가족’이나 ‘친밀함’의 말로 표현하게 되었을까? 그리고 이런 관계는 우리가 익숙하게 생각해온 친밀성의 의미를 어떻게 바꾸고 있을까? 나는 반려동물과 인간의 관계를 단순히 혼자 사는 사람들의 보완 수단으로 보지 않는다. 오히려 그 안에 담긴 감정과 돌봄, 일상의 상호작용을 통해 오늘날 사람들이 어떤 방식으로 관계적으로 연결되고 있는지를 들여다보고 싶다. 그리고 이 관계가 어떤 사회적 의미를 갖는지도 함께 생각해보고자 한다.

특히 요즘은 결혼과 출산을 미루거나 하지 않으려는 2030 세대가 많아지면서, 전통적인 가족 형태에 대한 고민도 함께 깊어지고 있다. 일부 청년들은 결혼이나 출산 대신 반려동물과 함께 살아가며 정서적인 관계를 만들어가고 있다(『아시아경제』, 2021년 5월 15일). 이 같은 변화는 단순히 '1인 가구'로 회자되는 인구 문제가 아니라, 사람들의 삶의 방식과 인간과 동물이 맺는 관계성에 대한 이해를 새로이 할 필요가 있다는 것을 일러준다.

따라서 이 연구는 변화하는 사회 속에서 사람들이 어떻게 친밀함을 다시 만들어가고 있는지를 반려동물이라는 구체적인 사례를 통해 살펴보려 한다. 그리고 그 안에서 새로운 관계의 가능성, 새로운 정서 공동체의 모습을 상상해보고자 한다.

2. 가족 축소 시대 유동하는 친밀성

1) 인구학적 시선을 넘어서

반려동물에 대한 연구는 최근 몇 년 사이 꾸준히 증가하고 있다. 특히 1인 가구의 증가, 가족 해체, 고령화와 같은 사회 변화와 맞물려, 반려동물이 사회 안에서 어떤 의미를 갖는지를 탐구하려는 시도들이 활발히 이루어져 왔다. 기존 연구들은 크게 두 방향으로 나뉜다. 하나는 인구학적 배경 속에서 반려동물 산업의 성장(형준, 2017)이나 문화적 변화를 다룬 연구들이고 다른 하나는 정서적 안정이나 심리적 치유 효과에 초점을 맞춘 연구들이다(김정희, 2016).

이러한 연구들은 반려동물이 더 이상 단순한 '애완'의 대상이 아니라, 일상 속에서 중요한 의미를 지닌 존재로 자리매김하고 있다는 점을 잘 보여준다. 그러나 이 관계를 '친밀성'이라는 사회학적 개념으로 깊이 있게 분석하려는 시도는 여전히 부족하다. 기존 논의는 산업의 확대나 개인의 외로움 해소 등 기능적 측면에 집중되어 있으며, 반려동물을 인간의 결핍을 보완하는 도구적 존재로 바라보는 시각이 지배적이다.

또한 기존 연구들은 반려동물을 정서적 가족으로 인식하며 그 관계를 조명하고 있지만(이서윤, 2009: 105), 그 친밀성이 형성되고 유지되는 과정을 사회학적 관점에서 해석한 시도는 드물다. 이 글에서는 이러한 기존의 논의를 바탕으로, 니콜라스 루만(N. Luhmann)의 체계이론과 지그문트 바우만(Z. Bauman)의 '유동적 근대' 개념을 현대 사회에서 친밀성이 어떻게 조직되고 변화하며 해체되는지를 이해하는 데 유의미한 분석적 틀로 활용한다. 이러한 이론적 틀을 바탕으로 이 글은 반려동물과의 관계를 단지 인간의 욕구 충족 수단이 아니라 상호작용과 감정의 흐름 속에서 구성되는 하나의 '관계적 실천'으로 바라보고자 한다. 이를테면 '외로워서 키운다'는 말 속에는 단순한 보상을 넘는 다양한 감정과 의미가 담겨 있다. 이 글은 인간과 반려동물이 맺는 관계를 정서적·신체적·사회적 차원에서 두루 분석함으로써, 지금 우리가 살아가는 사회에서 친밀성이 어떤 방식으로 재구성되고 있는지를 살펴보고자 한다.

2) 가족 축소 시대 유동하는 친밀성

이 글에서 특히 주목하는 핵심 개념은 '친밀성(intimacy)'이다. 전통적으로 친밀성은 가족, 결혼, 혈연 같은 제도적인 관계 안에서 자연스럽게 형성되는 감정적 유대나 상호 돌봄으로 여겨져 왔다. 하지만 지금은 그런 전제 자체가 점차 흔들리고 있다. 결혼이나 출산을 하지 않으려는 사람들이 늘고 혼자 사는 삶을 선택하는 경우도 많아지면서 전통적인 가족 관계 속에서 느끼던 '친밀함'이 더 이상 당연하거나 보편적인 것이 아니라는 사실이 분명해지고 있다.

바우만은 이를 '유동적 근대(Liquid Modernity)'라는 개념으로 설명한다. 그는 현대 사회의 인간관계가 과거보다 훨씬 더 불안정하고 예측하기 어렵다고 바라보면서 사람들은 그 안에서 끊임없이 새로운 형태의 관계를 실험하고 재구성하게 된다고 말한다(Bauman, 2009). 친밀함 역시 예전처럼 고정된 틀이 아니라 유동적이고 자율적인 감정의 교환 속에서 새롭게 만들어지고 있다. 누군가는 그 정서적 지지를 이제 반려동물과의 관계 속에서 찾는다. 단순히 일상적으로 돌보는 존재가 아니라 서로 일상을 나누고 감정을 주고받는 삶의 동반자가 되어가는 것이다.

이러한 변화는 루만의 체계이론으로도 다시 볼 수 있다. 루만은 사회를 다양한 기능 체계가 소통하며 움직이는 복잡한 구조로 보았고 친밀성 역시 하나의 독립적인 커뮤니케이션 체계로 설명한다(김미경, 2017: 76-82). 이 관점에서 보자면 반려동물과의 관계도 하나의 사회적 관계 맥락 안에서 새롭게 구성되는 감정적 체계라고 할 수 있다. 반려동물은 단순한 '생물'이 아니라 인간과 감정의 메시지를 주고받으며 '관계'라는 것을 함께 만들어가는 존재가 되는 셈이다.

그렇기에 반려동물을 바라보는 시선도 이제 달라져야 한다. 단순히 외로움의 대체재, 정서적 보상의 수단으로만 바라보기엔 이 관계는 훨씬 더 복잡하고 풍부한 의미를 담고 있기 때문이다. 반려동물은 우리에게 안정과 위로를 주지만 동시에 우리 역시 그들에게 책임을 지고 돌봄을 실천하면서 서로가 서로에게 영향을 주는 상호적 관계를 만들어간다. 그 안에는 감정, 실천, 시간의 축적이 있고 이는 단지 '애정' 이상의 어떤 깊은 유대를 만들어낸다.

결국 반려동물과의 관계는 지금 우리가 살아가는 시대에 어떠한 방식으로 친밀함을 구성해 나가고 있는지를 보여주는 하나의 중요한 사례다. 이 관계는 기존의 가족 개념을 단순히 대체하는 것이 아니라 다양한 삶의 방식 속에서 비인간 존재로 확장되고 있는 정서 공동체의 또 다른 형태라고 할 수 있다. 제도에 갇혀 있던 친밀함의 개념이 조금 더 열리고 조금 더 다르게 구성될 수 있음을 보여주는 이 작은 변화가 우리 사회가 감정을 나누는 새로운 방식을 성찰하고 깨닫게 할 수 있다.

3. 친밀성의 변화를 탐색하기: 진주 시민들을 중심으로

1) 진주에서 반려동물을 키우는 사람들

앞서 말했듯, 이 글은 가족이 점점 작아지고 변해가는 사회 속에서 인간과 반려동물이 맺는 관계가 어떤 새로운 친밀성의 형태로 나타나는지 탐구하는 데 주요한 목적을 두었다. 기존에 혈연 중심의 가족 중심으로 이해되던 친밀성이 점차 흐려지고 있는 상황에서 사람들이 전통적인 틀을 넘어선 관계 속에서 정서적 안정과 사회적 연대를 만들어가고 있다면, 반려동물과의 관계가 그 대표적인 사례가 될 수 있다는 것이다. 이를 알아보기 위해서는 반려동물과의 관계가 우리에게 실제 어떤 정서적·사회적 의미를 주는 직접적인 경험과 인식을 살필 필요가 있다. 따라서 이 글은 설문지법을 활용하여 이 지점을 파악하고자 하였다.

조사에 참여한 사람들은 경상남도 진주시에 거주하며 현재 반려동물을 키우고 있거나 과거에 키운 경험이 있는 시민들이다. 연령, 성별, 가구 형태(혼자 사는 사람, 가족과 함께 사는 사람 등), 반려동물 종류나 키운 기간에 관계없이, 반려동물과 함께하는 삶을 경험한 이라면 누구나 참여할 수 있도록 설문의 범위를 넓혔다. 이는 반려동물과의 관계가 특정한 집단이나 조건에만 머무르지 않고 다양한 삶의 조건 속에서 형성된다는 점을 고려한 설계였다.

설문의 표집 방법은 비확률표집 중 편의표집[1] 방식을 선택했다. 연구

---

1 편의표집은 표본을 추출할 때 연구자의 편의를 가장 우선적으로 고려하는 표집방법으로 특별한 표집 계획 없이 연구자가 임의로 가장 손쉽게 구할 수 있는 대상 중에서 표집하는 것이다(Babbie. 2021).

자가 닿을 수 있는 대상자들에게 설문을 배포하고 자발적인 응답을 받는 방법이다. 이로 인해 설문 응답자의 대표성은 제한될 수 있지만, 반려동물과 인간 사이의 친밀성의 다양한 양상을 탐색하는 데는 보다 적합하다고 판단했다. 설문은 2025년 4월 23일부터 5월 7일까지 약 2주 동안 진행했다. 온라인 구글폼과 함께 인쇄된 설문지를 직접 배포하고 회수하는 오프라인 방식을 병행했다. 오프라인 설문지는 진주 지역의 공원, 동물병원, 반려동물 용품점 등에서 주로 진행했고 온라인 설문은 SNS를 통해 배포했다.

참여자들에게는 연구 목적과 응답의 자발성, 익명성과 비밀 보장에 대해 충분히 안내하고 동의를 구한 후 설문에 참여하도록 하였다. 특히 반려동물과 관련된 개인적이고 감정적인 이야기를 담는 주관식 문항을 통해, 개인정보 보호와 응답자들이 자유로운 의견 개진을 할 수 있도록 세심하게 신경 썼다. 최종적으로 총 40명이 설문에 참여하였다.

2) 설문지 설계 및 표집과정

설문지는 객관식과 주관식 문항을 혼합하여 구성함으로써 반려동물과의 관계가 인간에게 어떤 의미를 가지는지에 대한 입체적 이해를 도모하고자 하였다. 객관식 문항은 총 7개로 반려동물과의 관계에 대한 전반적 인식과 경험을 구조화된 방식으로 파악하기 위해 다음과 같은 질문으로 구성하였다.

① "반려동물은 당신에게 어떤 의미가 있습니까?"

② "반려동물과의 관계에서 가장 중요한 것은 무엇인가요?"

③ “반려동물을 키우며 느끼는 어려움이나 부담이 있다면 무엇인가요?”
④ “반려동물과의 관계가 당신의 삶에 어떤 영향을 미쳤나요?”
⑤ “반려동물을 키우는 것이 사회적 관계에 어떤 영향을 주었나요?”
⑥ “반려동물을 돌보는 과정에서 가장 보람을 느낄 때는 언제인가요?”
⑦ “반려동물을 키우면서 가장 기억에 남는 감정은 무엇인가요?”

이러한 객관식 문항은 반려동물과의 관계에서 감정적 유대, 삶의 변화, 관계 중심성, 돌봄의 의미 등을 포괄적으로 이해하기 위함이며 다지선다형 설계를 통해 참여자들의 다의적 의미를 드러내고 반려동물에 대한 정서적 태도와 행동 양식을 파악하고자 하였다.

① “반려동물의 존재가 당신의 삶에 어떤 변화를 가져왔나요?”
② “반려동물과의 관계에서 느끼는 감정적 연결을 한 단어로 표현하고 그 이유를 말씀해주세요.”
③ “반려동물을 키우면서 다른 사람들과의 관계에서 달라진 점이 있다면 무엇인가요?”

주관식 문항은 모두 3개로 반려동물과의 관계에 대한 보다 깊이 있는 서술과 내면적 경험을 도출하기 위해 설계되었다.

설문 문항은 ‘반려동물과의 정서적 유대감’, ‘일상적 상호작용에서의 의미 형성’, ‘가족 개념에 대한 재인식’ 등을 중심 차원으로 구성하였다. 이들을 통해 친밀성의 세 가지 주요 차원—정서적, 신체적, 사회적 차원—을 통합적으로 분석하고자 하였다. 첫째, 정서적 차원은 반려동물에 대한 개인의 감정에 어떤 영향을 주는지, 외로움이나 위로의 기능을 수행하는지를 중심으로 분석하였다. 둘째, 신체적 차원은 일상적 돌봄 과정에서의 시간·노동 투입, 돌봄의 지속성과 책임의식을 중심으로 다룬다. 셋째, 사회적 차원은 반려동물 양육이 대인관계, 사회적 소속감, 공동체 경험에 어떤 영향을 미쳤는지를 분석의 초점으로 삼는다.

이러한 다층위적 질문을 설계함으로써 응답자의 경험과 인식 속에서 드러나는 '친밀성의 사회적 구성'에 주목하고, 이를 바탕으로 반려동물과 인간 간 관계가 어떻게 자리매김하고 있는지를 살펴보고자 한다.

4. 반려동물과 함께 살아가기

이 장에서는 진주시에 거주하는 반려동물 양육자 40명의 설문조사 결과를 바탕으로 반려동물과 인간의 관계가 지닌 정서적·신체적·사회적 특성과 이 관계가 사회적 유대에 어떤 영향을 주는지, 그리고 이런 변화들이 오늘날 '친밀함'이라는 감정에 어떤 의미를 더하고 있는지 그 면면을 함께 살펴본다. 단순한 수치를 나열하기보다 설문 응답자의 서술형 답변에 주목함으로써 그 안에 담긴 감정과 경험, 교감을 더 자세히 드러낼 수 있다.

1) 반려동물과 인간의 관계: 정서, 신체, 사회적 차원

반려동물과 인간의 관계는 '키운다'거나 '소유한다'는 말만으로는 부족하다. 그 안엔 따뜻한 감정, 삶을 함께 나누는 일상, 때로는 가족보다 더 가까운 유대감이 있다.

먼저 다음 그림에 나타나듯, 정서적인 부분에서 40명의 응답자 중 34명이 반려동물을 '가족', '친구', '동반자'라고 표현했다. "말은 안 통하지만 마음은 통한다", "가장 먼저 나를 반겨주는 존재", "가족 중 한 명"이라는 말들이 인상 깊었다. 또 이들은 반려동물을 '심리적인 빈틈을 메워주는 존재'라고 이야기했는데 혼자 사는 일상 속에서 느끼는 외로움을 이 작은 생명이 채워준다는 말은 쉽게 잊히지 않았다.

다음 그림에 나타나듯 신체적인 측면에서도 꽤 많은 응답자들이 변화를 체감하고 있었다. "산책을 나가게 되어 운동을 하게 된다", "생활 패턴이 규칙적으로 변했다"는 답변이 많았고 특히 반려견을 키우는 이들이 그런 변화를 크게 느끼고 있었다. 물론 "매일 아침 일찍 일어나야 해서 피곤하다"거나 "병원비가 부담된다"는 고충도 함께 말했는데 그만큼 양자의 관계가 한쪽만 돌봄을 주는 것이 아니라 서로 영향을 주고받는 관계임을 파악할 수 있었다.

사회적인 측면에서도 반려동물은 꽤 커다란 비중의 역할을 하고 있었다. 전체 응답자 40명 중 28명이 "반려동물을 통해 새로운 관계를 만들었다"고 답했다. 산책 중 마주치는 사람들, 동물병원에서 만난 보호자들, 온라인 커뮤니티에서의 교류까지, 반려동물은 새로운 관계의 시작점이 되어주기도 했다. 반려동물이 반려동물을 키우는 또다른 누군가들을 만나고 그 만남이 이어질 수 있도록 만드는 매개체로서 작용하고

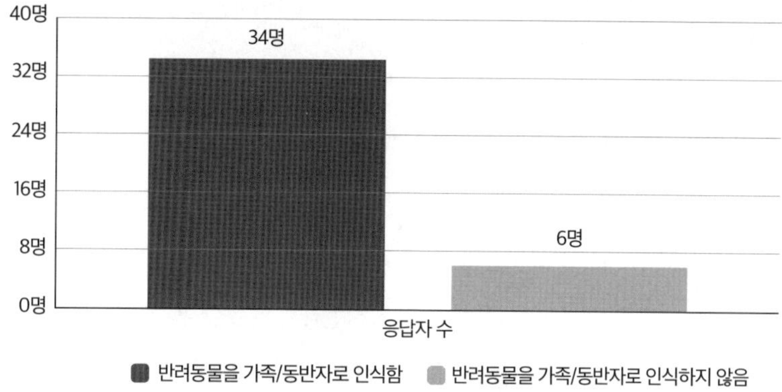

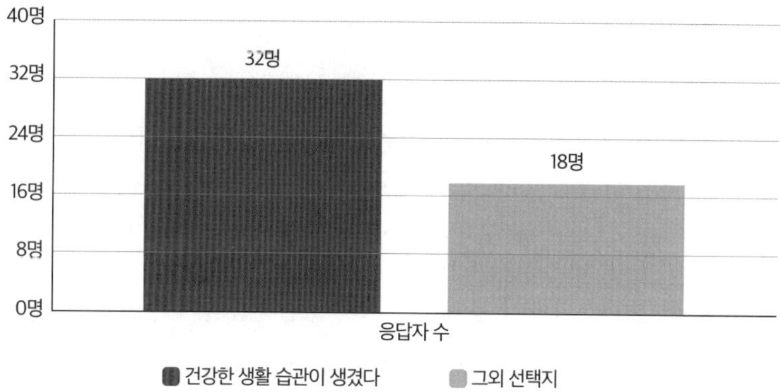

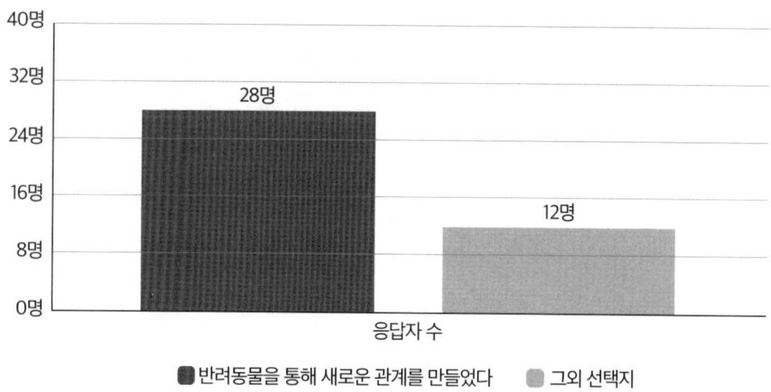

〈그림 3-1〉 반려동물의 의미와 인식
〈그림 3-2〉 반려동물과의 관계가 일상생활에 미친 영향
〈그림 3-3〉 반려동물과의 관계가 사회적 관계에 미친 영향[1]

1 〈그림 3-2〉와 〈그림 3-3〉은 다중응답 문항의 결과를 집계한 것이다.

있는 것이다.

2) 반려동물과의 관계가 사회적 유대에 미치는 영향

오늘날 우리는 누군가와 오래, 깊게 관계를 맺기 어려운 시대를 살고 있다. 그런 시대에 반려동물은 어떤 면에서는 더 '확실한 관계'를 만들어주는 존재가 되기도 한다. 응답자들은 반려동물을 통해 "사랑받고 있다"는 감정을 느끼고 동시에 "누군가를 돌보고 있다"는 책임감과 소속감을 경험한다고 답했다.

한 사람은 "사람에게는 못 털어놓을 고민도 반려동물에겐 털어놓는다. 그냥 곁에 있다는 것만으로 위로가 된다"고 하였고. 또 다른 사람은 "친구들과 멀어졌을 때도, 반려동물은 변함없이 내 옆에 있었다"고 이야기했다. 말 그대로 관계가 불안정한 시대에 반려동물이 '일관된 지지자'가 되어주는 셈이다. 그리고 반려동물을 돌보면서 '돌봄'이라는 감각이 회복된다는 응답도 많았다. "배려", "인내심", "책임감" 같은 감정들이 반려동물과의 관계 속에서 생겨난다고 말하였다. 오히려 사람 사이에서는 잊고 살던 감정들을 이 작은 생명과의 관계를 통해 다시 배우고 있다는 것이다.

물론 모두가 반려동물로 인해 관계가 확장된 건 아니었다. "여행이나 외출이 어려워져 친구들과의 약속이 줄었다", "다른 사람에게 맡기기 어려워 인간관계가 좁아졌다"는 응답도 있었다. 반려동물이 새로운 연결을 만들어주는 동시에 삶의 반경을 좁히는 요소가 되기도 한다는 점은 분명 고민해볼 만한 지점이다.

그럼에도 불구하고 많은 이들이 반려동물과의 관계를 포기하지 않는 이유는 이 관계가 제공하는 정서적 안정과 존재적 위안이 그만큼 크기 때문이다. '함께 있음'만으로도 위로가 되는 존재, 조건 없는 애정을 주고받는 경험은 사회적 피로와 고립감 속에서 일상을 살아갈 소중한 자원이 되어준다. 다시 말해 다소의 제약이 따르더라도 그 관계가 주는 정서적 만족과 삶의 의미가 그 부담을 상쇄하고도 남는다는 것이다. 이는 현대인이 새롭게 형성하고 있는 친밀성의 형식과 사회적 유대의 모습이 전통적인 관계 방식과는 다른 가치 위에 놓여 있음을 보여준다.

3) 변화하는 친밀성의 사회적 의미

전통적인 가족이 해체되고 사람들과의 관계가 느슨해지는 지금, 반려동물은 그 빈자리를 채우는 새로운 친밀함의 관계형식이 되고 있다. 설문에 참여한 대부분의 사람들이 반려동물을 단순히 '동물'이 아니라 감정적으로 굉장히 중요한 존재라고 이야기한 것에서도 이를 다시금 느낄 수 있었다. 이제 친밀함은 혈연이나 제도로만 설명되지 않는다. 감정과 선택, 일상적인 돌봄으로 만들어지는 새로운 구조가 나타나고 있는 것이다.

우리는 불안정한 시대를 살아가지만 그래도 '안정적인 정서적 연결'을 바란다. 그런 점에서 반려동물은 언제나 곁에 있어주는 존재, 나를 조건 없이 받아주는 존재로 기능하며 현대인의 감정적 필요를 충족시켜주는 '신뢰할 수 있는 존재'가 되고 있다. 루만의 체계이론을 다시 한 번 상기하자면, 반려동물과의 관계는 기존 가족 제도나 결혼 같은 틀에 얽매이지 않고도 친밀함이 만들어지고 유지되는 좋은 예다. 말을 걸고 감정을 주고받고 함께 시간을 보내는 것만으로도 일상의 정서 공동체와 소통 공간이 만들어지고 있었기 때문이다.

결국 반려동물은 현대 사회가 점점 겪고 있는 고립과 불안정, 관계의 단절 같은 문제에 응답하는 하나의 실천방식 가운데 하나일지도 모른다. 단순히 귀여운 애완동물이 아니라 함께 살아가는 존재이자 감정을 나누는 대상. 나아가 친밀함이라는 개념 자체를 다시 생각하게 만드는 존재로 반려동물의 의미가 새롭게 구성되고 있음을 확인할 수 있었다.

이처럼 반려동물과의 관계는 단순한 위안 이상의 의미를 가진다. 감정적 안정, 신체적인 건강, 사회적 관계의 확장까지 다양한 층위에서 우리의 삶에 깊이 들어와 있다. 그리고 그것은 곧, '선택한 관계', '감정을 공유하는 관계'로서 새로운 친밀함의 구조가 형성되고 있다는 하나의 징후다.

5. 맺음말

이 글은 전통적인 가족 구조가 약화되는 오늘날, 반려동물과의 관계가 어떤 방식으로 새로운 친밀성을 만들어내는지를 살펴보고자 했다. 이를 위해 진주시에 거주하는 반려동물 양육자 40명을 대상으로 설문조사를 진행했다. 그 결과 반려동물이 단순한 생명체를 넘어 정서적 지지자이자 삶의 동반자로 자리하고 있다는 점을 확인할 수 있었다.

응답자들은 대부분 반려동물을 '가족'으로 인식하고 있었으며 이 관계는 정서적 안정, 일상 리듬의 형성, 새로운 사회적 연결 등 다양한 차원에서 영향을 주고 받고 있었다. 특히 인간관계가 점점 불확실해지고 단절되는 시대에 반려동물은 조건 없는 존재로서 돌봄과 책임의 감각을 되살리고 있었다. 이러한 결과는 반려동물과의 관계가 개인적인 애착과 일방적인 돌봄의 관계를 넘어서 사회 구조의 변동과 맞물려 있는 친밀성의 새로운 흐름임을 시사한다. 예전처럼 혈연이나 혼인에 기반한 제도적 친밀성보다 이제는 선택과 감정, 일상의 교류를 중심으로 한 관계가 생겨나고 있으며 반려동물은 이 변화의 중요한 축으로 작용하고 있다.

이 글은 반려동물을 단순히 돌봐야 할 대상이나 도구적 효용이 아닌 인간과 대등한 관계를 맺는 주체로 바라보며 기존 가족사회학이나 친밀성 이론이 깊이 다루지 못했던 새로운 질문을 던졌다는 점에서 의미가 있다. 또는 인구학적 시선이나 경제적 시각에서 조명되어온 반려동물과의 관계를 사회학적으로 조명함으로써 반려동물이 사회 안에서 어떤 역할을 하는지 구체적으로 탐색하고자 한 것이다. 이 글은 반려동물 복지나 관련 정책 또한 인간과 동물이 맺는 정서적·사회적 관계의 차원에서 새롭게 접근해야 할 필요성을 동시에 시사한다.

물론 이 글의 한계도 존재한다. 첫째, 진주시에 거주하는 40명을 조사 대상으로 한 비확률 표집이라 결과의 일반화에는 제약이 있다. 둘째, 반려동물을 양육하지 않는 사람들과의 비교가 이루어지지 않아 반려동물의 존재가 인간관계나 정서에 어떤 차이를 만들어내는지 선명히 드러내지 못했다. 셋째, 설문 중심의 양적 방법론은 반려동물과의 섬세한 정서적 교류를 충분히 포착하지 못했기에 제한적이며, 개·고양이·기타 동물 간 관계 양상의 차이도 있겠으나 구체적으로 다루지 못했다.

그럼에도 이 조사를 통해 반려동물이 감정적 위안 그 이상의 존재로서 새로운 공동체의 가능성과 친밀성의 기반이 될 수 있음을 이야기하고자 했다. 그럼으로써 점점 더 개인화되고 고립되어가는 현대 사회에서 우리가 어떻게 연결되고 어떻게 감정을 주고받을 수 있을지에 대한 하나의 단서를 찾아보고 싶었다.

VII. 준공영제 도입과 생활 정치

진주시 대중교통정책의 지역정치학

김동언

1. 문제의 제기

지역은 삶을 영위하는 터전이자 교육, 복지, 환경, 교통 등 일상을 살아가며 당면하는 문제들을 둘러싼 제도와 정책이 교차하는 '생활 정치'의 핵심 공간이다. 특히 한국에서 지방자치제도가 정착된 이후에는 지역에 사는 주민들은 단순한 정치의 수혜자를 넘어서 지역 정책의 제안과 실행에 능동적으로 참여하는 행위자로 부상하였다. 이와 같은 변화에서 지방정부의 정책 결정 방식과 행정 운영은 주민의 삶의 질을 결정짓는 중요한 요인이 되었다.

이러한 흐름 속에서 필자가 거주하고 있는 경상남도 진주시는 대표적인 중소도시이자 도·농 복합 도시다. 진주시는 과거부터 고유한 버스 운영체계를 유지해왔으며, 이 고유한 운영체계로 적자 운행, 노선 비효율성, 외곽 지역의 교통 소외 등과 같은 문제가 꾸준하게 발생해왔다. 이와 같은 상황에서 진주시에서는 2021년 시민단체 출범 후 2022년 이 단체의 주도로 '준공영제 조례안'이 주민조례발안의 형식으로 발의되었고, 2년간의 긴 시의회 논의를 거쳐 2024년 2월 최종 부결되었다(『경남신문』, 2024년 2월 28일). 비록 주민조례가 제정되지는 못했지만, 이 과정은 진주시 대중교통 정책의 공공성 강화를 향한 중요한 시도이자, 생활 정치의 실천이라는 측면에서 의미 있는 전환점이라고 할 수 있다.

준공영제는 단순한 행정 시스템의 차원을 넘어 지역 정치의 구조 및 의사결정 과정과 연관이 있는 대표적인 지역 문제다. 지방정부가 예산을 투입하고 민간과 협력해 교통 서비스를 운영하는 과정에서 시민의 참여와 감시가 부재하거나 의사결정 구조가 불투명할 경우, 제도의 공공성은 사라질 수 있다. 더불어 지방재정의 한계와 민간업체와의 협의,

지역 정치 세력 간 이해관계 등은 준공영제가 실질적인 생활 정치로 구현되고 기능하는 데에 방해물로 작용하기도 한다.

원칙적으로 준공영제는 대중교통의 접근성과 서비스 질을 개선함으로써 주민의 이동성을 증대시키고 궁극적으로 지역 경제 활성화와 사회적 통합을 도모하는 것을 목표로 한다. 그러나 이러한 목적이 잘 달성되고 있는지, 그리고 그 과정에서 어떤 정치적 갈등과 협력의 양상이 자리했는지는 아직 충분히 고찰되지 않았다. 이에 이 글은 진주시의 준공영제 도입 과정을 중심으로 제도화 과정에서 발생한 생활 정치 즉, 삶의 공간에서 주민들이 어떻게 정치적 의사결정에 개입하고 그 과정에서 어떠한 쟁점과 과제가 제기되었는지를 살펴보고자 한다. 이는 지역 정책의 성공적 실행 가능성을 가늠하는 핵심 요소와 지역 정치의 실효성을 판단하는 중요한 근거를 제공할 수 있다. 이러한 문제의식에서 이 글은 진주시의 준공영제 시도 사례를 통해 대중교통 정책을 둘러싼 지역 정치의 역동성을 드러내고, 그 함의를 탐색하고자 한다.

이 글은 다음의 순서로 전개된다. 먼저 2장에서는 준공영제를 둘러싼 정책 과정을 지역 정치라는 맥락 속에서 탐색하기 위한 이론적 자원을 탐색한다. 3장에서는 연구 수행에서 검토한 문헌과 심층 인터뷰 과정을 중심으로 진주시 준공영제 추진 경과를 살펴본다. 4장에서는 준공영제 조례제정 과정에서 발생한 정치적 갈등 사례를 통하여 이해관계자 간 충돌과 그 조정 과정에 이어, 시민들의 정치 참여 방식에 어떤 변화가 있었는지 그 지역 정치적 함의를 도출한다. 마지막 5장에서는 준공영제가 지역 정치 구조와 시민 역량에 미친 함의를 정리하고, 향후 과제를 제언한다.

2. 생활 정치와 지역 정치

1) 생활 정치와 지역 정치

'생활 정치'는 정당정치에서 이념과 제도, 그리고 권력을 걷어낸 주민들의 삶의 주체적 구성과 관련된 자아실현과 일상생활의 정치를 중심으로 구축된 질서로, 일차적으로 일상적 삶의 영역에서 작동한다는 점에서 생활세계를 그 기반으로 한다(박철 2021: 586). 이는 시민들이 일상 속 문제를 정치적으로 해석하고 이에 대해 직접적이고 자발적인 참여를 통해 해결하는 정치적 실천을 의미한다. 생활 정치는 전통적인 방식과는 다르게 지역사회의 시민의 문제 제기와 실천적 대응을 통해 실현된다. 예를 들어, 교통, 주거, 돌봄과 같이 일상의 문제들을 시민 스스로가 정치적 논의로 만들어가고 이것이 공적인 의제로 공론화되는 과정은 지역 주민이 더 이상 수동적인 정책 수혜자에 머무는 것이 아니라 능동적 행위자로 전환되는 생활 정치의 국면을 보여준다.

'지역 정치'는 이러한 생활 정치가 제도화되는 지역적 공간이자, 지방정부, 지방의회, 시민사회, 지역 언론, 민간기업 등이 상호작용하며 지역의 의제를 결정하고 실현해 나가는 정치적 장이다(박철 2024: 193). 특히 지역 정치는 정책 결정이 국가 중심이 아닌 지역 단위에서 이루어진다는 점에서, 시민의 삶과 직결된 문제들을 해결하는 데 있어 중요한 의미를 지닌다.

이렇듯 생활 정치와 지역 정치는 서로 분리된 것이 아니라 긴밀히 연결되어 있다. 시민들은 지역의 일상에서 당면한 문제를 그저 불편함으로만 인식하지 않고 변화 가능한 정책의 문제로 인식하여 목소리를 내기 시작하며, 이는 지역 정치의 의제 설정과 권력관계에도 영향을 미친다. 결국 생활 정치가 활성화될수록 시민들은 더 깊게 지역 정치에 개입하며, 정치적 효능감과 참여 의식이 향상된다. 요컨대 지역에 기반한 생활 정치, 생활 의제에 기반한 지역 정치는 지역 주민에게 권능을 부여하는 생활민주주의의 심화 과정이기도 하다. 같은 맥락에서 박철(2021)은 생활 정치가 단순한 개념적 장치가 아니라, 주민자치주체기구나 생활기반 지역정당 등을 통해 구체적으로 제도화될 수 있는 가능성을 지닌다고 보았다. 그는 지역사회 내 공공성을 실현하고 주민의 자율적 의사를 제도와 연결시키는 구조로서, 생활 정치는 지역 정치의 핵심 기반이 되어야 한다고 제언한다.

이러한 문제의식에서 이 글은 진주시의 대중교통 준공영제 조례안 도입 과정에서 생활 정치가 어떻게 활성화되었는지, 그리고 이러한 시민 참여가 지역 정치 구조에 어떤 영향을 미쳤는지에 주목한다.

2) 정책네트워크 이론으로 준공영제를 바라보기

기존의 준공영제 연구들은 대체로 '운영 효율성'과 '경제성'과 같은 기술적이고 수치 중심의 연구가 주를 이루었다. 즉, 제도 자체의 기능적 성과를 따지려는 시도가 주를 이루고 정책이 실현되는 지역의 정치적 배경이나 생활 정치와 같은 실질적인 맥락에 주목한 연구는 많지 않았다. 최승현·조규석·유연승·도명식(2024)의 연구는 코로나19로 인한 시내버스 업계의 위기를 계기 삼아서 준공영제와 민영제의 운영효율성을 비교하고 있다. 이 연구는 두 제도 간 차이가 실제 운영에 어떤 영향을 주는지를 잘 분석했지만, 지역별 정치 환경이나 지역 정치의 외부 요인까지 충분히 반영했다고 보기엔 어렵다(최승현·조규석·유연승·도명식 2024: 100). 이와 같은 연구는 제도의 도입 후의 '결과'에만 집중하다 보니 실제 제도가 작동하는 사회적 조건과 지역에서의 정치적 맥락 및 정책 과정을 분석하는 데에는 한계가 있었다.[1] 지역 조례의 제정 과정이 지닌 역동성을 포착하기 위해서는 제도의 효과성 차원을 넘어 지역 정치라는 보다 큰 맥락과 시민들의 참여 구조까지 포괄하는 생활 정치로서 바라보는 시각이 필요하다.

지역 정치에서 준공영제는 일견 지방정부가 계획하고 시행하는 교통 정책처럼 보이지만 실제 제도의 형성과 운영 과정은 훨씬 더 복잡하다. 이 제도는 행정 결정만으로 작동하지 않고 오히려 지역 내 여러 집단과 개인이 관계를 맺고 영향을 주고받는 상황 속에서 제정되고 있다. 다시 말해, 준공영제는 하나의 '제도' 이전에 '복잡한 이해관계의 결과'라 볼 수 있다. 유사한 관점에서 김언호와 김렬(2011)의 연구는 대구시의 버스 준공영제 도입 과정을 중심으로 '정책네트워크' 이론을 통해 분석하였다. 이들은 이 제도가 단지 행정기관의 일방적 결정으로만 형성된 것이 아니라, 시민단체, 민간기업, 노동조합, 지방정부 등이 참여한 복합적인 정치적 상호작용의 결과물이라고 바라본다. 특히 '버스개혁시민위원회'라는 합의 기구를 중심으로 한 이들 주체 간의 협력과 경쟁은 제도 도입이 일방적 통치가 아니라 다원주의 정치의 결과임을 보여준다(김언호·김렬 2011: 261).

---

1 김현우·이원욱(2009)은 시민의 만족도를 중심으로 준공영제의 정책 성과를 평가하였는데 연구 결과 준공영제 도입이 시민 공공성이나 버스 서비스 품질 상승 등의 긍정적인 면이 있다는 결과가 나왔다. 그러나 재정 부담이나 제도 유지의 어려움도 함께 지적되었다(김현우·이원욱 2009: 144). 이 연구는 시민들을 대상으로 설문조사를 통해 버스 이용자 입장에서 준공영제를 평가를 시도했다는 점에서 의미가 있다. 그러나 이 연구 역시 지역의 정치적 특성을 고려하지 않았다는 점에서 지역 조례로서 준공영제의 함의를 분석했다고 하기에는 부족함이 있다.

이 글 역시 '정책네트워크' 이론을 차용하여 진주시의 준공영제 도입 과정을 살펴보고자 한다. 이 이론은 정책이 하나의 조직이나 기관에서 독립적으로 만들어지는 것이 아니라, 다양한 행위자들이 얽혀 있는 관계망 안에서 점진적으로 조정된다는 전제를 바탕으로 한다(김순양 2010: 179). 즉, 정책결정권을 가진 지방정부 행정 부처 외에 민간기업, 시민단체, 노동자 등의 행위자들이 서로 다른 방식으로 지역 정책에 개입하고 영향을 미친다. 이들은 서로 협력하고 갈등하며 정책 형성에 관여한다. 이러한 관점에서 정책네트워크는 단순하게 행위자들이 모여 있는 상황이 아니라, 이들 사이의 자원 교환과 상호의존성이 지속적으로 작동하는 구조다. 특히 지역에서는 이러한 구조가 더 뚜렷하게 나타난다. 지방정부는 중앙정부보다 정책 집행 자원이 부족한 경우가 많기에 외부 조직과의 협조 없이는 제도의 실행 자체가 어려운 경우가 대다수다. 실제로 교통 정책처럼 민간 부문과 밀접히 연결된 분야에서는 공공과 민간 사이의 긴밀한 협력이 불가피하다.

하지만 이와 같은 정책네트워크가 항상 조화롭게만 작동하는 것은 아니다. 어떤 행위자는 배제되거나 반대로 과도한 영향력을 행사하면서 정책의 균형을 깨뜨릴 수 있다. 특히 시민단체나 지역 주민의 의견이 제도 형성 초기부터 제대로 반영되지 않는 경우, 제도 시행 이후 정책에 대한 신뢰 부족이나 갈등이 표출되는 경우가 많다. 반대로 특정 행위자가 과도한 영향력을 행사하면 다른 행위자들의 의견에 대해 묵살되는 경우가 있다. 물론 행위자들이 정책 제정 초기, 논의에 참여하고 자신의 목소리를 낼 수 있는 구조가 마련되면 정책의 수용성과 정당성은 훨씬 높아질 것이다.

대표적으로 준공영제와 같은 지역 정책은 정책네트워크 접근이 필요한 전형적 사례이다. 왜냐하면 지역 정책은 지방정부의 결정만으로 굴러가지 않고 민간 기업, 노동자, 시민사회단체, 언론, 그리고 주민들까지 모두 다양한 방식으로 얽혀있으며 그들의 입장과 관계가 제도 도입에 영향을 미치기 때문이다. 따라서 지역 정치의 맥락에서 준공영제와 같은 지역 정책을 이해할 때 그 제도가 가져온 '결과'보다는 어떤 관계 속에서 이 제도가 생겨나게 되었고, 왜 필요한지 그 사회적 원인과 정책적 과정을 아울러 파악할 수 있다.

이러한 입론을 바탕으로 이 글은 진주시에서의 준공영제 추진 과정을 행정 부처라는 단일 주체 중심이 아닌 지역 정치 네트워크 관점에서 분석한다. 이를 통해 실제 제도의 도입과정에서 어떤 행위자들이 개입했고 이들 간 어떤 상호작용이 제도에 영향을 미쳤는지 살펴볼 것이다.

3. 진주시 대중교통 정책에 다가서기

1) 시내버스 준공영제 개념과 추진 경과

진주시 대중교통 준공영제에 대한 사례 연구는 문헌 검토와 심층 면접을 중심으로 이루어졌다. 문헌 분석은 조례를 포함한 지방정부의 정책 문서, 지역 언론 보도, 관련 학술연구 등이며, 제도적 배경과 지역 정치 맥락을 재해석하는 데 초점을 두었다. 구체적으로 준공영제의 제도적 배경을 이해하기 위해 법제처 국가법령정보센터를 활용하여 대한민국에서 준공영제가 가장 먼저 도입된 서울특별시의 『서울특별시 시내버스 준공영제 운영에 관한 조례』를 검토하였다. 해당 자료에 따르면, 시내버스 준공영제란 "공공의 관리기능과 민간의 효율성을 결합하여 지속 가능한 버스 서비스를 제공하기 위한 제도로써 서울특별시(이하 "시"라 한다)가 공공성 강화를 목적으로 시내버스 노선, 운행 계통 등의 조정 권한을 가지면서 운송사업자의 운송 수입 부족분에 대하여 재정 지원하는 제도를 말한다."[2] 즉 준공영제는 공공의 '관리기능'과 민간의 '효율성 추구'의 장점을 결합한 제도이다. 이는 서울특별시 외에도 부산, 인천, 대구, 경기 등 다양한 광역시에서 실시되고 있다. 이를 통해 알 수 있는 사실은 준공영제 조례가 서울과 같은 대도시를 중심으로 시행되고 있고 지역 여건에 따라 다양한 형태로 변형되어 운영되고 있다는 것이다. 한편 광역시에서의 주된 실시는 중·소도시로의 확산 과정에서 갈등 양상이 다르게 나타날 수 있음을 보여준다.

진주시의 구체적 추진 경과는 지역 언론 보도를 통해 파악할 수 있다. 2022년 진주시의회가 조례안을 상정한 직후, 시의회 내부에서 재정 투입의 효율성과 운영 방식의 투명성을 두고 논쟁이 벌어졌다(『경남도민일보』, 2023년 6월 12일). 지역 신문에 보도된 기사에 따르면 일부 시의원은 조례안이 민간 기업에 대한 재정지원에 그칠 수 있다고 우려했으며, 시민사회단체는 버스 노선의 공공성과 접근성 개선을 이유로 조속한 시행을 촉구하였다. 이처럼 정책 결정 과정에서 정치 세력 간 입장차이는 제도

2 자세한 내용은 법제처 「서울특별시 시내버스 준공영제 운영에 관한 조례」 참조. https://www.law.go.kr/ordinSc.do?menuId=3&subMenuId=27&tabMenuId=139&query=%EC%A4%80%EA%B3%B5%EC%98%81%EC%A0%9C

도입의 핵심 장애 요소 중 하나로 확인된다. 이후 진주시의회는 2024년 2월 26일 열린 임시회 2차 본회의에서 주민 발의로 상정된 '진주시 시내버스 준공영제 운영에 관한 조례안'에 대해 찬성 1명, 반대 20명, 기권 1명으로 부결했다(『경남도민일보』, 2024년 2월 26일). 최종적으로 진주시 의회에서 2024년 5월 '총액표준운송원가제'[3] 조례안을 발안하고 해당 조례가 통과되면서 지금까지 이어져 오고 있다.

2) 진주시 시내버스 준공영제 정책네트워크 행위자 인터뷰

기존의 학술자료는 대중교통 준공영제의 경우 제도 자체의 설계뿐 아니라 그 실행 과정에서 드러나는 여러 한계가 있으며, 특히 시민 참여의 수준이 제도 수용성과 밀접하게 연관되어 있다는 공통된 관점을 드러낸다. 대중교통 정책연구들은 지방정부가 추진하는 교통 정책에서 시민의 참여가 형식적인 수준인 경우에는 제도 시행 이후에도 민원과 갈등이 지속될 수 있다는 점을 반복적으로 지적한다. 즉, 제도의 도입은 기술적·행정적 요인뿐만 아니라 행위자들이 참여하는 과정에서 제도의 도입 과정이 얼마나 정당한지 그 정당성 확보 여부에 달려있다는 것이다.

이러한 문제의식에서 김언호와 김렬은 특히 시민사회의 역할에 주목하며 시민이 정책 형성과정에서 단순히 의견을 내는 것이 아니라 정책의 의제 설정과 방향 설정에 실질적인 영향을 미칠 수 있는 참여자로 기

3 2024년 5월 21일 진주시 의회에서 준공영제 대신 도입한 대중교통 제도로 준공영제가 시행되는 지자체와 같이 노선당 항목별 표준운송원가를 비롯해 책정한 원가대로 산출된 보조금을 총액 형태로 버스업체에 지급하는 제도로 시내버스 지원 사업 형태의 자치입법을 말한다.

능해야 함을 주장한다.[4] 제도 형성 초기에 시민사회의 참여가 부족했던 사례에서는 갈등 조정에 실패하거나 제도 운영의 신뢰 기반이 약해지는 문제들이 반복적으로 발생한다. 이와 같은 문제는 진주시 사례에도 직접적으로 적용해 볼 수 있다. 실제로 진주시에서 진행된 준공영제 조례안 논의 과정은 시민 의견 수렴 구조가 충분히 갖추어졌는지에 대한 의문이 제기되어 왔으며, 이는 향후 제도 도입 이후 발생할 수 있는 사회적 마찰을 예고한다. 요컨대 진주시의 준공영제 조례 도입과정은 단지 교통 문제 해결을 위한 기술적이고 행정적인 절차가 아니라 행정 역량, 이해관계자 협력, 그리고 시민과 지방정부 간 신뢰 수준이 동시에 작동하는 지역의 사회정치적 과정이다.

이렇게 볼 때, 시민 참여는 제도의 부속물이 아닌 지역 정책이 얼마나 지속 가능한지 그 가능성에 대한 조건이다. 진주시의 준공영제 도입을 살펴보면, 조례 도입에 대한 필요성은 어느 정도 공감대를 얻은 것으로 보이지만 실제 시민들이 언제 어떤 방식으로 도입 과정 논의에 참여했고 그 의견이 어떻게 반영되었는지는 분명히 드러나지 않는다. 이러한 문제의식에서 필자는 진주시의 대중교통 준공영제의 제도화 과정을 보다 깊이 있게 이해하기 위해 2025년 5월 현장에서 실질적으로 제도의 도입과정과 관련 있는 진주 시민버스 관계자와 심층 인터뷰를 진행하였다. 인터뷰는 진주 시민버스 관계자 1명을 대상으로 약 두 시간 동안 반구조화된 방식으로 진행되었으며, 제도 도입의 필요성, 현장 운영의

4 김언호와 김렬은 정책네트워크 이론을 바탕으로 대중교통 제도가 어떻게 형성되는지를 입체적으로 분석하였다. 이들은 준공영제 도입과정에서 등장하는 다양한 행위자들(예를 들어, 지방정부, 민간기업, 시민사회단체, 지역 정치인 등)이 각자의 입장을 가지고 정책 협상에 참여하며 이 과정이 일방적인 행정 결정이 아니라 복합적인 조율과 협상의 산물임을 강조하였다(김언호·김렬, 2011: 277).

현실, 그리고 제도에 대한 의견 등을 중심으로 다양한 질문과 답이 오고 갔다.

먼저 진주 시민버스 관계자는 지금의 운영 체계는 구조적으로 지속 가능하지 않다고 평가하였다. 그는 "지금처럼 민간이 중심이 되는 구조에서는 버스 운영이 점점 어려워진다."며 버스 탑승객 숫자가 적은 노선의 경우에는 적자가 누적되어도 운행을 유지해야 한다는 압박이 크다고 언급했다. 특히나 표준운송원가제도[5]가 도입된 이후에는 운송비용을 기준으로 한 보조금 지급 체계가 제대로 작동하지 않는다고 지적했다. 보조금이 지급되더라도 실제 발생하는 비용과는 차이가 크고 운수업체 간 형평성 문제나 정산 방식의 불투명성으로 인해 갈등이 빈번하다고 언급했다(진주 시민버스 관계자 녹취록, 2025).

더하여 버스 운수 노동자들의 열악한 근로 조건에 대해서도 염려를 표현하였다. 격일제로 인한 장시간 근무 구조, 부족한 휴식 공간, 승무원 인력 부족으로 인한 업무 부담 등이 복합적으로 작용해 노동자들의 불만을 표한 목소리가 커지고 있다고 하였다. 그는 "요즘 버스 노동이 예전보다 훨씬 힘든 일이 됐고 젊은 사람들은 아예 이 일을 하지 않으려 한다"고 말했다. 인력 문제는 제도 전반의 개선 없이는 인력 문제 또한 해결되기 어렵다는 것이다(진주 시민버스 관계자 녹취록, 2025). 즉, 이는 단순 노동환경 개선의 문제가 아닌 제도 자체의 지속 가능성과 연결되는 문제로 해석할 수 있다.

이번 인터뷰에서 주목한 점은 제도 도입과정에서 정보가 충분히 전달되고 있지 않다는 것과 행정기관과 현장 간의 거리감의 존재에 대한

5 진주시에서 총액표준운송원가제가 도입되기 이전의 시내버스 제도를 말한다.

점이었다. 진주 시민버스 관계자는 "준공영제를 시행하려면 현장에서도 그 의미와 내용을 알아야 준비를 할 수 있는데, 아직은 무엇이 어떻게 바뀌는지 정확히 알기 어렵다"며 관련한 정보가 제한적으로 공유되고 있다고 지적했다(진주 시민버스 관계자 녹취록, 2025). 이처럼 정책 추진 과정에서 행정 주체가 현장의 실무자들과 어떻게 소통하느냐에 따라 제도 수용성과 협력 수준이 달라질 수 있음을 시사한다.

그는 아울러 정책이 결정되는 과정에서 시민 의견의 반영에 대해 얼마나 반영되는지도 중요한 문제라고 강조했다. "실제로 버스를 타는 시민들이 가장 많이 느끼는 건 노선이 불편하거나 배차 간격이 길다는 점인데, 이런 불만이 어떻게 시에 전달되고 반영되는지는 잘 보이지 않는다"는 것이다. 이어서 준공영제가 단순히 시의 행정 효율성을 높이기 위한 제도가 아니라 시민의 이동권을 보장하고 공공성과 접근성을 개선하기 위한 것이기에 제도 도입 초기에 시민·노동자 등 이해관계자들의 의견이 담겨야 한다고 지적했다(진주 시민버스 관계자 녹취록, 2025). 즉, 행위자들과의 정책네트워크 형성이 필요하다는 것이다.

이번 인터뷰를 통해 현장에서는 준공영제 도입을 어떻게 바라보고 있는지 살펴보고 들을 수 있었다. 정책은 단순히 도입 초기 단계에서의 타당성·합리성·실용성뿐 아니라 실제 실행되었을 때 얼마나 현장의 현실을 잘 반영하는지가 중요하다. 그 점에 있어 시민버스 관계자의 인터뷰는 정책의 실효성과 실제, 그리고 지속 가능성을 확인하는데 있어서 유의미한 내용을 담고 있었으며, 이는 제도화 과정에서 다양한 행위자들의 관점을 반영해야 함을 상기시킨다.

4. 진주시 준공영제의 지역 정치적 함의

1) 정치적 갈등 사례

이러한 조사를 통해 도달한 진주시 준공영제의 지역 정치적 함의를 드러내자면 다음과 같다. 먼저 진주시의 대중교통 준공영제 도입 과정은 단순 정책 수립이나 행정적 절차의 문제가 아니라 지역 정치의 복잡한 이해관계와 다양한 행위자들 간 의견이 충돌하는 갈등의 장이라는 점이다. 조례가 공식적으로 시의회에서 논의되기 전부터 제도 도입에 관한 입장의 차이는 관계자들 사이에 이미 존재했다. 일부 시의원은 준공영제의 재정 부담 증가에 대한 우려를 표하며 도입에 신중을 가해야 한다는 입장을 유지한 반면, 시민사회단체와 대중교통 이용자 단체들은 준공영제가 공공성 강화를 위해서 필수적이라며 신속한 도입을 요구했다(『경남도민일보』, 2023년 6월 12일).

이처럼 정책을 둘러싼 갈등은 특정한 정치적 이념의 충돌이라기보다는 정책의 실효성, 재정 부담의 타당성, 그리고 투명성과 같은 보다 현실적인 문제를 중심으로 발생했다. 위에서 살펴보았듯, 일부 의원이 재정 투입 규모에 비해 효과가 불확실하다는 점을 문제 삼았고, 이에 대해 시민단체는 시민 불편이 극심한 상황에서 행정이 책임 있는 결정을 회피하고 있다고 반박했다. 정책네트워크 이론의 관점에서 보면 이러한 갈등은 각 행위자의 입장(이해관계)과 보유한 자원이 서로 다르기 때문에 발생하며, 정책 결정은 이러한 차이를 조정·조율 해가는 과정이라고 볼 수 있다.

실제 준공영제 도입 현장에서도 위와 같은 긴장구조를 볼 수 있었다.

시민버스 관계자 인터뷰를 통해 제도 도입과 관련한 혼선과 불확실성이 현장에 부정적인 방향으로 작용하고 있음을 알 수 있었다. 그는 행정 부처와 시민사회 간에 소통이 부족하며 행정 부처의 실무자들이 제도의 핵심 내용을 충분히 전달받지 못하고 있는 현실을 지적하였다. 특히, 일부 관계자는 "행정 측과 특정 업체 간에 오랜 기간 형성된 협력 구조가 이미 존재해 왔으며, 이는 제도 설계 과정에서 비공식적인 영향력을 행사할 수 있는 여지를 만들었다."고 진술하였다(진주 시민버스 관계자 녹취록, 2025). 이 같은 의혹은 시민사회의 신뢰를 저해하고 제도의 공공성 기반을 약화 시킬 위험이 있다. 만약 행정 부처가 특정 업체와 유착 관계를 유지한 채 정책을 추진한다면 그 결과는 보편적 공공 서비스를 제공하기 위한 준공영제 본래의 취지를 역행하게 되는 구조이다. 도리어 예산 누수와 부실 운영으로 이어질 가능성도 존재한다. 제도가 공공성을 띠기 위해서는 이해관계자 간의 균형 있는 참여와 도입 절차에서 투명성이 확보되어야 하며, 특정 집단의 영향력이 과도하게 행사되는 구조가 되어서는 안된다.

이러한 지방정부·민간 기업·시민사회의 정치적 갈등은 단순히 제도 도입 여부의 찬반을 넘어, 제도 도입과정에서의 소통 구조 부재, 참여 기회의 불균형, 이해관계 조율 시스템의 미비 등 제도 운영 전반에 대한 구조적 문제로 연결되었다. 특히 조례제정 초기부터 시민이나 운수업계 종사자와 같은 실질적 이해당사자들이 제도 설계 논의에 참여

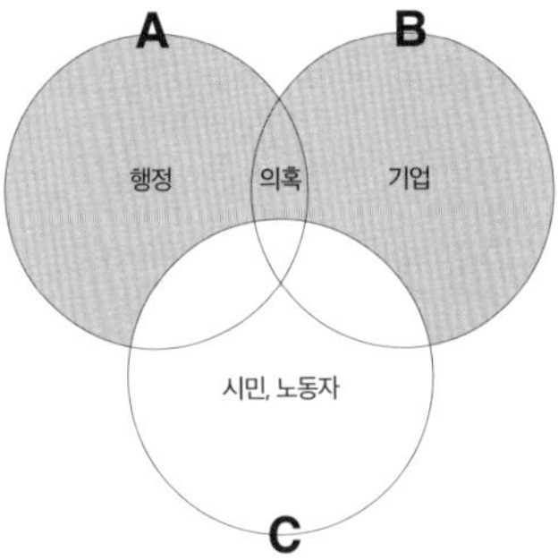

〈그림 4-1〉 진주 준공영제 도입 과정에서의 행위자 관계

하지 못한 점은 제도 정당성에 대한 의문을 유발했고, 이는 결국 조례안 논의 전반에 긴장과 갈등을 증가시키게 되었다.

이러한 진주시 준공영제 조례 도입과정에서의 행정과 민간 기업 그리고 시민·노동자들의 정치적 갈등 사례의 지형과 관계를 도형으로 요약하면, 다음과 같다.

2) 생활 정치에 지닌 함의: 정치 참여 변화

진주시의 대중교통 준공영제 도입 과정은 단순히 제도의 실행 여부를 둘러싼 논의를 넘어서 지역 주민들이 정책에 접근하고 개입하는 방식에 점진적인 변화를 유도한 계기가 되었다. 시민버스 관련자의 인터뷰에 따르면, 과거에는 시민들이 주로 노선 조정이나 배차 간격 등 일상적인 불편 사항에 대해 목소리를 내는 데 그쳤지만, 최근 들어서는 조례안의 세부 조항이나 제도의 구체적 설계 방향에 대해 질문하거나 의견을 제시하는 경우가 늘어나고 있다고 한다. 이는 시민들이 더 이상 자신을 단순한 '교통 서비스의 소비자'로만 보지 않고, 지역 정책의 형성과정에 관여할 수 있는 '정치적 행위자'로 자각하기 시작했음을 시사한다.

이러한 흐름은 지역 언론과 시민사회단체의 활동을 매개로 더욱 확산되었다. 일부 시민단체는 자발적으로 토론회를 열고 제도와 관련한 정보를 시민들과 공유하고 그들의 의견을 조직화하려는 시도를 보였다. 이전까지 정책은 행정기관이나 정치인 중심으로 논의되는 것이 일반적이었다면 이제는 시민들 스스로가 정책 형성 과정의 일부가 되고자 하는 적극적인 시도들이 나타나고 있다.

정책네트워크 이론의 관점에서 볼 때, 이는 매우 중요한 변화다. 해당 이론에서는 정책이 단일한 주체에 의해 생산되는 것이 아니라 다양한 행위자들이 상호 작용하는 관계 속에서 형성된다고 바라본다. 이러한 관계망 속에서 시민은 더 이상 정책의 수용자가 아니라 특정한 입장을 가지고 정책에 영향을 미치는 행위자로 재정의된다.

진주시 사례에서 시민들의 이러한 역할 변화는 네트워크의 경계가 점차 확장되고, 정책 형성 과정이 개방적 관계망으로 이동하고 있음을 보여주는 한 단면이다. 물론 현재까지 제도 설계 구조 안에서 시민의 공식적인 개입 통로는 제한적인 것이 사실이고, 여전히 관과 특정 기업 사이의 긴밀한 정책 협의 구조가 비공식적으로 작동하고 있다는 지적도 존재한다. 그러나 진주시의 준공영제 논의는 시민들에게 지역 교통 정책이 곧 자신의 일상과 직결된 문제라는 점을 인식하게 만든 계기가 되었고, 이는 생활 정치의 기반이 형성되는 지역적 배움이자 중요한 움직임으로 해석할 수 있다.

결과적으로 이러한 변화는 제도가 성공적으로 정착했는지 여부와는 별개로, 시민사회가 지역 정치의 네트워크 속에서 점차적으로 영향력을 확보해 나가는 과정을 보여준다. 정책네트워크 이론에서 볼 수 있듯, 정책의 형성과 운영은 고정된 틀에서 발생하는 것이 아니라 해당 정책과 관련한 다양한 이해당사자 간의 관계 속에서 끊임없이 재조정되는 동적인 과정이다. 이는 시민의 참여가 확대될수록 정책네트워크는 더 개방적이고 민주적인 방향으로 나아갈 것을 전망할 수 있다.

5. 맺음말

이 글은 진주시의 대중교통 준공영제 조례안을 중심으로, 제도 형성 과정에서 나타난 지역 내의 정치적 갈등과 시민 참여의 흐름을 정책네트워크 이론의 관점에서 분석하였다. 준공영제의 장단점을 다룬 기존의 연구들은 각각 준공영제의 장단점을 다양한 방식으로 조명했지만, 제도가 구현되는 구체적 지역 맥락이나, 실제 주민들이 어떤 방식으로 정책에 참여하고 영향을 미치는지에 주목하지는 않았다. 탐구하더라도 해당 조례가 가지는 지역 정치의 함의에 대한 논의는 부족하였다. 따라서 이 글은 제도가 실제로 형성되고 추진되는 맥락에서 다양한 행위자들이 어떻게 상호작용했는지, 그리고 그 상호작용이 제도의 방향성과 정당성에 어떤 영향을 미쳤는지 지역 정치학적 함의를 밝히는 데 중점을 두었다.

이제까지 살펴보았듯, 진주시 준공영제 논의는 지방정부 단독의 결정이나 일방적인 추진과정이 아니라 지역 내 여러 집단의 관계망 속에서 복합적으로 작동하고 있었음을 알 수 있었다. 행정기관, 버스업체(민간 기업), 시민단체, 버스 노동자(승무원), 지방의회 등 다양한 주체들이 각자의 이해관계를 바탕으로 정책에 접근하고 있었고 이러한 다중 행위자 구조는 갈등과 협력, 비판과 설득이라는 방식으로 정책 도입 과정에 영향을 미쳤다. 이러한 구조는 전통적인 위계적 정책 결정 모델로는 설명되기 어렵고, 오히려 정책네트워크 모델이 유효하게 작동하는 영역이라는 점이 확인되었다(김언호·김렬, 2011: 277).

시민버스 관계자와의 인터뷰에서 드러난 바와 같이, 행정과 민간 기업(버스업체) 간 정보 불균형, 정책의 모호성, 표준운송원가제도의 운영상

한계 등은 정책네트워크 내 자원 분배와 신뢰의 문제가 나타나는 방식이었다. 또한, 시민 참여가 정책 형성 초기에는 제한적이었지만 조례안을 둘러싼 논의가 공개적으로 진행되면서 조금이지만 점차 시민사회의 관심과 개입이 확장되는 양상을 확인할 수 있었다. 이는 정책 도입과정 자체가 시민의 생활 정치를 자극하며 시민이 정책에 대해 수동에서 능동적 행위자로 전환되는 계기를 만들고 있음을 드러내 보여준다.

특히 주목할 점은, 행정과 일부 민간업체 간의 오랜 기간 형성된 유착 관계에 대한 시민버스 관계자의 문제 제기였다. 정책 결정의 절차 외에도 비공식적인 정보 교류와 사전 조율의 정황은, 정책네트워크가 개방적이지 않을 경우, 배제와 신뢰 저하를 강화할 수 있음을 보여준다. 이는 정책 형평성과 정당성 확보를 위해서라도 제도 도입 이전부터 다양한 이해관계자들이 균형 있게 참여할 수 있는 구조를 마련하는 것이 중요하다는 점을 시사한다.

결론적으로 진주시의 대중교통 준공영제 도입 시도는 단순한 교통 행정 조정이 아닌 지역 정치가 어떻게 작동하는지 보여주는 사례이다. 이 과정에서 나타난 갈등과 조율은 정책이 기술적이거나 재정적 요인에 의해 결정되는 것이 아니라, 실제로는 지방정부, 민간 기업, 시민사회, 지방의회 등 다양한 주체들이 복잡하게 얽혀있는 정치적 장에서 형성된다는 점을 보여준다. 더불어, 이 사례는 지역 정치가 시민의 일상과 맞닿은 정책 결정 과정 속에서 어떤 방식으로 작동하는지 생생하게 보여주었다는 점에서 의미가 있다. 준공영제를 둘러싼 논의는 정책의 효율성이나 재정 부담 여부를 넘어서 누가 정책을 제안하는지 또 어떤 주체들이 결정 과정에 참여하며 그 과정이 얼마나 개방적이고 투명하게 이루어졌는지를 되묻는 사회적 논의로 확장되었다.

이와 같은 맥락에서 볼 때, 준공영제는 지역 정치의 세 가지 핵심 요소 —참여 구조, 신뢰 관계, 권력의 균형— 를 되돌아보게 하는 계기였다. 행정과 기업 간 밀접한 관계, 시민 참여의 제약 등은 정책 형성 과정의 민주성에 대한 의문을 제기하였으며 이는 정책의 지속 가능성에 영향을 미쳤다. 동시에, 시민단체의 참여와 시민들의 생활 정치 관심 확대는 정책 도입 자체가 단순한 정책 변화에 그치지 않고 지역사회 정치문화에 변화를 촉진할 수 있음을 시사하였다.

요컨대 진주시의 사례는, 교통이라는 일상적 정책 영역조차도 정치사회적 맥락 속에서 어떻게 제도화되고 저항받으며 협상되는지를 잘 드러내 보여준다. 준공영제는 그 자체로 행정 제도이지만, 그것을 둘러싼 관계 구조와 참여의 조건은 분명 정치적이다. 이 점은 지방정부가 지역 수준에서 추진하는 제도의 실현 가능성을 기술적 조건에서만 찾는 것이 아니라, 지역 정치의 구조적 환경을 진단하고, 참여와 투명성을 기반으로 한 정책 생태계의 구축에 힘써야 한다는 점을 일러주고 있다.

VII. MBTI하는 청년들

MBTI 유행의 문화정치학[1]

_____이성빈

1 이 글은 〈기억과 전망〉 2024년 겨울호(통권 51호)에 "MBTI 유행의 문화정치학:청년세대의 MBTI 수용과 활용에 대한 비판적 담론분석"으로 실린 이성빈·김명희의 글을 이 책의 기획에 맞추어 수정·가필한 것이다.

1. 문제의 제기

이 연구는 MBTI 문화가 최근 한국사회에서 청년세대를 중심으로 급격히 유행하게 된 사회적 원인과 그 문화정치학적 함의를 고찰하는 데 주요한 목적이 있다. 널리 알려진 것처럼 MBTI는 미국의 작가인 캐서린 쿡 브릭스(K. C. Briggs)와 캐서린의 딸인 이자벨 브릭스 마이어스(I. B. Myers)가 1940년대에 개발한 자기보고형 성격유형 검사다(Emre, 2020: 6-26).[2] MBTI는 1990년대부터 한국에 소개되어 꽤 넓은 분야에서 사용되었으나, 당시 이 검사에 대한 대중들의 관심은 그리 높지 않았다. 한국사회에서 이 검사가 확산되기 시작한 것은 2019년 말부터였다. 특히 2020년 한 TV 예능 프로그램에서 다뤄진 것을 계기로(이동한, 2022) MBTI는 대중들에게 빠른 속도로 친숙해졌으며, 그 확산세는 다른 어떤 자가 진단 심리검사보다 훨씬 파급력 있고 대중적인 인기를 얻게 되었다. 이로써 MBTI 검사가 안내하는 16가지 성격유형은 진로, 직업, 학업, 연애, 대인관계 등 광범위한 영역에 영향력을 행사하면서 청년세대의 일상적 담화를 가로지르는 상호작용 문화로 자리 잡게 되었다.

요컨대 오늘날 MBTI는 한국사회를 지배하는 문화적 문법이자 거대한 담론체계로 작동하고 있다. MBTI는 누군가에게 일상적 대화나 언

2 이 지표의 개발은 제2차 세계대전에서 유래했는데 징병제로 인력이 부족해졌고, 총력전으로 군수공업의 수요가 증가하여 남성 노동자가 지배적이던 산업계에 여성이 진출하게 된 이후 이들이 자신의 성격 유형에 적합한 직무를 찾도록 할 목적으로 1944년에 개발되었다(정선렬, 2022: 37). 익히 알려져 있듯 그 기원에서 MBTI 검사는 칼 구스타브 융(C. G. Jung)의 심리학으로부터 출발했다. 융은 외향성-내향성(Extrovert-Introvert), 감각-직관(Sensing-Intuition), 사고-감정(Thinking-Feeling)의 쌍으로 구성된 여섯 가지의 성격 구분 기준을 통해 ES, EN, ET, EF, IS, IN, IT, IF라는 여덟 가지 쌍의 성격유형의 예시를 정초했다(김숙영, 1994: 90-94). 그러나 브릭스와 마이어스가 공동 개발한 MBTI는 융의 성격유형 이론과 다소 다르게 외향-내향(Extrovert-Introvert), 감각-직관(Sensing-Intuition), 사고-감정(Thinking-Feeling)에 더하여 판단-인식(Judging-Perceiving)이라는 네 가지의 양극 스케일로 구성되었다(김정택·심혜숙, 1991: 19).

어 습관 혹은 자기소개의 효과적 도구이며, 또 다른 누군가에게는 마케팅의 기회로 활용되면서 MBTI를 소재로 한 다양한 매체의 저작물과 신상품이 쏟아져 나오고 있다. 하지만 MBTI를 주제로 한 대부분의 학술 담론은 MBTI 검사를 당연한 것으로 전제하거나 실용적인 활용에 초점을 맞출 뿐, MBTI 유행을 탐구되어야 할 문화 현상으로 바라보거나 그 기저의 사회적 맥락을 질문하지는 않는다. 이 연구는 MBTI에 대한 심리학적이고 도구적인 기존 접근방식에서 탈피해 MBTI 담론[3]의 부상과 유행에 관한 문화정치학적 분석을 시도해 보이고자 한다. MBTI 유행에 숨어있는 문화정치적 맥락을 찾는 것은 곧 우리의 일상적 삶에 침투한 신자유주의적 통치성의 작동과 '사회적인 것(the social)'의 위기를 성찰하는 작업과 맞닿아 있다.

이 글은 특히 청년세대가 MBTI 담론을 수용하고 활용하는 방식에 주목한다. 이는 현상적이고 경험적인 차원에서 MBTI의 주된 사용자층이 청년세대라는 점에도 이유가 있다. 그러나 보다 근본적으로는 청년세대가[4] MBTI 담론을 수용하고 실천하는 양상 자체가 사회(과)학적으로 새롭게 이해되고 해석되어야 할 사회적 사실이라고 보기 때문이다.

---

3 이 글은 맥락에 따라 'MBTI 검사', 'MBTI 유행', 'MBTI 담론', 'MBTI 문화' 등의 개념을 함께 사용하겠다. 'MBTI 검사'는 말 그대로 MBTI 성격유형 검사 그 자체를 의미하며, 자신의 성격을 알아보기 위한 심리학적 도구로 활용되는 측면을 지시한다. 'MBTI 유행'은 오늘날 한국사회에서 MBTI 성격검사가 우리의 일상생활에 침투하고 범람하고 있는 현재적 상황을 의미한다. 'MBTI 담론'은 이 연구의 주된 분석 대상이자 MBTI 검사의 문화적 유행을 촉진한 작동 기제를 지시하며, 'MBTI 문화'는 MBTI 담론이 특정 세대의 상호작용 방식과 일상적 실천들에 스며들게 된 현상을 폭넓게 지칭한다.

4 OECD(2016)에 따르면 청년세대는 15세 이상 29세 이하로 정의된다. 또한 대한민국 청년기본법 제3조에 따르면 청년세대는 "15세 이상 34세 이하"로 정의된다(청년기본법 제3조 제1항). 하지만 이 연구에서는 '청년세대'를 특정 연령집단으로 제한하거나 코호트(cohort) 개념과 같이 통계상의 집단으로 한정하기보다 MBTI를 수용하고 전유하는 문화적인 세대로서 '청년세대'라는 개념을 사용하고자 한다. 이러한 세대개념은 인구를 구분하는 기준과 달리 특정한 경험을 공유하고 상대적으로 유사한 의식, 태도, 행위양식을 갖는 집단을 의미한다(박재흥, 2003: 13-18).

이사벨라 페어클러프(I. Fairclough)와 노만 페어클러프(N. Fairclough)에 따르면, 담론은 단지 세계가 어떠한지를 기술하는 것에 그치지 않는다. 담론은 세계가 어떠해야 하는지를 적극적으로 만들어 간다. 따라서 담론에 의해 새로운 방식의 행위가 수행되기도 하고, 새로운 정체성이 주입되기도 하며, 물질적으로 실현되기도 한다(Fairclough·Fairclough, 2015: 187-195). 이 글이 청년세대가 MBTI 담론을 통해 스스로를 정체화하고 새로운 방식의 일상적 실천들을 만들어가는 측면에 주목하는 것도 바로 이러한 특성 때문이다.

신자유주의적 한국사회에서 '청년세대'는 여러 형태의 자기계발 담론을 수용하고 재생산하는 주체이다. 청년들이 자기계발 담론의 주된 수용자이자 소비자로 놓이게 되는 이유는 이들이 현재적인 동시에 잠재적인 노동주체이기 때문이다. 특히나 신자유주의적 통치성이 발현되는 한국사회에서 경쟁과 위계의 규범이 정상으로 간주되기에, 청년들은 스스로 자기계발의 주체가 될 것을 은연중에 강제당한다. 청년세대가 이러한 자기계발 담론에 쉽게 영향을 받는 것은 아무리 노력해도 넘어설 수 없는 경제적 벽을 마주하고 자신의 경쟁력을 비관하게 되는 현실에 기인한다. 말하자면 청년세대에게 자기계발은 노력을 통해 지켜내야 할 생존의 경계, 즉 숙명적인 비극인 셈이다(김주환, 2020: 49-92). 이러한 현실을 직시한다면, 청년세대의 자기계발 그 자체를 부정적인 것으로 비판할 것이 아니라 청년세대가 자기계발에 몰두할 수밖에 없도록 만드는 이데올로기나 담론을 비판해야 한다(강준만, 2016: 133-174). 그렇기에 청년세대의 문화적 실천에 대한 관심은 세대연구의 차원을 넘어 한국 시민사회의 심층적 이해 및 민주주의 연구와 분리될 수 없다. 여러 연구가 청년세대의 자기계발 담론이 신자유주의적 통치성의 작동과 어떻게 연결되는지에 주목하는 것도 바로 이러한 이유 때문이라 보인다(이은아, 2014; 윤민재, 2020; 최수이·김수정, 2022).

이러한 문제의식에서 이 연구는 MBTI와 자기계발, 신자유주의적 통치성과 청년세대가 상호 교차하는 지점에 착목하여 MBTI 유행을 가로지르는 문화정치의 차원을 살펴보고자 한다. 여기서 문화정치는 문화를 매개로 작동하는 정치를 뜻하며, 문화정치학은 문화에 내재하는 이데올로기나 규범의 정치성을 분석하는 연구 관점을 뜻한다. 문화의 정치성을 분석한다는 것은 문화에 내재하는 힘의 불균형과 권력관계를 인식하고 정치·경제·사회·문화와 관계 맺는 복합적인 전 과정을 분석 대상으로 삼는 것이다(강준만, 2016: 135).[5]

따라서 이 글은 다음의 두 가지 질문과 함께 출발한다. 첫째, 현재 우리 시대를 지배하는 MBTI 검사는 왜, 어떻게 문화적 유행으로 자리 잡을 수 있었는가? 이는 기본적으로 MBTI 성격검사가 하나의 담론으로 일상생활에서 지배적 힘을 행사하게 된 사회적 과정을 살펴보고자 하는 것이다. 둘째, 이러한 MBTI 담론이 청년세대에게 수용되고 활용되는 양상은 어떠하며, 이것이 시사하는 문화정치적 함의는 무엇인가? 이는 MBTI 유행의 원인을 사회구조적 차원에서 해명하는 데 그치지 않고 경험의 영역에서 구체적인 행위자들에게 MBTI 담론이 수용되고 활용되는 양태를 함께 분석함을 의미한다. 경험적 분석은 다소 추상적인 분석을 실제로 확인할 수 있도록 하는 역할을 하며, 추론된 가설의 구체적

5 스튜어트 홀(S. Hall)은 문화를 단순히 사회구조부터 발현된 사회적 산물로 바라보지 않는다. 이 문화 안에는 문화가 형성된 과정, 즉 문화적 실천이 포함되어 있다. 이 문화적 실천은 인간의 자유로운 활동에 의해 상대적인 자율성을 갖는다. 따라서 문화를 분석하는 것은 문화가 인간의 자유로운 문화적 실천을 통해 형성되고 변형되어 가는 과정 전반을 역사적으로 분석하는 것을 의미한다(Hall, 1996: 162-169, 214-215).

근거를 제시하는 작업이 될 수 있다.

이에 답하기 위해 우선 이어지는 2장에서는 기존 연구의 성과와 한계를 검토하고, MBTI 유행의 문화정치적 함의를 분석하기 위한 주요 이론적·개념적 논거를 제시한다. 3장에서는 기존 연구의 성과를 보다 다층위적 분석으로 발전시키기 위해 이 연구가 도입한 비판적 담론분석 방법을 소개하고 분석의 층위와 대상, 연구과정을 밝힌다. 4장에서는 비판적 담론분석이 안내하는 지침에 따라 MBTI 담론의 생산과 재생산 과정을 텍스트, 상호텍스트, 이데올로기 층위에서 살펴본다. 이를 통해 하나의 담론적 사건으로서 MBTI의 유행을 새롭게 의제화하고[6], MBTI 담론이 지금 이곳(now and here)을 살아가는 청년들의 일상 경험과 담화적 실천 속에 어떠한 방식으로 스며들어가는지 그 주체화 양식을 고찰한다. 5장에서는 이를 통해 도달한 연구의 주요 발견을 정리하고, 논의를 마무리한다.

6 이는 곧 MBTI의 유행을 사건화하는 작업이라 할 수 있다. 미셸 푸코에 따르면, 사건화란 곧 자명성의 파괴다. 다시 말해 사건화는 특정한 시기에 자명하고 보편적이며 필연적인 것처럼 보이는 것들을 생산해낸 전략, 관계 맺음, 마주침, 지지, 방해, 힘의 놀이 등을 재발견해내는 것을 의미한다(Foucault, 2014: 117-118).

2. MBTI 유행의 문화정치학

1) MBTI 심리학의 유행과 통치성의 심리학화

MBTI와 관련된 기존 연구는 MBTI 검사지표의 신뢰성에 기여하기 위한 연구이거나 MBTI라는 성격유형 그 자체를 이론 틀로 전제하여 특정 MBTI 유형이 특정 직업이나 학업과 관련해 어떤 이점을 가지는지 밝히는 연구가 대부분이다(이영란 외, 2013; 유재원, 2022; 조미래 외, 2022). 또한 사주와 MBTI의 연관을 찾거나(김석란, 2006; 정하룡, 2010; 나남임, 2010; 전주영, 2011; 엄현주, 2013; 이남호·김만태, 2018), 어떤 MBTI 성격유형이 어떤 상품 혹은 어떤 서비스를 선호하는지를 통계적으로 검증하는 연구들이 주를 이루고 있다. 주로 경영학과 심리학 분야에서 제출된 이들 연구는 방법론적으로 계량적 연구방법에 의존하는 특징을 보인다. 김인겸·임영훈(2022)은 특정 MBTI 성격유형과 동적 웹 디자인의 상관관계를 분석하고 있으며, 박수정·양은진(2022)은 미용 소비자가 MBTI 성격유형을 통해 SNS 광고 속성 선택과 구매 행동의 상관관계를 분석하고 있다. 마찬가지로 류지헌(2022)의 연구도 MBTI 성격유형과 가구 색 선호도의 관계를 분석한다. 이들 연구는 MBTI가 단순한 성격유형 검사의 차원을 넘어 마케팅 전략의 일부로 다루어지는 단면을 드러내 보여준다. 즉 이 같은 연구 동향은 실제 MBTI 성격유형과 상품을 결합하여 판매하거나, MBTI의 특정 성격유형을 겨냥한 상품시장이 증대하고 있는 현실을 반영하는 것이기도 하다. 이처럼 MBTI 성격유형 검사를 활용한 도구적이고 심리학적 접근은 MBTI에 대한 과학적 근거를 찾기보다, MBTI를 하나의 자명한 과학적 '진리'로 전제하는 특징을 보인다.

이를 통해 볼 때 MBTI 심리학의 급격한 유행은 사회적 담론은 물론 학술 담론 차원에서 그 자체가 사회학적으로 고찰되어야 할 논제라고 할 수 있다. 이 지점에 착목한 유의미한 선행연구가 언론정보학 분야에서 제출된 최수이·김수정(2022)의 연구다. 이들은 이 글의 관심과 마찬가지로 청년들의 MBTI 활용 실천과 담화분석을 통해 청년들의 삶 속에서 MBTI가 어떤 의미를 가지고 어떤 역할을 하는지, 나아가 한국사회의 청년 주체들과 MBTI 자체에 관해 어떤 심화된 이해를 줄 수 있을지를 다루고 있다. 특히 이들은 통치성 학파의 주요 이론가인 사회학자 니콜라스 로즈(N. Rose)의 이론을 가져와 심리학이라는 학문이 어떻게 신자유주의 시대의 담론-권력으로 작동하는지, 이것이 MBTI의 유행과 어떤 연관이 있는지를 고찰한다.

로즈는 20세기를 거치며 지배적 학문으로 부상한 심리학이 사회의 심리적 규범, 가치관, 이미지, 기술에 대한 인식을 변화시키며, 개인의 정상성을 규정하는 방식으로 권력 효과를 실행한다고 설명한다. 그리고 심리학적 지식이 자기 자신에 대한 사고방식과 타인의 행위를 판단하는 준거로 작동하며 품행을 통솔하는 현상을, '통치성의 심리학화'라고 명명한다. 즉, 심리학은 자기 자신에 대한 사고방식은 물론 타인의 행위와 행동을 지배하는 방식을 바꾸어 놓았다. 로즈에 따르면, 자유민주주의 국가에서 권력의 성격과 행사는 개인들이 스스로의 행동을 이해하고 통제하는 능력을 향상시키는 방식으로 변형되었다. 이때 심리학 담론의 확산은 개인들이 스스로를 통솔하고 평가하는 방식을 내면화하는 데 활용된다. 말하자면 자유민주주의에서 권력의 행사는 합리적인 근거가 있는 범위에서만 정당화되기에, 개인의 내재적 근거로 활용된 심리학이 객관성과 합리성을 지닌 전문지식으로 지배적 권위를 얻게 되었다는 것이다(Rose, 1996; 최수이·김수정, 2022: 151에서 재인용).

로즈의 개념적 통찰을 도입해 최수이·김수정(2022)은 다음과 같은 결론에 이른다. MBTI는 심리학적 지식담론으로서 권위를 부여받고, 연구 근거만이 아니라 청년들의 경험적 근거에 의해 과학성을 인정받으며 정당화된다. 즉, 청년들의 MBTI 활용 담화는 자아와 타인에 대한 '앎의 의지'를 심리과학 지식 내부로 포섭해내며 지식-권력 효과를 발휘한다. 여기서 예측 가능성과 높은 적합성을 뜻하는 유용성 및 효율성 담론은 MBTI에 권력을 부여한다. 나아가 자아실현, 자존감 향상 등 청년을 둘러싼 성장심리학의 자아 담론은 MBTI 활용에 윤리적 실천의 성격까지 부여한다(최수이·김수정, 2022: 175). 바로 이러한 작동방식이 '통치성의 심리학화', 즉 심리학이 하나의 통치 테크놀로지로서 활용되는 양상이라고 할 수 있다.

최수이·김수정(2022)은 심리학을 활용한 청년들의 앎의 의지를 신자유주의 사회 속 청년들의 불안 속에서 찾아낸다. 하나의 심리 테크놀로지이자 통치술의 재현 그 자체인 MBTI가 우리 사회에 새롭게 등장하고 유행하게 된 과정에는 이러한 신자유주의적 삶의 조건과 통치성의 작동이 자리한다는 것이다. 이들 연구를 통해 우리는 심리학의 지식-권력 효과를 매개로 신자유주의적 통치성과 자기계발, MBTI 담론이 서로 엮여 들어가는 과정적 국면을 확인할 수 있다. 이에 따르면, 신자유주의적 삶의 조건에서 심화된 청년들의 불안이 MBTI 담화와 실천을 촉진하고 있는 셈이다.

2) 신자유주의적 통치성과 자기계발, 그리고 청년세대

최수이·김수정(2022)의 연구성과에 착안할 때 신자유주의적 통치성은 이 연구에서 MBTI 유행을 설명하는 핵심적인 개념적 위상을 획득한다. 이 글에서 신자유주의적 통치성이란 신자유주의적 사회질서와 권력이 매개하여 작동하는 통치성을 뜻하는 것으로, 신자유주의의 사회문화적 조건에서 지배의 기술과 자기의 기술이 서로 결합되는 양상을 지칭한다. 신자유주의에 대한 탁월한 분석가로 널리 알려진 미셸 푸코(M. Foucault)는 독일에서 등장한 초기의 신자유주의와 현재 우리가 익숙한 미국의 신자유주의를 변별하면서 신자유주의의 계보학을 비판적으로 재구성한 바 있다. 그의 분석에 따르면 초기 신자유주의와 구별되는 미국 신자유주의의 두드러진 특징은 사회와 경제의 구분을 무화시키는 데 있다. 그것은 인간의 모든 행위를 경제적 행위로 받아들이도록 만들며, 개인을 경쟁적 경제 주체로 호명하는 사회적 통치의 기획이라고 할 수 있다(Foucault, 2012: 149-188; 301-331).[7] 신자유주의적 질서 안에서는 경쟁만이 어떤 것이 옳은지 그른지, 공정한지 불공정한지, 적절한 행위인지 부적절한 행위인지를 구분하는 규범적 기준이 되며, 이 안에서 경쟁하는 주체들은 그 어떤 것도 사회적으로 형성된 규율임을 자각하지 못한다. 이 과정 속에서 '사회'의 실재적 개념은 삭제되고, 사회적 힘이 고려되지 않게 된다.

푸코의 맥락에서 이와 같은 새로운 형태의 신자유주의적 지배방식

7 이러한 형태의 신자유주의는 사회영역에 개입하여 기존에 존재하지 않던 경쟁의 기제를 형성하고 이를 이용하여 조절 기능을 수행하는데 핵심이 있다. 즉, 신자유주의는 시장이라는 체제 안에 직접 개입하지 않으면서 시장의 존재 조건이라 할 수 있는 규칙, 법률, 제도 같은 틀에 개입하여 사회영역에 경쟁을 불러일으키는 통치의 기술이다(노진철, 2012).

을 가능케 하는 핵심적 기제가 바로 '통치성(gouvernementalité)'이다.[8] 푸코에게 '통치성'은 정치적 합리성, 정치 이성, 통치 합리성과 같이 여러 개념과 호환되어 사용된다. 푸코는 이 개념을 중심으로 지식과 권력의 관계, 그리고 주체화라는 두 차원을 분석해 들어간다. 푸코가 착목한 주체화의 차원은 이 통치기술이 작동하여 권력의 대상이 되는 주체가 스스로 자신의 행위를 통제하는 과정 전반을 뜻한다(Foucault, 2011: 167-191; 서동진, 2009b: 321). 이러한 관점에서 통치는 단지 지배권력에 의해 통치당하는 억압적·수동적인 형태가 아니라, 통치의 대상이 되는 개인들이 지배적인 통치행위에 적극적·자발적으로 참여하는 형태로 작동한다. 즉 자신과 타인의 관계 속에서 경쟁이라는 특정한 통치가 작동하는 것이다(Foucault, 1987: 225; 이주호, 2023: 154-156). 자신을 하나의 기업으로 만들면서, 문제를 개인화하는 것도, 경쟁을 내면화하는 것도, 이러한 사회에 적응하기 위해 스스로를 역량 기계로 만들면서 노동의 주체를 자기계발하는 주체로 변모시키는 것도, 이러한 신자유주의적 통치성이 작용한 결과다. 이 속에서 개인들은 결국 '기업가정신'을 내면화하여 자신의 삶을 스스로 통제한다(Bröckling, 2014: 251-286).[9] 푸코가 통치성 개념을 통해 전개한 신자유주의 비판은 나름의 규범과 윤리성, 사회성을 갖추고 새로운 주체성과 사회적 관계를 창출하기 위해 현실에 개입하면서 주체의 실천을 통솔

8 어원적으로 '통치성(gouvernementalité)' 개념은 '지배하다(gouverner)'를 의미하는 프랑스어 동사와 '정신상태 혹은 사고방식(mentalité)'을 의미하는 프랑스어 명사로 구성된 합성어에서 유래하였다(Lemke et al., 2000: 8). 푸코는 이러한 통치성 개념을 통해 통치행위가 인간의 정신상태 혹은 사고방식과 밀접하게 연관되어 있음을 강조하였다(이주호, 2023: 168).

9 이렇게 볼 때 신자유주의는 개인들, 집단들, 가족들, 공동체들, 정부 기관들 등 모든 사회적 행위자가 기업가정신에 기반해 자신들의 삶과 사회적 관계 및 활동들을 경제적 형태에 입각해 조직하고 경영하며 그 결과에 스스로 책임을 지는 기업으로 형성하는 과정이다(김주환, 2012: 210-251). 이러한 기업화(enterprising)는 직접적인 경제적 삶의 세계는 물론이고, 교육, 보건, 복지와 같은 종래 사회적 삶의 세계로 생각되었던 영역에 걸쳐 일어난다. 즉, 삶의 모든 측면이 기업가적 자아에 의해 판단되며 경제와 사회 사이의 거리는 사라진다(서동진, 2009b: 330-331).

하는, 다양하고 이질적인 지식, 테크닉, 실천으로 구성된 복합적인 통치 양식으로 신자유주의를 직시해야 함을 일러준다(Foucault et al., 2014: 457).

유사한 문제의식에서 신자유주의적 한국사회에서 자기계발하는 주체의 탄생을 고찰한 서동진의 선구적 연구에 따르면, 오랜 시간 한국 자본주의를 지배한 지식기반사회라는 가상은 노동주체의 주체성에 대한 담론을 함께 변화시켰다. 이전의 경제적 현실과 달리 요구되는 노동력의 성격이 사뭇 달라졌기 때문이다(서동진, 2009a: 38). 이는 요구되는 노동력, 즉 노동주체의 전반적인 모습을 바꾸어 놓기도 했지만, 노동주체 스스로 사회에서 요구되는 노동력이 되기 위해 자신을 가꾸고 관리하는 주체성을 내면화하는 과정을 발현시켰다. 자기계발 담론은 언제나 자신을 변화시키고 계발해야 할 대상으로서 자아를 규정하고 고정시키는 실천과 더불어 그것에 작용해 변화를 꾀하고 성공과 성장, 향상을 끌어낼 수 있도록 하는 다양한 테크놀로지를 포함하는 데 특징이 있다(서동진, 2009a: 279-281).

요컨대 이제 자기계발은 선택이나 일시적 열풍이 아니라 반드시 갖추어야 할 덕목이자 일상적 행위양식으로 변모했다(이은아, 2014). 세부적인 지식과 함께 다양한 '자기의 테크놀로지'를 활용한 노동주체의 자기계발은 자신의 노동 능력을 강화하고 미래의 노동 시장에서 경쟁력을 갖추기 위해 필수적이기 때문이다. 그렇기에 김선기(2016)가 말하듯, 자기계발에 몰두하는 청년세대는 일정한 '주체성'을 가진다. 청년세대는 일상생활, 학교, 취업과 노동, 결혼과 연애 등 모든 영역에서 경쟁에 승리하기 위한 계획을 세우며, 자기계발 담론을 일상적 차원에서 내면화하여 자신의 삶을 관리하고 통제한다. 이들은 '경쟁'이라는 단어에 반항적이면서도 이를 내면화하여, 자기배려, 자아를 돌보는 것, 자기계발로 나아가 경쟁을 위한 자아 테크놀로지를 여러 측면에서 관리해야 할 압력에 놓인다(윤민재, 2020: 1257-1270). 즉, 자기계발 담론은 어떠한 상황에도 꺾이지 않는 마인드셋(mind-set)을 필요로 하는 신자유주의적 경쟁 사회를 배경으로 형성되고, 이 담론을 수용하는 청년세대는 더 나은 사람이 되기 위해 긍정적인 사고로 스스로 행동을 조정한다(강준만, 2016).

이렇게 볼 때 MBTI는 청년들의 대표적인 자기계발의 도구가 될 수 있다. MBTI는 인간의 성격과 성향을 분석하고 분류하여 각각의 유형에 따라 자기계발 방법을 제시하기 때문이다. 이는 개인의 내면을 통제하고 자아를 형성하며, 결국은 통치성을 강화하는 기술이자 도구로 작동한다. 나아가 MBTI 담론은 다시 다양한 자기계발의 양식들과 결합되는 양상을 보인다. 이를테면 프레젠테이션 문화가 대표적이다. 오늘날 한국사회에서 프레젠테이션 형식의 면접은 입사 과정에서 피할 수 없는 과정이 되었고, 이는 취업의 당락에 가장 많은 영향을 끼치는 단계로 평가되고 있다(김영은·윤태진, 2013: 173). 이러한 관행 속에서 짧은 시간 안에 효율적으로 자신의 강점을 드러내야 하는 노동주체들은 취업 시장에서 MBTI라는 간명한 자기소개 방식을 동원하기도 한다. 예컨대 LG그룹 계열사인 <LS전선>은 자기소개서에 MBTI를 작성하도록 하였으며, 식품기업인 <아워홈>에서도 MBTI를 활용해 자신의 장단점을 기술하도록 한 것이 그 사례이다.[10] 프레젠테이션의 기법과 MBTI 담론의 결합은 신자유주의에 만연한 자기계발 담론구성체 속에서 함께 성장하고 융합하면서 그 입지를 다지고 있는 것이다.

앞서 살펴본 최수이·김수정(2022)의 연구에서 청년들의 MBTI 활용 담

10 신수지·오명언. 2021, "소개팅서 농담하던 MBTI를… 왜 면접시험에서 물어봐?". 『조선일보』, 2021.12. 2.

화가 신자유주의적 통치성의 작용과 맞닿아 있음을 실제 확인할 수 있었다. 하지만 이 연구는 두 가지 한계점 또한 드러내고 있다. 이들의 연구는 MBTI가 청년들에게 활용되는 과정을 추적하고 이를 '통치성의 심리학화'의 과정으로 분석했다는 점에서 중요한 기여를 했다. 그럼에도 청년들의 MBTI 활용을 신자유주의 사회 속 청년들의 불안이라는 심리적 측면에서만 분석할 뿐, 하나의 담론적 사건이자 담론 과정으로서 MBTI에 주목하지는 않았다. 이와 달리 본 연구는 MBTI 담론의 생산과 유통, 소비 과정을 하나의 문화가 자리 잡는 과정으로 이해하고, 이 안에서 다양한 담론적 사건들이 결합되는 과정을 고찰함으로써 MBTI 담론의 문화적 지배 과정을 추적해 보이고자 한다.

둘째, 이러한 분석의 제한성은 일정 부분 연구방법론의 제한성에 기인하는 것으로 보인다. 최수이·김수정(2022)의 연구가 사용한 심층인터뷰 방법은 행위자들의 사회심리 차원에 분석이 국한됨으로써 MBTI 유행의 담론적 조건과 이를 둘러싼 사회적 과정을 살피기에는 불충분한 측면이 있다. 예컨대 이들 연구는 청년이라는 주체에만 주목해 MBTI를 생산하고 유통시키는 다양한 담론적 주체들을 아울러 살피지 않고 있다. 하지만 청년들을 MBTI의 주요한 소비자로 호명하는 사회적 배치를 참조하지 않고서는 MBTI 유행에 숨어있는 문화정치의 차원을 온전히 설명할 수 없다. 따라서 MBTI를 둘러싼 담론적 주체, 그리고 이 담론이 확대 재생산할 수 있도록 하는 다양한 하위담론들의 결합, 그리고 이러한 담론체계를 수용하는 주체들의 실천 양상을 확인할 수 있는 적절한 텍스트의 수집과 분석이 새롭게 요청된다.

요컨대 이 연구는 기존 연구의 성과를 발판으로 MBTI가 어떻게 우리 시대를 지배하는 성격유형 검사가 될 수 있었는지를 비판적 담론분석에 입각해 다층위적 분석으로 진전시켜 보이고자 한다. 이는 우리의 일상에서 MBTI 성격유형 검사가 강력한 권력을 갖고 지배적인 위치를 점하게 된 사회정치적 과정을 드러내는 동시에 '어떻게' 청년세대에게 수용되고 재생산되는지 그 주체형성의 경로를 아울러 고찰하는 작업이라고 할 수 있다.

3. 경남지역 청년들의 MBTI 담화 분석

이 연구의 기본적인 연구방법은 비판적 담론분석이며, 담론분석을 위한 자료로 MBTI 관련 서적 및 인터넷 담론을 주요 텍스트로 수집하고 초점집단인터뷰를 진행하였다. 이 장에서는 비판적 담론분석 방법과 연구과정을 소개한다.

1) 비판적 담론분석의 층위와 주요 개념

비판적 담론분석은 다양한 형태로 발전했지만, 이 연구가 주로 활용한 방법은 페어클러프(N. Fairclough)가 발전시킨 비판적 담론분석이다. 페어클러프(2012)는 텍스트 분석에만 머무는 기존 담론분석의 한계를 지적하고 이데올로기 층위까지 아울러 분석하는 비판적 담론분석의 전망을 제시했다. 텍스트란 늘 사회적 효과를 담고 있으며, 그 안에는 이데올로기가 작동하기 때문이다. 즉 페어클러프는 언어분석의 방법으로서 텍스트 분석을 넘어, 사회분석과 조사연구를 위한 자원이자 이데올로기 비판의 방법으로서 비판적 담론분석을 발전시키고자 하였다.[11]

우선 그 방법의 특성과 절차를 이해하기 위해 비판적 담론분석의 기본이 되는 텍스트, 사회적 사건, 사회적 실천/관행의 개념을 살펴볼 필요가 있다. 페어클러프에 따르면 '텍스트'는 '임의의 발화가 다른 발화들과 아주 복잡하게 짜인 사슬에 있는 연결 고리'이다. 페어클러프는 텍스트를 매우 넓은 범위에서 이해한다. 직접 손으로 쓴 글이든 인쇄된 텍스트든 모두 텍스트로 간주되며 면담에 대한 녹취기록뿐만 아니라 텔레비전 방송내용과 누리집도 텍스트에 포함될 수 있다. 즉, 사용 중인 언어의 실제 사례들이 무엇이든 모두 텍스트가 된다고 말할 수 있다(Fairclough, 2012: 19, 107). 그리고 이러한 텍스트들은 특정한 '인과효력'을 가진다. 이를테면 광고와 같은 다양한 텍스트의 형태들에 장기간 노출되는 경험은 사람들의 정체성을 형성한다. 그렇기에 텍스트는 사람, 행동, 사회관계, 물질세계에서 변화를 일으키는 인과적 힘을 지닌다(Fairclough, 2012: 32). 동시에 사회적 행위 주체는 텍스트를 짜얽으면서 텍스트의 요소들 사이에 관계를 수립한다. 이러한 의미에서 페어클러프는 사회세계가 텍스트로 구성되어 있다는 주장을 받아들이며, 텍스트를 사회적 사건을 구성하는 중요한 요소로 상정한다(Fairclough, 2012: 60-62).

페어클러프가 보기에 사회구조적으로 가능한 것과 실제적으로 일어

11 페어클러프에 따르면 사회조사연구에서 이 같은 방법론적 접근이 더욱 필요한 이유는 역사상 일어난 신자본주의적 재편 때문이다. 신자본주의(new capitalism)는 제2차 세계대전 후기모형으로 교육의 시장화 및 상품화와 같이 경제·정치·사회 영역들 사이에 있는 관계들의 재구성(re-struction)을 포함하며, 세계·지역·국가·지방 차원처럼 사회생활의 서로 다른 차원들 사이에 있는 관계들의 재조정(re-scaling)을 포함한다(Fairclough, 2012: 21-22).

나는 것 사이의 관련성은 아주 복잡한 것이다. 그에 따르면, 사건은 추상적인 사회구조의 직접적인 효과가 아니다. 구조와 사건 사이에는 서로를 매개해 주는 조직화된 대상들이 언제나 존재한다. 그는 이를 '사회적 실천/관행'으로 정의한다. 사회적 실천/관행은 비교적 안정된 형태의 사회적 활동이지만, 항상 담화/담론을 포함한다는 데 특징이 있다(Fairclough, 2012: 64-65, 471).

이에 따라 텍스트 분석의 층위도 크게 세 측면으로 구분될 수 있다. 텍스트 층위, 상호텍스트성 층위, 이데올로기 층위가 그것이다. 먼저 '텍스트' 층위는 사회적 사건이 되는 텍스트 그 자체를 의미한다. 이러한 관점에서 텍스트는 어떤 사회적 사건에 대한 그리고 사회적 사건들의 어떠한 연쇄 과정의 일부가 된다. '상호텍스트성' 층위는 서로 얽힌 텍스트의 관계성을 찾는 층위라고 할 수 있다. 상호텍스트성(intertextuality)은 해당 텍스트 속에서 다른 텍스트 요소들이 어떻게 실현되는지를 가리킨다. 관련된 다른 텍스트 가운데 무엇이 포함되고 무엇이 포함되지 않는지를 논의함으로써(Fairclough, 2012: 507), 텍스트가 구성한 사회적 사건 속의 사회구조를 파악할 수 있다. 나아가 사회적 사건이 형성되어가는 과정을 텍스트의 연쇄 속에서 분석할 수 있다. 그리고 텍스트의 인과적 효력 가운데 하나가 이데올로기적 효력이다. '이데올로기' 층위는 텍스트의 인과효력이 만들어내는 사회적 사건들로 인해 형성된 일상생활의 경험을 통해 실제 텍스트가 어떤 가정[12] 및 가치를 형성해냈는지를 분석하는 것이다(Fairclough, 2012: 35, 438-439).

12 페어클러프는 '가정'에 대해 다음과 같이 설명한다. 어떤 형태의 사회적 의사소통이나 상호작용도 어떤 그런 '공통기반'이 없이는 지각될 수 없다. 반면에, 사회권력·지배·패권을 행사하는 능력은 이런 '공통기반'의 본성 및 내용을 어떤 유의미한 정도까지 형성해주는 능력을 포함한다(Fairclough, 2012: 136-137).

페어클러프가 제시한 텍스트 분석의 층위와 과정을 이 연구의 주제인 MBTI 담론분석과 연결해 보자면, 우선 MBTI의 유행을 하나의 사회적 사건이자 담론적 사건으로 해석할 수 있다. 그렇다면 일차적으로 분석해야 할 '텍스트'는 MBTI가 한국사회의 특정 시점에서 어떠한 방식으로 담론적 사건으로 구성되고 변화하는지 그 맥락을 파악할 수 있는 텍스트이다. 다음으로 담론적 사건으로서 MBTI를 동원하고 활용하는 다양한 주체들의 양상을 통해 담론의 연쇄적인 구성 과정과 사회적 배치를 살펴볼 필요가 있다. 이는 곧 MBTI라는 텍스트가 다양한 상호 참조 및 인용과 유통과정을 통해 어떻게 확장적으로 (재)배치되고 서로 짜얽혀 들어가는지 '상호텍스트성'을 분석하는 작업이라 할 수 있다. 마지막으로 '이데올로기' 분석은 MBTI라는 텍스트가 상호텍스트성을 통해 일련의 담론질서를 형성하고, 담론 간 침투와 경쟁을 통해 헤게모니를 획득한 이데올로기적 담론들이 청년들의 삶의 경험 및 담화[13]적 실천에서 어떠한 방식으로 나타나는지 그 주체 형성의 과정을 분석하는 것이다.

쉽게 설명하자면 텍스트 분석이 MBTI 텍스트의 생산과정에 대한 분석이라면, 상호텍스트성에 대한 분석은 인용된 텍스트가 어떠한 의미관계를 형성하고 있는지, 그리고 이를 인용한 텍스트가 어떠한 목적의식과 함께 상호텍스트적 연쇄(intertextual chains, Fairclough, 2004: 42)를 형성하는지 그 유통과정을 분석하는 것이다. 마지막으로 이데올로기 분석은 텍스트의 소비 과정에 대한 분석이라 할 수 있다. 이는 청자나 독자가 텍

13 페어클러프에 따르면 담론 또는 담화는 사회적 실천/관행의 좀 더 추상적인 차원으로까지 우리를 데려가는 오래 지속되는 대상이다(Fairclough, 2012: 107). 한편 페어클러프는 담론과 담화의 용법을 분석적으로 구분한다(Fairclough, 2012: 20). 이를 MBTI라는 담론 연구에 적용해 본다면, MBTI가 유행하게 된 사회적 과정에 대한 분석은 담론분석의 영역이며, 이 유행 과정에서 형성된 담론과 담론이 만들어낸 가정 및 가치, 즉 이데올로기가 청년들의 담화적 실천을 통해 수용되고 활용/재생산되는 과정의 분석은 담화분석의 영역이라고 할 수 있다.

스트를 어떻게 인식하는지, 어떤 태도로 반응하고 있는지, 어떤 프레임을 떠올리며 재생산하는지를 분석하는 것이다. 아울러 텍스트 소비를 해석할 때 연구자는 해당 텍스트뿐 아니라 그 텍스트를 수용하거나 거절하는 사회구성원 집단의 기억자원, 혹은 기대심리를 조사해야 한다(신동일, 2022: 251). MBTI라는 텍스트가 일상생활의 경험들에서 소비되는 과정에는 행위자들의 가치나 신념체계, 이데올로기 등이 결합되고 있기 때문이다.

각 분석의 층위는 MBTI 담론의 유행을 형성·지속하고 있는 사회적 실천내용들을 분석한다는 점에서 공통된 목표를 지닌다. 페어클러프는 사회적 실천/관행을 강조하면서 이것이 사회구조에 대한 관점 및 사회적 행위 속성과 행위 주체에 대한 관점 사이에 변동(oscillation)을 허용하기에 사회조사 연구에서 반드시 필요한 분석이라고 말한다(Fairclough, 2012: 471). 즉 MBTI 담론의 생산과 유통과정만이 아니라 청년들의 MBTI 담화에서 수용되고 활용되는 실제 양상을 분석하는 것은, 일련의 주체화 과정을 경유해 사회적 실천/관행으로 굳어져 가는 문화정치의 차원을 가시화한다는 것을 의미한다. 이러한 방식으로 비판적 담론분석은 청년들의 MBTI 활용이 관련된 담론의 질서와 문화를 형성/재생산하는 과정을 분석하고, 이 안에서 작동하는 신자유주의적 통치성의 작동을 구체적으로 드러내고 비판하기 위한 방법론이 될 수 있다.

2) 초점집단인터뷰를 결합하기

하지만 비판적 담론분석에서 제시하는 절차는 대부분 텍스트 분석에 집중하기에, 비판적 담론분석이 그 자체로 모든 분석 범주와 이에 수반

되는 절차들을 다 제공해 주지는 않는다(Fairclough, 2012: 481). 따라서 비판적 담론분석은 사회과학의 다양한 분야에서 발전한 이론적·분석적인 자원들 및 여러 조사 방법을 결합해 사용될 수 있다.

이 연구는 비판적 담론분석을 위한 자료로서 첫째, MBTI와 관련된 서적을 수집하여 이를 '텍스트' 분석의 대상으로 삼았고, 둘째, MBTI가 다양한 생산·유통 주체들에 의해 상호 인용되는 '상호텍스트성'을 분석하기 위해 MBTI의 유행과 관련된 인터넷 담론들을 수집하였다. 셋째, MBTI가 청년세대에게 실제 소비되고 활용되는 실천적 양상을 분석하기 위해 이 연구는 초점집단인터뷰를 진행하여 청년들의 담화를 텍스트로 재구성하였다. 초점집단인터뷰(focus group interview, 이하 FGI)란 토론 집단을 연구자가 인위적으로 형성하고, 이 집단 내에 토의 주제를 중심으로 집단적인 토론을 진행하여 그 상호작용을 관찰, 기록하고 그 내용을 분석한다. 이것은 기본적으로 집단인터뷰로서, 연구자가 질문하고 구술자가 답변하는 방식이 아니라 공동의 토의 주제를 두고 소집단에서 발생하는 상호작용을 주된 분석의 초점으로 삼는다. 토론이 진행될 때 연구자는 토론의 진행자이자 중재자의 역할을 수행하며, FGI의 결과는 녹취록이라는 텍스트로 다시 나타난다(윤택림, 2013: 149-163). MBTI는 특정 세대의 상호작용 문화로 자리 잡고 있기에, MBTI를 활용한 담화적 실천에서 생성되는 상호주관적 의미와 그 작용을 살피기 위해서는 1대 1 심층 면접보다는 FGI를 활용한 개방형 토론이 더 적합하다고 판단하였다.

구체적으로 FGI는 필자가 소속된 경상국립대학교 학생들을 모집하여 2024년 1월 총 2회에 걸쳐 진행되었다. 먼저 반(半) 구조화된 주제를 중심으로 연구참여자들이 자신의 이야기와 의견을 전달하고, 진행되는 내용을 통해 직접 주제를 결정할 수 있도록 조정하였다. 간혹 MBTI 문화와 경험을 벗어나는 토의가 진행될 때, 연구진행자가 새로운 질문과 주제를 던져 MBTI 문화에 대한 주제로 토의를 이어갈 수 있게 개념적으로 조정하였다. 이를 통해 각 연구참여자의 경험과 새로운 MBTI 주제를 참여자가 직접 제안하는 과정을 경유해 청년들의 경험과 담화적 실천 속에서 생성되고 발견되는 MBTI의 의미와 맥락을 폭넓게 확인할 수 있었다. 각 인터뷰에 참여한 인터뷰 참여자들의 정보를 요약하면 <표 4-1>와 같다.

<표 4-1> 인터뷰 참여자 정보

	연구참여자	연령	성별
1차 FGI (2024. 1. 4., 90분)	[가]	22세	여
	[나]	24세	여
	[다]	25세	남
	[라]	28세	여
2차 FGI (2024. 1.11, 110분)	[가]	22세	여
	[나]	24세	여
	[마]	27세	남

이상에서 상술한 분석 내용 및 범위를 텍스트 분석의 세 가지 층위와 연결하여 <표 4-2>로 요약하자면 다음과 같다.

<표 4-2> 분석 내용 및 범위

분석 층위	분석 내용 및 범위	분석 방법	비고
텍스트	MBTI가 등장한 역사적 연원을 포함하는 텍스트 2019년 말부터 MBTI가 한국사회에 유행하게 된 이후 대중 서적	텍스트 분석	4장 1-2절
상호텍스트	MBTI를 호명하거나 활용하는 다양한 주체들에 대한 분석: 인터넷 대중매체 담론 텍스트	상호텍스트성 분석	
이데올로기	청년들의 MBTI 활용과 수용 양상: 초점집단인터뷰를 통해 수집한 텍스트	이데올로기 분석	4장 3-4절

4. MBTI하는 청년들: MBTI형 인간형의 탄생

1) MBTI 검사의 유행과 텍스트 비판

앞서 말했듯 MBTI 검사는 이미 1990년대부터 한국사회에서 사용되던 성격유형 검사지만, 청년층이라는 특정 세대의 문화로 자리 잡고 유행하게 된 것은 2019년 말 이후의 일이다. 이 절에서는 우선 한국사회에 MBTI 성격유형 검사가 소개되고, 부상하게 된 양상을 MBTI 도서 텍스트를 중심으로 살펴보고자 한다. 특히 서적의 목차가 사용하는 어휘들[14]을 분석함으로써 텍스트에 내포된 의미관계를 파악할 수 있다.

14 페어클러프에 따르면, 텍스트 분석에서 '어휘'의 사용에 대한 분석이 도움이 된다. 페어클러프는 가장 명백하게 담론을 구별하는 성격은 어휘의 특징이라고 바라보며, 텍스트에 배치된 어휘가 포함하는 의미관계에 초점을 맞추어 담론을 분석할 것을 제안한다(Fairclough, 2012: 285-290). 가령 MBTI라는 텍스트 속에서 '심리학'이라는 어휘, 혹은 이것이 자기계발 담론과 결합하여 나타나는 '진로'와 같은 어휘들을 통해 이 텍스트가 내포하는 의미관계와 담론들을 내재적으로 분석해낼 수 있다.

MBTI 담론의 유행과 배경

먼저 MBTI 텍스트가 MBTI 유행 이전의 시점에서 어떤 담론을 내포하고 어떤 가치를 가정하고 있는지 살펴보자. <그림 5-1>은 2002년 출간된 조성환(2002)의 『성격: MBTI와 Jung의 심리학-성격! 뭐, 내가 다 아니까 중요하지 않다고?』에서 제시하는 목차의 일부다. 이 목차를 통해 MBTI에 대해 전제하고 있는 텍스트의 '가정'이 드러난다. 특히 1부의 1장 제목에서 알 수 있듯 이 책은 "성격을 아는 것이 중요하다"라는 가치를 내포하는 문장으로 MBTI를 소개하고 있다. 기존의 한국사회에서 "성격을 아는" 행위는 아무런 효용 가치를 가지지 않았지만, "중요하다"라는 어휘를 활용함으로써 성격검사가 일상생활의 이점을 누리기 위해 요구되는 하나의 필수적 행위로 인식하게 만든다. 또한 MBTI를 일상생활에서 활용/응용할 수 있는 영역을 설명하는 4부의 내용은 'MBTI의 일상생활화'의 가능성을 예시한다. 여기서 MBTI는 "가정생활", "인간관계", "리더십", "상담", "진로", "청소년 지도"라는 어휘들과 함께 연결되어 배치되고 있다. 이러한 배치는 현시점에서 유행하는 한국사회의 MBTI 텍스트와 크게 다르지 않다.

제1부 도입
1.성격을 아는 것이 중요하다
2.MBTI란 무엇인가?
3.기질이란 무엇인가?
4.나의 인생과 MBTI

제2부 16가지 성격유형의 이해
5.전통주의자
6.경험주의자
7.이상주의자
8.개념주의자

제3부 Jung 이론의 주요 개념
9.Jung에 대하여
10.의식과 무의식
11.개성화에 이르는 길
12.종교와 심리학,그리고 명상

제4부 MBTI와 Jung 심리학의 응용
13.성격과 가정생활
14.성격과 인간관계
15.성격과 리더십
16.성격과 상담
17.성격과 진로
18.성격과 청소년 지도
19.내 마음의 연금술

〈그림 5-1〉 조성환(2002), 『성격』에 제시된 목차

이 단어들이 드러내는 의미관계는 MBTI 성격유형 검사가 타인과 좋

은 관계를 형성하는 도구이자 자기관리 및 일상생활의 도구라는 점이다. 이러한 어휘들의 결합이 가능했던 이유는 애초에 MBTI의 역사적 태동 자체가 자신의 '가용성'을 얼마나 더 높일 수 있는가에 대한 답으로 만들어진 성격검사라는 점에 기인한다(김숙영, 1994: 94). 그러나 이를 감안하더라도 하나의 성격유형 검사가 청년세대가 전유하는 공통된 세대문화로 급부상하는 과정은 자연스럽게 일어나지 않는다.

따라서 MBTI 텍스트가 2020년 이후 급부상하고, 지금의 유행에 이르게 된 배경과 이 텍스트들이 포함하는 다양한 주제들이 어떤 양상을 띠는지 살펴볼 필요가 있다. <그림 5-2>는 MBTI와 관련된 서적이 2020년 이후 양적으로 급격히 증가했음을 보여준다. 이는 한국사회를 넘어 전 세계적으로 영향을 미쳤던 코로나19의 유행 국면과 시기를 같이한다. 코로나19의 유행은 매우 급진적으로 경제적 상황을 악화시켰다. 2021년 한국보건사회연구원 연구보고에 따르면 1998년 IMF 구제금융 당시의 경제위기보다는 아니더라도 2003년 카드 사태와 2009년 세계금융위기 수준의 고용률 감소세를 보였다. 고용률 감소는 곧 청년들에게도 직접적인 영향을 주었다. 사용자 측면에서 볼 때 청년들은 대

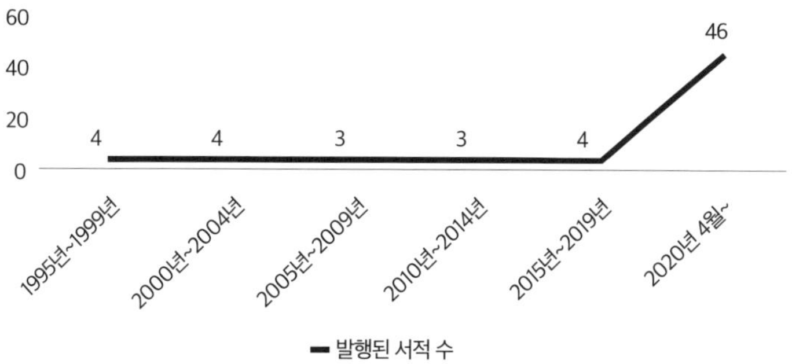

〈그림 5-2〉 연도별 국내 발행된 MBTI 관련 서적 추이

부분 저숙련 노동자에 해당하기에, 해고와 실직의 대상이 되기 십상이다. 이러한 고용 불안정성은 청년들이 코로나19 상황에서 쉽게 취업 시장에 발을 들이지 않도록 하고, 더 명확한 '스펙'을 쌓기 위해 스스로 노력을 경주하도록 만드는 조건이 되었다. 즉, 경제적 위기는—앞서 말했듯 현재적인 동시에 잠재적인 노동인구인—청년들의 직접적인 고용 불안의 원인이 되었다. 이러한 고용 불안은 청년들로 하여금 적극적인 구직활동보다는 코로나19의 상황이 나아지길 기대하면서 '괜찮은 일자리'에 취업하기 위해 자신의 인적 자본을 쌓는 것에 집중하도록 만들었다(함선유, 2021: 153-193). 이 같은 상황에서 자기-앎의 수단으로 적극적으로 활용되기 시작한 것이 바로 MBTI 성격유형 검사였다(최수이·김수정, 2022). 요컨대 코로나19라는 복합적인 시대 상황에서 MBTI는 곧 청년들에게 '재미난 놀잇거리' 이상의 의미를 획득하게 된 것이다.

〓 MBTI 텍스트 비판

이러한 변화를 읽어내기 위해 2020년 이래 어떤 MBTI 텍스트들이 우리 사회에 배치되었는지 그 분포를 추적해 보자면 <표 4-3>과 같다. 특히 2020년부터 MBTI와 관련해 발행된 국내 도서의 목록을 통해 MBTI 텍스트가 어떤 주제어들과 함께 등장했고, 각 텍스트가 어떠한 담론들과 결합하게 되었는지 상세히 파악할 수 있다.[15]

15 〈그림 5-2〉와 〈표 4-3〉는 국회전자도서관에서 자료명으로 "MBTI"를 검색한 결과를 표로 제시한 것이다(국회전자도서관, 2024년 6월 7일 접속). 다만 〈표 4-3〉의 경우 지면의 한계로 전체 서적을 열거하지 않고, 주요 담론의 변화를 보여주는 서적을 선정하여 제시하였다.

<표 4-3> 2020년 이후 MBTI를 주제로 한 국내에 출간된 서적 개관

연번	주제	발행연도	저자	제목
1	MBTI에 대한 소개 및 다양한 활용법	2020	박철용	MBTI의 의미: 칼 융의 철학적 유형론
2		2020	메르베 엠레	성격을 팝니다: MBTI의 탄생과 이상한 역사
3		2021	이요철	MBTI 철학자: 성격유형으로 분석한 거장들의 삶에서 배우는 '자기실현의 존엄함'
4		2022	한효재	몰랑이와 MBTI: 같은 상황, 다른 반응! 너와 나의 MBTI 탐구하기
5		2022	김재형	당신이 몰랐던 MBTI
6		2022	고영재	당신이 알던 MBTI는 진짜 MBTI가 아니다: MBTI를 '올바르게' 활용하여 '나다움'을 극대화하는 방법
7		2022	최영임·성기원·황승숙	(MBTI와 함께하는) 의사소통능력
8		2023	나우진·김준환·이지희	MBTI의 모든 것: 세상에서 가장 쉽고 재미있는 MBTI
9		2023	박소진·김익수	오늘도 MBTI를 확인했습니다: 너와 나의 건강한 관계를 위한 MBTI 소통법
10		2023	조수연	출근이 두렵다면, MBTI: 일보다 사람이 더 힘든 직장인들을 위한 16가지 유형별 집중탐구
11		2024	박한평	MBTI 관찰일지: 다정한 언어로 해석하는 16가지 성격유형
12	교육·진로·취업·자기계발 등과 관련된 MBTI	2020	조수연	성격대로 키우는 부모학교: 부모와 아이의 MBTI 성격유형으로 본 맞춤형 육아법
13		2020	이보경	(MBTI 활동을 통해 사회 속 나의 역할을 생각하는) 진로수업
14		2022	박정훈	MBTI 공부법: 최상위 1%의 비밀
15		2022	김성환	(진정한 나다움의 발견) MBTI: 타고난 성격을 성공 스펙으로 만드는 법
16		2022	백종화	일하는 사람을 위한 MBTI: 탁월한 성과를 만드는 MBTI 직장 사용 설명서
17		2023	윤서영	MBTI 유형별 유튜브 콘텐츠 컨설턴트

연번	주제	발행연도	저자	제목
18		2023	최원설·오하나·주민관	다름보다 아름: 관계를 이해하는 MBTI 직장 매뉴얼
19		2024	곽병열	(아직도 주식 투자가 어렵다면) MBTI 투자법
20	연애 및 사랑과 관련된 MBTI	2021	박정훈	(MBTI) 사랑학개론
21		2022	김소나	그와 그녀의 MBTI가 사랑스러운 다람쥐: 연인 이해 프로젝트
22		2023	박성미	MBTI 연애 심리학: '그 사람'이라는 오지를 탐험하는 당신을 위한 내비게이션

1990년 이전에 서적으로 출간된 MBTI 텍스트와 비교할 때, 뚜렷한 양적 증가세만이 아니라 2020년 이후에는 MBTI와 관련되지 않아 보이던 다양한 어휘를 내세운 텍스트들이 결합되어 나타나는 양상에 주목할 필요가 있다. 예컨대 이요철(2021)의 『MBTI 철학자』에서는 기존의 철학자·사상가들을 MBTI와 함께 배치한다. 즉, 철학자들의 MBTI 분석을 통해 MBTI를 통한 인간 이해가 얼마나 효과적일 수 있는지를 강조하는 것이다. 또한 김재형(2022)의 『당신이 몰랐던 MBTI』나 고영재(2022)의 『당신이 알던 MBTI는 진짜 MBTI가 아니다』와 같은 텍스트는 MBTI를 '오독'하지 말 것을 강조함으로써, '올바른 MBTI의 활용법'이 있다는 전제 가정을 드러낸다. 이는 MBTI에 대한 관심이 증폭된 상황에서 기존 MBTI 텍스트들이 전달하는 다양한 용법과 달리 MBTI의 전문성이 존재한다는 점을 강조하는 특징을 보인다.

마지막으로 주목할 지점은 '연애' 및 '사랑'이라는 인간관계 영역과 MBTI 텍스트가 함께 배치되고 결합되는 양상이다. 이는 MBTI가 기본적으로 대인관계에서 타자와 관계 맺음을 위해 자신의 성격유형을 어떻게 계발하면 좋을지 지침을 제공하는 것이지만(김성환, 2022; 박소진·김익수,

2023; 최영임 외, 2022), MBTI가 청년세대의 문화와 결합되는 새로운 국면을 드러내 보여주는 단면이기도 하다. 이러한 현상은 이른바 '연애 권하는 사회'에서 에바 일루즈(E. Illouz)가 개념화한 '감정자본주의' 혹은 '로맨스의 상품화'(Illouz, 2014: 253)의 동력과 MBTI 텍스트가 결합되는 양상을 보인다. 나아가 이러한 MBTI 배치는 MBTI와 직장생활과의 연결고리를 형성한다. 신자유주의적 세계관 아래에서 직장생활에 잘 적응하는 것은 개인이 계발해야 할 핵심 능력이며, MBTI는 이를 위한 좋은 대안이 될 수 있다는 담론을 형성하고 있는 것이다(백종화, 2022; 조수연, 2023; 최원설 외, 2023). 이를 통해 MBTI 텍스트는 자기계발의 핵심 영역으로 진입한 '인적 역량' 강화에 좋은 영향을 줄 수 있는 성격유형 검사라는 진리 가정을 강화한다.

이상의 논의를 통해 MBTI 텍스트들이 어떤 전략적 어휘 선택 및 배치를 통해 담론을 자기 확장하고 있는지를 살펴보았다. 한편 양적으로 많다고 할 수는 없지만 MBTI 텍스트에 내재한 한계 지점에 대한 비판 담론들도 존재한다. 첫째, MBTI는 기본적으로 유형론이라는 것이다. 문제는 이러한 유형론으로 인간의 성격을 분류하는 것이 한 사람의 성격을 얼마나 잘 재현할 수 있냐는 점이다. 둘째, 성격은 사회적으로 구성되는 것이며 타고난 기질에 의해 결정되는 것이 아니라는 점이다.

첫 번째 비판과 관련해 MBTI가 성격유형을 구분하는 네 가지 양극 스케일로 구성된 범주—외향-내향(Extrovert-Introvert), 감각-직관(Sensing-Intuition), 사고-감정(Thinking-Feeling), 판단-인식(Judging-Perceiving)—의 타당성에 대해 고민해볼 수 있다. 분명 우리의 행동을 불러일으키는 내면의 선호는 존재할 수 있지만, 한 사람의 성격을 위와 같은 이분법적 유형을 기준으로 설명하는 것은 늘 한계에 부딪힐 수밖에 없다. 같은 유형 집단

안에서도 서로가 가진 이질적인 특징들은 드러나지 못하며, 이러한 이분법적 분류 자체가 회색지대를 허용하지 않기 때문이다. 아무리 개인이 선호하는 경향이 이분화된 두 범주 가운데 자리한다 하더라도 어느 한 성격유형으로 표현되기에는 적절치 않다. 이렇게 만들어진 MBTI 유형은 확증편향을 강화하고 고정관념을 공고히 할 수 있다(허용회, 2021).

두 번째 지점과 관련해 에리히 프롬(E. S. Fromm)은 『자유로부터의 도피』에서 인간 개인의 성격이 단순히 개인적인 것이 아니라 사회로부터 구성된다는 점을 환기시키며 사회적 성격구조에 대해 논한 바 있다. 이 같은 개념화를 통해 프롬은 집단을 이루는 구성원들이 공유하는 공통된 성격구조를 분석하고자 했다. 인간의 성격은 단지 개인이 타고난 기질에 의해 결정되는 것이 아니라 그 사회의 존재 양식에 따라 사회화 과정에서 형성되기 때문이다(Fromm, 2020: 290-310). 그러나 16가지의 유형론을 전제한 후, 자기보고(self-report)식 검사에 기초해 개인의 성격을 가설-연역적으로 분류하는 MBTI 진단 방식은 이러한 성격이 형성되는 사회적 과정에 무관심하며, 왜 특정 사회 혹은 특정 집단에서 특정 유형의 성격들이 형성되고 강조되는지 질문하지 않는다는 점에 맹점이 있다(CBS 오뜨밀, 2024/02/10; 정선렬, 2022: 43-44).

여러 한계에도, 오늘날 청년들에게 MBTI라는 성격유형 검사는 역량 담론과 결합되어 그 어느 것보다 설득력 있는 자기계발의 심리학적 도구로 통용되고 있다. 서동진이 지적한 바 있듯 역량 담론과 역량 모델링은 자기 개념과 같은 '내면적 특성'을 판단하는 기준이 된다(서동진, 2009a: 220-262). 이 안에서 심리학은 내면을 평가하고 측정하고 관리할 수 있는 지식으로서 능력을 가시화한다. 즉 심리학은 우리 내면의 역량을 수치화·유형화하는 도구이며, 이 수치화·유형화된 내면의 역량이 자기계발의 대상이 되고 있는 것이다. 심리학은 그 자체로 과학적 권위를 등에 업고 있으며, 그 권위를 통해 우리의 옳고 그름, 좋고 나쁨을 판단해내는 지식-권력을 행사한다. 그러한 판단 기준을 학습하며 자기화하는 청년들은 이러한 심리학의 논법에 더더욱 빠져들 수밖에 없다. 나아가 MBTI 성격유형 검사가 수반하는 긍정심리학적 효과는, 어느 한 부분이 나쁘다고 가시적으로 이야기하지도 않으면서 각자가 가진 특성을 통해 자기 자신이 어떤 역량을 가졌는지 파악할 수 있는 수단으로 MBTI를 이해하게 만드는 측면이 있다. 청년들은 이러한 측면 때문에 MBTI 검사를 쉽게 받아들이고 검사 결과를 공유하기도, 상대방에게 검사를 권유하기도 한다.

그렇다면 이제 관심을 기울여야 할 것은 심리검사가 쇄도하고 유행한다는 현상 그 자체가 아니라, 그것이 일하는 주체의 능력을 그려내고 또 생산하는 담론을 변형한다는 점이다(서동진, 2009a: 231).

2) MBTI 담론의 생산·유통 주체와 상호텍스트성: 기업, 시장, SNS

앞서 말했듯 MBTI 담론이 청년을 중심으로 확장세를 보이는 과정은 결코 자연스럽게 일어나지 않는다. MBTI가 한국사회에서 유행하고 급부상하는 과정에는 기업, 시장, SNS 등 다양한 담론 주체들이 담론의 생산과 유통과정에 관여하고 있다. 이 절에서는 여러 생산 ·유통 주체들이 MBTI 담론을 상호 인용/참조하는 상호텍스트성을 자세히 살펴본다. 'MBTI의 상품화'라고 부를 수 있는 이 과정에서 MBTI 담론은 또 다른 담론들과 연쇄적으로 결합하고, 다양한 매체와 경로를 통해 상호텍스트성과 담론 권력을 넓혀 나간다.

먼저 기업은 고용주체로서 청년의 MBTI 활용 담론과 MBTI의 상품화 과정에 큰 영향을 미친다. 기업들은 취업 시장과 채용 관행을 통해 기업이 요구하는 인재상을 특정한 방향으로 강제하고 청년세대가 이에 맞추어 기업이 요구하는 인재상에 따라 자신의 역량을 계발하도록 안내한다.[16] 실제 2020년 MBTI의 유행 이후에 MBTI 검사 결과를 활용해 인재상을 설정하고 이를 활용해 구인하는 기업의 행태가 등장하였고, 이와 관련한 많은 논란이 일어난 바 있다.[17] 일례로 기업 <러쉬코리아>는 직원을 채용할 때, MBTI 성격유형 간이검사를 이용해 자신의 MBTI 성격유형을 직접 제출하도록 지시하고 있다.[18] 그리고 시장은 이러한 움직임에 맞추어 취업에 필요한 자기계발의 도구로 MBTI 지식을 판매한다. 즉 MBTI를 채용에 활용하는 기업의 논리에 맞추어 MBTI를 취업에 유리하도록 전략적으로 활용할 수 있다는 시장의 논리가 형성되기 시작한 것이다.[19] MBTI를 활용하는 취업 전략은 자기 자신의 MBTI를 활용해 적합한 직군을 살피고, 구직활동을 펼칠 수 있도록 하는 방향으로 작동하는 양상을 보인다. 이 같은 양상은 대학의 일자리 센터, 취업 지원 센터 등의 고용 시장과 관련된 부서들이 이른바 일자리 지원과 취업/진로 교육의 일환으로 MBTI를 활용하는 사례들을 통해 드러난다.[20]

나아가 MBTI의 시장화와 상품화는 단순히 취업 및 구직활동에서 활

---

16 오달란. 2013. "[창의인재경영] 아모레퍼시픽, 직원별 맞춤 교육·해외연수 등 자기계발 지원". 『서울신문』. 2013.10.30.

17 신중언. 2020. "혈액형·별자리 대체 'MBTI' 검사, 채용 과정 활용?". 『매일신문』. 2020.8.18.

18 리영. 2020. "러쉬 아르바이트 면접 후기". 『네이버 블로그』. https://m.blog.naver.com/mir0_raisin/222144086225. 2020.11.14.

19 백진호. 2021. "MBTI로 알아가는, 나에게 적합한 직업". 『백뉴스』. 2021.10.13.

20 김가람. 2021. "동구여성새로일하기센터, 찾아가는 구직상담·지원 서비스". 『울산신문』. 2022. 3.16). ; 박준환. 2021. "양평군. '청년 취업 면접프로그램' 참여자 15명 모집". 『헤럴드경제』. 2021. 9. 2. ; 장선옥. 2021. "조선대 재학생 진로탐색 돕는 취업역량 강화 특강". 『국민일보』. 2021. 8.12.

용되는 MBTI에 국한되지 않는다. 시장은 다양한 마케팅 전략에 MBTI를 적극적으로 도입하고, MBTI와 관련된 상품들을 잇따라 내놓는다. 서점에는 MBTI 성격유형별로 추천 도서들이 전시되어 있고, 서점을 구경하러 온 이들은 MBTI 성격유형에 맞추어 자기가 원하는 도서를 추천받는다.[21] 또한 누군가에게 줄 선물을 고를 때 특정 MBTI 성격유형에게 줄 선물을 추천하기도 한다.[22]

이처럼 MBTI가 단순한 자기-앎의 도구에서 벗어나 마케팅의 도구로 활용되면서 MBTI 담론을 확대 재생산하는 방식도 변화하는 특징을 보인다. 그중 가장 대표적이라 할 수 있는 MBTI 담론의 유통과 생성 장이 바로 SNS다. SNS는 청년세대가 관계 맺는 방식을 변화시킨 주요 매개이기도 하지만, 무엇보다 다양한 광고 콘텐츠를 소비하는 공간이기도 하다. 즉, SNS에서 이루어지는 마케팅은 당대의 유행을 포함하면서 이를 콘텐츠로 소비한다. 짧은 시간 내용을 소비자에게 어필해야 하는 SNS 마케팅의 특성상 MBTI 성격유형은 매우 적합한 소재인 것이다.

<그림 5-3>, <그림 5-4>는 SNS(인스타그램)의 검색 창에서 "MBTI"를 검색했을 때, 가장 상단에 표시되는 페이지 두 가지를 제시한 것이다.[23] 각 페이지는 435개, 793개의 게시물을 게시하였으며, 팔로워 수 역시 2024년 6월 19일 기준 20.6만, 7.8만을 기록하고 있다. 대부분의 게시물에는 MBTI 유형별 특징을 기술하고 각 MBTI가 어떤 행동 특성을 가지는지 자세하게 분류하고 있다. 그리고 일상생활에서 자주 접할 수 있는 상황

---

21 김혜경. 2022. "[책 처방] mbti 유형으로 본 나에게 어울리는 책은?". 『독서신문』. 2022. 6.11.

22 이미경. 2023. "롯데백화점, 추석 '코스메틱 기프트 제안전'…MBTI 유형에 맞춘 기획세트 마련』. 『한국경제신문』. 2023. 9.20.

23 MBTI의 모든 것. "MBTI의 모든 것 메인". https://www.instagram.com/all_of_mbti/(2024년 6월 19일 접속) ; MBTI 보고서. "MBTI 보고서 메인". https://www.instagram.com/mbti_report/(2024년 6월 19일 접속).

〈그림 5-3〉 인스타그램 'MBTI의 모든 것' 메인 페이지

〈그림 5-4〉 인스타그램 'MBTI 보고서' 메인 페이지

들을 MBTI의 16가지 유형론과 연결해 제시함으로써 소비와 행동 패턴을 예측한다. 이러한 담론의 유통과정은 MBTI가 가진 유형론을 통해 세상을 예측하고 설명할 수 있다는 논리를 강화한다.

정리하면, MBTI 담론은 기업과 시장이라는 활용 주체들에 의해 취업 전략 및 광고 마케팅과 접목되면서 SNS에 정착했다. 그리고 MBTI의 상품화와 시장화는, MBTI를 애초에 심리검사로 개발될 때 기대되었던 상담·교육 등 공익적 활용에서 벗어나, 소비와 오락의 대상으로 전환시키는 데 일조한다. 물론 MBTI 담론장은 기업, 시장, SNS가 생산·유통하는 담론을 무조건적으로 따르지 않는다. MBTI 담론을 수용하는 청년세대는 기업의 인사관리가 MBTI를 수용하고 활용하는 방식, 상품시장에서 MBTI를 동원하는 방식, 그리고 SNS라는 바이럴 마케팅 방식을 통해 새롭게 인용되는 MBTI 담론 모두에 영향을 받으면서 MBTI 담론을 다시 확대·변형·재생산해낸다.

3) 청년들의 MBTI 담론 수용과 재현: '좋은 MBTI'라는 담론

이 절에서는 MBTI 담론이 청년들에게 수용되고 활용되는 실천 과정을 통해 생성/재생산되는 이데올로기와 의미작용을 드러내고 비판적으로 검토한다. 청년들이 MBTI 담론을 소비하는 과정에서 주목할 특징은 '좋은 MBTI'라는 하위담론이 작동한다는 점이다. 예컨대 E(Extrovert) 유형과 I(Introvert) 유형 중 사회생활을 더 잘하는 E 유형이, T(Thinking) 유형과 F(Feeling) 유형 사이에서 상대방에게 공감을 더 잘하는 F 유형이, P(Perceiving) 유형과 J(Judging) 유형 중 시간을 더 잘 관리하고 계획하는 J 유형이 더 선호되는 특징을 보인다. 이처럼 MBTI를 둘러싼 청년들의 담화 내부에는 암묵적으로 특별히 선호되고 유리한 MBTI 성격유형이 존재한다. 이러한 하위담론의 생성에서 주목해야 할 것은 자기계발 담론을 가로지르는 이데올로기적 가정들이 결합되고 상호 강화되는 양상이다.

> 저는 일단 상대방이 말하는 거 보고 그다음에 일단 E인지 I인지 이거부터 먼저 보는 것 같아요. … E냐, I냐 이런 걸로 누구를 뭐라 해야 될까 정말 나쁘게 말하면, "얘는 I니까 아무래도 '인싸'도 별로 아닐 것 같고 그럴 것 같아"서 아예 낙인을 딱 찍어버리는 그게 좀 심해진 것 같더라고요. 아예 E를 우대하는 경우도 있다고 하고 (저는) 상당한 I인데 그런 경우에서는 도태된 경우가 적지가 않더라고요.
>
> (연구참여자 [다] / 1차 인터뷰 구술 녹취록)

연구참여자 [다]는 E 유형과 I 유형의 구분하는 관행을 '우대'와 '낙인/도태'라는 어휘로 표현한다. 이 진술은 MBTI 담론 안에서 E 유형이 상대적으로 선호되는 경향을 드러낸다. 이는 '인맥 관리'가 하나의 능력으로 간주되는 사회에서 E 유형이 '타인과 더 쉽게 관계'를 맺을 것이라 기대하는, 평가적이고 규범적인 담론/가정이 작동한 결과라 할 수 있다.

> 저는 약간 상담이나 고민 상담을 할 때 '해결 방법을 원하면 T한테 가고 감정적 공감을 바라면 F한테 가라' 이게 있어서 사실 저는 진짜 실제로 그렇게 하거든요.
>
> (연구참여자 [나] / 1차 인터뷰 구술 녹취록)

T 유형과 F 유형의 구분에서도, F 유형이 T 유형에 반(反)하여 누군가에게 공감하는 능력이 더 탁월하다는 규범적 담론이 작동한다. 나아가 상대방에게 공감을 잘한다는 것은 무난한 인간관계를 형성할 가능성이 높다는 기대와 연결되며, 이를 관리할 능력이 개인에게 존재한다는 점을 입증하는 지표로 기능한다.

이처럼 자신의 대인관계와 성격유형을 '관리'해야 하는 측면들은 『(진정한 나다움의 발견) MBTI: 타고난 성격을 성공 스펙으로 만드는 법』(김성환, 2022)이라는 도서명이 보여주듯, 자기를 '경영'해야 하는 주체들의 '스펙쌓기'를 통한 자기계발 양상과 결합된다. 다양한 형태의 '스펙쌓기'가 등장하고 이를 수행하기 위해 청년들은 비용을 지불하면서 스스로를 관리한다. 이 과정에서 무엇이 '스펙'이 될 수 있는지에 대한 기준을 사유할 가능성은 봉쇄되고 모든 경험을 '스펙'으로 치부하는 이른바 '스펙 쌓기' 담론이 강화된다. 아울러 MBTI가 제시하는 유형학에 덧붙여진 평가적 담론들은 자신이 어떤 인간이 되어야 하는지, 어떤 행동으로 특정한 MBTI 성격유형으로 비칠 수 있는지를 인도하는 효과를 낳는다. 그리고 그 안에서 자신의 고유한 기준도 없이, 늘 스스로를 관리할 수 있는 역량을 계발하도록 일방향으로 강요받는다.

한편, 신자유주의적 담론이 주도하는 사회 분위기 안에서 청년세대는 자신의 능력을 끊임없이 입증하면서 스스로 생존해야만 한다는 압박을 받는다. 그 결과 청년세대 내부에서 '능력주의' 풍토가 가속화된다. 청년들에게 능력을 입증하는 기준은 바로 취업할 수 있느냐 없느냐이다. 즉 자신의 능력이 취업에 얼마나 가깝고, 이것이 생존의 경계에서 살아남을 수 있는 것인지를 끊임없이 확인하고 드러내야 하는 것이다. 그렇기에 여기서 능력주의가 강조하는 '능력'은 직무를 수행할 수 있는 실질적 능력과는 별개의 것이다.[24] 일하는 주체로서 직무 능력을 관리받는다면 그의 노동이 실제로 얼마나 효율적인지, 얼마나 생산적인지 등의 일반적인 규범 안에서 관리받지만, 스스로 관리하는 능력은 특정한 기준 없이 그 안에서 끊임없이 자기계발하는 주체를 요구하기 때문이다(서동진, 2009a: 246).

> 저는 보고서... 보고서 쓸 때 왜냐하면 이제 저는 과제를 만약에 내주시면 그날부터 과제를 하거든요. 당일부터 처음에 약간 시나리오를 처음에 다 해둬요. 이제 예를 들어 목차 해두고 이제 이 정도는 해줘야. 그리고 단톡방에 만약에 단체 과제면 "제가 이 정도 진행을 했으니 이 정도만 더 하면 된다." 이렇게 리스트를 무조건 보낸단 말이에요. 이거 하고 옆에 괄호 치고 동그라미 이렇게 하는데 생각을 해보니까 그렇게 행동을 계속하고 있는것도. 저는 며칠 전에도 보고서 쓸 때 누구는 누구는 이 파트 나는 이 파트 한 부분 동그라미 치고 페이지랑 해서 여기까지 보내주세요. 이러거든요.
>
> (연구참여자 [라] / 1차 인터뷰 구술 녹취록)

이러한 분위기 속에서 J와 P를 구분하고 평가하는 관행은 '시간 관리'를 통한 자기계발 담론과 결합된다. 연구참여자 [라]는 자신의 J 유형을 입증하는 행동으로 보고서를 쓰거나 대학 과제를 수행하는 예를 들었다. 이는 '계획을 잘 관리하는' J 유형과 관련된 기존 담론이 능력주의 담

24 여기서 능력주의가 강조하는 능력은 역량 담론의 '역량'과 관련된다. 개인에게 요구되는 능력은 주어진 예측 불가한 상황을 성공적으로 수행해나갈 다양한 능력을 포함한다. 이러한 능력은 지식, 기술과 같은 표층적 차원을 넘어 개인적 동기, 특질, 자아개념과 같은 심층적 차원을 포괄하는 총체적인 능력을 의미한다(김민정, 2019: 200).

론과 결합하여 '시간을 잘 관리하는' J 유형이라는 담론과 의미관계로 새롭게 변형·재생산되는 단면을 보여준다.[25] 다양한 시간 관리 어플을 활용해 계획을 수립하고 수행하는 능력이 세분화되고 시간 관리에 대한 촘촘한 자기통제를 수행하는 청년들의 모습은, 정보사회에 접어들면서 더욱 엄격해진 시간 관리의 압력을 반영한다.

다른 한편 이러한 삶의 태도는 청년들에게 '생존주의'가 발현되는 과정이기도 하다. 생존주의란 다양한 경제적 위기를 경험하며 불안정한 위치를 가지는 청년세대를 포착하기 위한 개념으로 삶에서 가장 중요한 모토가 '생존'이 되어버린 행위자들의 집합적인 '마음' 구성체를 말한다(김홍중, 2015: 180-181). 잠재적인 노동주체인 청년들은 취업 시장 안에서 자신들의 일정한 '결과'를 내보임으로써 자신의 가치를 증명해내야 한다. 이와 같은 자기의 가치 증명이 순조롭지 않을 때 사회적으로 도태되는 것과 다름없기에, 자기 증명은 일회적인 생존에 그치지 않고 연장된 상황 속에서 생존을 위한 지속적인 자기 증명으로 청년들을 이끌어간다(김홍중, 2015: 192-198).

이와 같은 자기 증명의 요구는 '좋은 MBTI'라는 하위담론과 결합하여 청년들이 취업과정에서 MBTI를 자기소개서에 활용할 때, 다시 재구성되기도 한다. 예컨대 김학성(2022)은 "내 MBTI로 자소서 쓰는 법"에서 자신의 MBTI 성격유형을 통해 자신의 강점을 드러내는 자기소개서 작성법을 대중매체에 공유하기도 했다.[26] 일부 연구참여자들은 "자기소개서를 쓸 때 MBTI에 녹여서 쓰는" 방식이 자신을 온전히 잘 담아내지 못

25 서동진이 지적한 바 있듯, 시간 테크닉을 어떻게 활용할 것인가의 문제는 기업가적 자아로의 주체화를 위한 자기 테크놀로지의 중요한 장르다(서동진, 2009a: 343-344).

26 김학성. 2022. "내 MBTI로 자소서 쓰는 법: 다른 MBTI도 몇 개 섞으면 자소서 항목 하나 뚝딱". 『대학내일』. https://univ20.com/110432. 2022.1.19.

한다는 것을 '간파'하면서도, 기업이 요구하는 역량과 강점을 드러내기 위해 MBTI의 문법 안에 자신의 언어 또한 '제약'될 수밖에 없음을 경험한다. 아울러 연구참여자들이 자신의 MBTI를 활용해 자기소개서를 작성하는 방식에는 "책임감"이라는 어휘가 자주 등장하는 특징을 보인다. 이는 서동진이 말한 "자기의 문제설정"이 작동하고 있음을 드러내는 단면이라고 할 수 있다. "자기의 문제설정"이란 자기계발하는 주체가 사회와 자신의 관계를 인식함에도, 사회와 자신과의 관계를 본인 내부의 '문제'로 각인하는 것을 말한다(서동진, 2009a: 291). 경쟁의 압력 속에 놓인 개인화된 주체는 사회 혹은 사회와 자신과의 관계가 아닌, 자기 안에서 문제를 찾고 이러한 사유 방식을 스스로 내면화하게 되는 것이다. 이러한 "자기의 문제설정"은 자기계발 담론을 구성하는 하위담론으로서 말 그대로 "책임"이라는 문제를 오롯이 자신의 문제로 개별화하는 과정에 다름 아니다.

4) MBTI하는 청년들: MBTI 인간형의 탄생

이러한 패턴은 가장 사회적인 영역이라 할 수 있는 친밀한 관계에도 침투해 들어온다. 연애관계에서 파트너의 행위 패턴을 이해하는 기술로 MBTI를 이용하기도 하고, 서로의 다름을 조절하며 "닮음의 게이지"를 높이는 '소통의 에토스(communicative ethos)'로 MBTI가 활용되고 있는 것이다. 이 과정 속에서 청년들은 인격적으로도 특정 MBTI가 제시하는 덕목들을 자연스럽게 내면화하고 그에 입각해 타인과 자신의 성격을 판단하고 행위를 조절해가는 'MBTI 인간형'으로 재탄생하고 있다.

> '도대체 왜 저래'에서 좀 바뀐 것 같아요. 설명이 안 되다가 설명이 되는 뭔가가 생긴 거니까 그거는 좀 많이 도움이 되는 것 같아요.
>
> (연구참여자 [나] / 2차 인터뷰 구술 녹취록)

연구참여자 [나]가 진술한 것처럼 MBTI 문화는 단순히 놀잇거리가 아니라 자기/타인을 이해하고 판단하는 도구, 이른바 판단의 '필터' 역할을 하고 있다. 그리고 이러한 필터는 MBTI를 둘러싼 하위담론과 의미작용의 영향을 받아 만들어진다. 각각의 성격유형에 부과된 규범적이고 평가적인 하위담론에 기반해 청년들 고유의 MBTI 문화를 새롭게 형성하고 이를 적극적으로 주체화하는 경로가 자리한다는 것이다. 이같은 과정에는 MBTI의 담론질서 안에서 MBTI 성격유형을 준거로 자기/타인과의 관계를 (재)인지하고 판단하고 조성하는 역동적인 통치의 과정이 스며들어 있다.[27]

> 저는 그 J/P에서 제가 그 결과를 보고 제가 자꾸 따라가려고 하는 거 있거든요. 그러니까 J랑 P 비율도 엄청 엄청 제가 차이가 나지 않는데, 그래도 J거든요. 근데 이제 친구들이 '얘 J 아니다'. '얘 행동하는 거 보면 J 아니다'. 이렇게 말할 때 자꾸 제가 부정하고 있고 아니라고 내가 그렇지 않다고 이러고. 또 제가 계획 쓰는 거나 이제 어떤 날은 안 쓸 수도 있는 거잖아요. 어떤 날은 이제 그냥 이런 날도 있고 저런 날도 있는 거라고 받아들

27 푸코는 '통치'라는 용어를 '품행의 인도'라는 의미로 정의했다. 즉, 통치는 사람들 일부나 전체의 품행을 형성·지도하거나 그에 영향을 끼치려고 하는 활동의 형태이다. 푸코에 따르면, 활동으로서의 통치는 자기와 자기의 관계, 특정 형태의 통제나 지도와 관련된 사적 개인들 간의 관계, 사회제도와 공동체 내부에서의 관계, 그리고 마지막으로 정치적 주권의 행사와 연관된 관계 등과 모두 관련된다(Foucault et al., 2014: 15-16).

> 이면 되는데 자꾸 강박이나 생겨 가지고 '뭘 해야 된다'. 이렇게 따라가는 것 같기도 해요.
>
> (연구참여자 [나] / 2차 인터뷰 구술 녹취록)

위 진술을 통해 연구참여자 [나]가 MBTI 담론을 내면화하는 과정과 함께 자신을 그 담론질서 안에서 통제하는 면모들이 드러난다. [나]는 자신의 성격유형이 P/J의 비율에서 큰 차이가 나지 않음에도 J 유형으로 자신을 틀짓고 일상생활에서의 자신의 행동을 스스로 J 유형에 맞게끔 '통제'하고 있는 것이다.

> 저는 좀 많이 갇히게 된 건 사실이더라고요. … 알게 모르게 저는 MBTI라는 감옥이 있는 게 저 직업까지 통제를 하고 있는 것 같아요.
>
> (연구참여자 [다] / 1차 인터뷰 구술 녹취록)

연구참여자 [다]는 MBTI와 자신의 진로를 관련지어 설명하면서 MBTI를 자신의 직업까지 통제하는 'MBTI라는 감옥'으로 표현하기도 했다. MBTI 담론을 수용하면서 스스로 그러한 담론 안에 자기 자신을 가두고 진로를 제한하는 모습을 말하는 것이다. 이러한 자기통제 효과에서 볼 수 있듯 MBTI 담론은 강제성과 구속성을 지닌 사회적 사실이며, 이 과정에서 청년들은 이러한 담론을 적극적으로 내면화한다. 동시에 자기통제의 테크놀로지로서 MBTI는 자신을 부정적으로 해석하도록 만든다. 이는 은연중에 MBTI 담론이 자기검열적인 행위로 이어지기 때문이다. 가령 F 유형과 관련하여 그 유형이 실질적으로 사회가 필요로 하는 성격유형이라는 하위담론은 그러한 평가 기준을 현재 충족시키지 못한 자신의 성격유형을 유보적이고 미완의 것으로 이해하도록 만든다.

이처럼 자기검열적이고 반성적인 태도를 고수하는 것은 자기계발의 전형적인 어법과 다르지 않다. 문제가 자기 자신의 내면에 설정되면서, MBTI 담론이 내포한 특정 성격유형의 우월성에서 문제의 근원을 찾기보다는 역설적으로 자신의 MBTI로부터 문제를 찾아내게 된다. 그리고 이를 계발해야 할 무언가로 설정하고 자기계발의 노력을 경주하는 테크놀로지로 MBTI가 적극적으로 활용되고 있다.

결과적으로 MBTI라는 심리 테크놀로지와 이를 중심으로 생성되는 담론의 장은 신자유주의적 통치를 지탱하는 여러 이데올로기들을 자신의 내부로 능동적으로 끌어들이고, 이를 스스로 내면화한 MBTI형 인간형을 새롭게 탄생시키고 있다. 이 내용을 정리하면 첫째, SNS와 청년들의 담화를 통해 수용/생성/재생산된 MBTI 담론은 특정한 MBTI 성격유형이 더 좋다는 고정관념을 형성하고 담론의 내부에서 능력주의, 스펙, 생존주의와 같은 이데올로기적 담론과 결합되면서 특유의 자기계발 실천들로 이어지고 있다.

둘째, 취업 시장에서 요구하는 청년들의 바람직한 모습, 즉 특정한 인간관이나 인재상을 스스로 내면화하는 과정에서 MBTI 담론이 활용되고 있다. 이러한 양상은 구직을 위한 프레젠테이션 담론을 통해 명확히 드러난다. 또한 MBTI라는 자기 설명의 도구가 취업 시장이라는 특별한 사회구조와 조응하면서 '자기의 문제설정' 등과 같은 다양한 외적 담론들이 결합하는 양상들을 보여준다. 청년들은 이 속에서 단지 사회적으로 구성된 담론의 영향을 받기만 하는 것이 아니라 자기검열적이고 반성적인 태도를 통해 능동적으로 스스로를 통제하고 자신을 문제화한다. 이는 MBTI라는 심리 테크놀로지가 자기계발 담론을 강화하고 있을 뿐 아니라, 청년들이 MBTI 담론에 의존하여 신자유주의 시대에 적합한 인간형으로 스스로를 기율하는 'MBTI형 인간형'이 되어가고 있음을 보여준다.

셋째, MBTI 담론이 타인과 자신의 차이를 구별해내는 '구별 짓기'의 도구로 활용되면서 낙인찍기의 방식으로 타인과 자신의 관계를 (재)설정하는 측면을 보여준다. 신자유주의적 통치 아래 파편화된 개인들이 모든 것을 경쟁적인 수단으로 변질시킬 때, 타인과 자신의 관계는 경제적 격차나 삶을 관리하는 능력 등을 기준으로 규정되고 설정된다. 이러한 관계설정 방식을 촉진하는 강력한 담론 중 하나가 바로 MBTI가 유형화한 인간에 대한 설명 방식이다.

마지막으로, 이 점에서 MBTI는 대인관계 형성을 위한 도구만이 아니라 자기/타자관계를 통제하는 언어(준거)로 기능하고 있다. 이를 통해 사회 및 구체적인 타인과의 관계 속에서 형성되는 관계적 인간이 아닌 MBTI의 유형학 안에서 행위하고, 관계를 설정하며, '나' 스스로를 기율하는 인간형이 만들어지는 것이다. 이때 MBTI는 과거 자신의 행동을 반성적으로 고찰하고 현재 자신이 어떤 상황에 있는지, 나의 행동이 스스로 정당화될 수 있는지를 심문하는 언어(틀)로 활용된다. 심지어 MBTI는 미래에 자신이 어떤 진로나 꿈을 가지고 있는지를 해석하고 판정하는 언어(기제)로 활용되고 있었다.

정리하자면 이 모든 과정에서 청년들을 동일한 인구집단으로 '동질화'하는 동시에, 협력보다는 자기계발에 매진해 경쟁력을 키우는 데 몰두하는 '파편화'된 주체들을 생산하는 MBTI의 문화정치가 작동하는 국면을 확인할 수 있다. 그런 점에서 자기계발 담론은 특정한 정치적 목표와의 관련 속에서만 존재한다. 푸코가 상기시킨 바 있듯 주체가 스스로의 실천으로 자신을 적극적으로 구성하는 방식에 대해 관심을 갖고 있다 해도, 개인이 스스로 이런 실천을 만들어내는 것은 아니다. 그것은 그가 속한 문화 속에서 발견한 양식이며, 그의 문화, 그의 사회, 그가 속한 사회적 집단들이 그에게 제의하고 부과한 양식들이기 때문이다(Foucault, 1994: 113). 경제적 행위 장에서 일하는 주체를 주체화하는 방식이든, 정치적 공동체에서 안전, 교육, 보건 등의 다양한 문제와 관련해 시민을 주체화하는 방식이든, 그것은 언제나 그 행위의 장에 속한 개인을 주체화한다(서동진, 2009a: 281-282).[28] 그러나 이런 주체화의 방식은 서로 분리된 자율적인 대상을 향하며 또 서로 독립적인 목표를 설정하는 데 핵심적인 특징이 있다.

5. 맺음말

이제까지 살펴보았듯 한국사회의 MBTI 열풍은 단지 MBTI 성격유형 검사 그 자체의 힘만으로, 단순히 로즈가 말한 통치성의 심리학화라는 기제만으로도 가능하지는 않았다. 오늘날 우리 시대를 지배하는 MBTI

28 그런 점에서 자본주의는 주체에 '대해' 지배하는 것이 아니라 주체를 '통해' 지배한다. 되풀이해 말하자면 자본주의는 이미 주어진 '자본주의 이전'의 날것의 생생한 주체를 지배하는 것이 아니다. 마르크스의 표현을 빌리자면 자본은 사회적 관계 자체를 생산해야 하며, 푸코의 표현을 빌리자면 근대 권력은 주체성 자체를 생산해야 한다(서동진, 2009a: 368).

유행의 원인을 MBTI가 가지는 효율성이나 실용성, 혹은 심리 테크놀로지의 측면에만 귀속시킨다면 피상적인 결론에 이를 수밖에 없다. 이 같은 설명은 MBTI에 대한 심리학적 설명이자 매우 환원주의적인 설명이 될 것이다. 이와 달리 이 연구는 MBTI의 유행을 하나의 담론적 사건이자 세대문화로 위치짓고, 그 안에서 작동하는 문화정치의 차원을 신자유주의적 통치성의 이론적 맥락과 비판적 담론분석의 방법론적 관점에서 보다 분석적으로 살펴보고자 하였다.

이 연구가 발견한 주요한 지점은 크게 세 가지다. 첫째, MBTI의 급격한 부상과 유행의 이면에는 코로나19로부터 시작된 경제위기와 청년들의 고용 불안, 그리고 이 안에서 작동하는 신자유주의적 통치 테크놀로지로서 자기계발 담론이 다양한 이데올로기와 결합하는 문화정치의 차원이 숨겨져 있다. 자기계발 담론과 능력주의, 효율성, 생존주의 등의 이데올로기적 담론들이 결합되는 가운데 MBTI는 자기계발 도구이자 품행을 인도하는 통치 테크놀로지로 작동하고 있었다. 그리고 이러한 담론들은 기업과 시장이라는 MBTI의 또 다른 주체들이 서로를 상호인용·보완하는 과정을 통해 SNS라는 형식의 새로운 담론장 안에서 상호텍스트성으로 발현되는 양상을 보였다. 이 점에서 MBTI의 유행이라는 담론적 사건은 'MBTI의 상품화'라는 시장의 힘과 '통치성의 심리학화'가 적극적으로 조응하여 발현된 현상이라고 할 수 있다.

둘째, 이 속에서 자기계발의 주체로 호명된 청년들은 다양한 일상적 경험과 실천을 통해 MBTI가 안내하는 성격유형을 실천하며 이와 관련된 담론들을 확대 재생산하고 있다. 청년들은 MBTI의 담론들을 다양한 매체를 통해 주고받으며, MBTI 검사가 제시하는 성격유형을 따라 자신/타자를 분석하면서 다양한 규범적 담론을 새롭게 생성하고 있었다.

더 '좋은 MBTI'라는 하위담론이 등장하면서 MBTI 성격유형별 행동 특성과 관련된 이데올로기적 담론들이 청년들에게 변형적으로 결합·수용되었고, 이에 청년들은 더 좋은 MBTI 성격유형으로 분류되기 위해 다시 자기를 계발하는 주체가 되고 있었다. 이에 따라 16가지 성격유형 속에서 자신과 상대방의 행동을 해석하고, 추정하며, 재단하기에 이르는 자기/타자에 대한 통제적 실천들이 드러났다. 이러한 청년들의 담화적 실천은 자기경영·자기의 문제설정과 같은 품행을 내면화함으로써 자기검열과 자기통제의 과정을 일상적으로 강화하는 것으로 나타났다.

셋째, 방법론적 차원에서 이 연구는 신자유주의적 통치성이 작동하는 한국사회에서 일상화된 자기계발 담론이 MBTI의 유행을 추동했을 것이라는 이론적 추상으로부터 출발하여 비판적 담론분석을 활용해 그 구체적 양상과 작동방식을 드러내 보였다. MBTI의 유행과 담론의 작동을 텍스트, 상호텍스트성, 이데올로기라는 세 차원에서 분석하고 설명함으로써 한국사회의 청년세대에게 MBTI라는 심리 테크놀로지가 자기계발 담론과 결합하여 신자유주의적 주체들을 (재)생산하는 도구로 활용되고 있는 문화정치의 차원을 수면 위로 드러내는 작업을 수행한 것이다. 이러한 작업은 오늘날 청년세대의 일상문화에 뿌리내린 지배관계, 즉 다양한 자기계발 담론을 매개로 작동하는 통치성에 대한 이데올로기적 비판과 성찰의 시도라는 점에서 의의가 있다. 이를 통해 이 연구는 신자유주의를 추상적 교리나 경제적 이데올로기로 환원하지 않으면서, 사회적인 것의 영역에서 신자유주의화가 어떻게 진행되는지 구체적 분석을 진전시켰다는 점에서 의의가 있다. 향후에는 푸코가 말한 파레시아(parrèsia),[29] 즉 진정한 자기 배려 행위로서 진실 말하기를 통한 "반(反) MBTI"적 실천들과 그것이 품고 있는 대안적인 문화정치의 함의에 대한 후속연구를 보다 두텁게 진전시킬 필요가 있다.

29 무엇이든 자유롭게 말하기(free speech) 혹은 솔직하게 말하기(frank speech)로 이해되는 파레시아(parrhèsia)는 말 그대로 '모두(pan) 말하기(rhèma)'를 의미한다. 그리고 현대적 의미에서 이러한 말하기는 '비판'이라는 의미를 획득한다(Foucault, 2017: 29, 92-98). 푸코에 따르면, '비판적 태도'는 "통치받지 않으려는 결연한 의지"에서 비롯되는 것이며, "통치 기술을 불신하고 거부하고 제한하며, … 그것으로부터 벗어나고자 하는" 방식으로서 생겨나는 것이다(Foucault, 2016: 17, 44). 이같은 태도는 우리의 일상에 스며들어 당연한 것으로 간주되는 사회적 사실들을 낯설게 보고 설명하려는 노력에서 시작될 수밖에 없다.

VIII. 경남에서 사회학하기

경상국립대학교 사회학과 교육과정 분석

_____공재훈

1. 사회학의 위기, 사회학의 쓸모

2024년 10월 24일, 대구대학교 사회학과는 구조조정의 일환으로 신입생 모집을 중지하며 폐과 수순을 밟았다. 2022년 교육부의 「일반대학 학과 통폐합 현황」에 따르면, 2018년부터 3년간 700개 이상의 학과가 폐과 또는 통폐합되었으며(『투데이신문』, 2022년 9월 23일), 이는 학령인구 감소와 취업난의 장기화로 인한 산업 중심의 고등교육정책이 기초학문을 존폐 위기에 놓이게 했음을 반영한다. 지난해 교육부가 「2024년 대학혁신지원 사업 및 국립대학육성사업 기본계획」[1]을 발표한 이후, 2025년에는 무전공 전형을 운영하는 대학이 총 15곳, 23개 단위로 증가하였다(『E동아』, 2025년 2월 6일). 이는 2024년의 6개 대학, 7개 단위에서 3배 이상 증가한 수치로 정부의 고등교육정책이 재성 시원을 통해 무전공 제도를 확산시키고 있음을 보여준다. 이러한 변화는 대학에서 기초학문과 학문생태계를 위협하며 대학 교육의 본질을 산업과 경제성 중심으로 변화시키고 있다. 특히 사회학과 같은 기초학문은 인간 사회를 이해하는 데 필수적이나, 자율전공선택제 등을 비롯하여 취업과 경제성을 중시하는 시대적 흐름 속에서 사회학을 전공하고자 하는 학생 수가 급감하면서 그 가치를 충분히 인정받지 못하고 있는 현실이다.

대학 교육은 '보편성'을 지닌 학문 공동체로서(정영인, 2021), 경제성이나 취업률에 의해 그 본질이 흔들려서는 안 된다. 하지만, 현재 대학 구조조정은 입학생 충원율과 대학 경쟁력에만 초점을 맞추고 있어 대학 교

1 정부는 '무전공 선발 확대(모집 인원의 25% 이상)', '적정 규모화(입학 정원의 90%로 감축)', '의대 증원'을 추진하는 대학에 대학혁신지원 사업비 등 정부 지원금과 성과평가 가산점을 지원할 계획임을 발표하였다. 경상국립대학교 사회학과는 그 기초학문적 성격을 고려하여 2024년 모수제외학과로 승인되어, 무전공제에 참여하지 않고 있다.

육의 본질을 위협하고 있다. 한국사회에서 흔히 언급되는 질문과 현상은 사회학적 관점으로 접근할 때 가장 입체적이고 유의미한 통찰을 제공할 수 있다.[2] 사회학적 통찰이 없으면 이러한 현상의 구조와 의미를 제대로 파악하기 어려워지며, 이는 결국 시민들의 민주 리터러시가 사라지는 문제이다(조효제, 2024). 이러한 맥락에서 사회학은 사회를 바라보는 식견을 넓히는 학문으로서 그 독자성을 유지하면서도 쓸모를 확장하는 방식으로 기초학문의 폐지를 막아야 할 필요성이 강조된다.

이 글은 경상국립대학교 사회학과 교육과정을 학생의 평가를 통해 비판적으로 고찰하여 학문적 독자성을 유지하면서도 발전시킬 수 있는 혁신 방안을 모색하는 것을 목적으로 한다. 이는 학과의 미래가 단순히 교수 행위자의 고민이 아닌 수용자와 교육 주체 모두가 함께 나누어야 할 공동 과제임을 인식하여 상호 평가를 통한 생성적 교육과정[3] 구축과 수용자적 관점을 존중하는 교육과정 전환에 기여하고자 한다. 이러한 문제의식에서 이 글은 사회학과 교육과정의 수용자인 경상국립대학교 사회학과 학부생들의 교육과정 경험과 사회학 인식을 조사·분석·기록하고, 학문 공동체로서의 교육의 질을 향상시키기 위한 근거 자료를 제시하고자 한다.

---

2 대구대학교 사회학과 폐과 사태는 단순히 한 기초학문 학과의 사라짐을 넘어, 대구·경북 지역 현상을 깊이 있게 연구하고 소통하며 지역의 소리를 담아내던 지적 자원 및 학문 공동체의 거점을 상실한 것을 의미한다. 다시 말해 '현장성' 없이 그 지역의 문제를 깊이 이해하는 것은 한계가 있기에, 사회학과의 폐과는 곧 대학 제도를 구성하는 하나의 학문분야가 사라진 것이 아니다. 이는 곧 지역사회 속 사회학의 역할과 쓰임을 잃어버린 것에 다름 아니다.

3 생성적 교육과정은 전문가에 의해 고안되거나 지식을 전달하는 데 중점을 두는 하향식 교육과정과 구분하여 필자가 고안한 개념으로, 교육의 주체로서 교수자-학습자가 서로의 경험과 성찰적 평가를 존중하며 함께 만들어가는 협력적 교육과정을 지칭하는 것이다. 이러한 생성적 교육과정은 대화적 관계를 바탕으로 학생과 교수자의 공동의 지식 생산으로 나아가는 원리가 된다.

2. 교육과정 사회학 및 분석 방법

국내 대학의 사회학과 교육과정에 관한 연구는 전무하다. 하지만 교육과정 편성에 관한 교육학 분야의 연구들은 교육과정의 개선 방향을 제시하는 데 중요한 통찰을 제공한다. 진현부(2006)의 「경상남도 소재 교육대학원 일반사회전공학과의 운영실태와 교육과정에 대한 학생들의 인식조사」는 교육대학원의 운영 실태와 문제점을 분석하여 교육과정 개선의 필요성을 강조한다. 이 연구는 설문지법과 여러 대학의 비교 분석을 통해 특정 학과의 교육과정 문제를 성찰하고 대안을 모색하고자 하는 이 글의 문제의식에도 유용한 분석 틀을 제공한다. 김대영·신원석·박인우(2014)의 「대학 교육과정 지원 방안 모색을 위한 대학 교육과정 편성·운영의 문제점 분석」은 대학 교육과정의 편성과 운영의 문제점을 파악하고 이를 개선하기 위한 방안을 제시한다. 또한, 김선영·윤승준·김인영·홍수진(2023)의 「한국 대학의 교양 기초 교육과정 구성과 운영 실태」는 한국 대학의 전반적인 교양 교육과정 구성을 분석하여 기초 교양 교육의 운영 실태를 파악하고 있다.

각각은 교육과정 자체를 성찰의 대상으로 삼은 선행연구로서 사회학 교육과정을 논하는 이 글에 유의미한 참조점을 제공한다.

1) 교육과정 사회학

현대 교육현장에서 교육과정은 단순히 교과목을 나열한 목록이 아니라 교육의 목적과 철학, 사회적 맥락, 그리고 학습자의 경험을 통합적으로 반영하는 핵심 개념으로 여겨지고 있다. 특히 대학의 전공 교육과정은 학문적 정체성의 형성과 직결되며 이는 학생의 학습 경험과 전문성, 그리고 학문 공동체의 지속 가능성과도 깊이 연결되어 있다. 이 절에서는 교육과정에 대한 개념과 정의를 살펴보고 이를 바탕으로 명시적 교육과정과 잠재적 교육과정이라는 이중 구조를 중심으로 교육과정의 의미를 이론적으로 고찰하고자 한다.

먼저 교육과정(curriculum)이라는 용어는 본래 라틴어의 'currere(달리다)'에서 유래한다. 이는 학습자가 정해진 교육목표를 향해 달려가는 '공부의 과정(course of study)'을 의미하는 것이다(김한나, 2024). 교육과정은 초기에 교수요목이나 수업 시간에 다루는 교과목 목록 등의 의미로 사용되었으며, 학교의 수업 시간에 가르치는 교과 내용만으로 좁게 정의되어 왔다. 그러나, 현대 교육학에서는 학습자가 학교 안팎에서 경험하는 계획된 학습 활동 전반을 포괄하는 개념으로 확대되었다. 이성호(1984)는 교육과정을 교육내용, 경험, 계획, 결과라는 네 가지 측면에서 정의하였으며 김대현·김석우(1996)는 교육내용, 학습경험, 의도된 학습성과, 문서에 담긴 교육계획이라는 구성요소로 구분하였다. 이처럼 교육과정은 무엇을 가르칠 것인가라는 교육의 본질적 질문을 중심에 두고 학교에서 제공되는 지식의 조직 방식과 학습자의 경험을 모두 포괄하는 개념으로 이해된다.

교육과정 사회학의 관점에서 볼 때, 교육과정은 전문가가 세심하게 고려하여 구성한 것이므로 교수자는 현장에서 실행만 하면 고정된 것이 아니다. 교육과정은 구성원이 함께 만들어가는 가르침과 배움의 방향이자 내용이며, 또한 가르치고 만들어 가는 경험의 총체이다(Apple,

2023: 378).[4] 이러한 관점에서 비판적 교육학자 파울로 프레이리(F. Freire)가 주창한 '문제제기식 교육'은 전통적인 주입식 교육을 넘어, 학생들이 주체적으로 사고하고 비판적으로 세상을 이해할 수 있도록 돕는 교육 철학이다.[5] 즉, 이러한 접근법은 교육과정이 일방적으로 설계되어 주입되는 것이 아니라 학생들이 교육의 주체로서 참여하고 상호작용하는 과정이어야 한다고 강조하는 것이다. 또한, 프레이리는 이론과 실천의 통합을 강조하며, 학생들이 배운 것을 실천을 통해 현실을 변혁하는 데 적용할 수 있도록 한다(이형빈, 2020: 206-208). 이로써 프레이리의 문제제기식 교육은 단순한 교수법의 영역을 넘어, 교육과정을 함께 만들어가는 주체로서 교수와 학생의 상호평가를 통한 상호관계성의 차원과 교육의 본질에 대한 전향적인 통찰을 열어준다.[6]

4 그렇기에 교육과정 설계, 즉 학생들이 생활한 교육환경을 구성하는 일은 기술적인 것이 아니라 정치적이고 도덕적인 과정이다(Apple, 2023: 213). 이 같은 교육과정 사회학(Sociology of Curriculum)의 관점은 교육과정이 보편적이고 객관적이라고 보는 기능주의 교육과정관을 넘어서는 비판적 교육과정 논의를 통칭한다. 교육과정 사회학의 대표적 학자로 바질 번스타인(B. Bernstein), 마이클 애플(M. W. Apple), 마이클 영(M. F. D. Young), 피에르 부르디외(P. Bourdieu) 등이 있다. 교육과정 사회학 또는 신교육사회학의 가장 큰 기여는 교육과정에 대한 기존 사회학자들의 무관심을 비판하고, 우리로 하여금 교육과정의 관리와 재구성 문제에 관심을 갖게 하였다는 사실이다(김민환, 1989: 32).

5 프레이리는 전통적인 지식관과 수동적인 인간관에 입각한 이 같은 주입식 교육을 - '문제제기식 교육'과 대비하여 - '은행저축식 교육'이라고 불렀다. 예컨대 프레이리는 이렇게 말한다. "내용에 대한 어떤 토론이나 개념화에서, 즉 교육 과정에 대한 비판적이고 민주적인 관점에서 내가 중요하게 생각하는 또 한 가지는, 우리가 교육의 내용을 어떤 신비로운 것으로 대하는 순진한 유혹에 사로잡히지 말아야 한다는 점이다. 흥미로운 사실은, 우리가 교육 내용을 신비로운 것으로 보면 볼수록 우리는 교육 내용을 중립적인 것으로 간주하거나 중립적인 방식으로 다루게 된다는 점이다. 교육 내용을 신비로운 것으로 이해하는 사람에게는 내용 자체가 권력을 가지고 있고 중요하다. 그러므로 오직 필요한 것은 그 권력이 원하는 변화를 위해 피교육자에게 내용을 '예탁'하는 것뿐이다. (…) 교육 내용이 자연스레 그런 위력을 갖고 있는 것으로 생각될 때, 교사들은 피교육자에게 내용을 전달하는 것 이외에는 아무런 할 일이 없다고 생각하게 된다. 사회, 정치, 경제, 문화적 실재에 관한 어떠한 토론 - 독단적인 방식이 아니라 비판적인 토론 - 도 불필요하며, 심지어는 전혀 부적합한 것으로 간주된다."(Freire, 2002: 174).

6 프레이리에 따르면, 가르치는 것은 피교육자가 교사의 이야기를 꿰뚫음으로써 배우고 있는 내용의 더 깊은 의미를 포착하는 것을 의미한다. 교사가 행하는 가르치는 행위와 학생 입장에서 배우고 있는 것을 아는 행위는 언제나 동시에 일어난다. 그러한 의미에서 교사와 학생의 호기심은 언제나 살아 움직이고 있으며, 가르치고-배우는 토대 위에서 교차한다(Freire, 2003: 126).

이는 우리가 나아가야 할 교육과정의 방향으로 여겨지며, 교육과정 설계에서 학생 참여와 평가의 중요성을 강조한다. 이제까지 살펴본 이론적 접근은 경상국립대학교 사회학과의 교육과정 혁신에도 기여할 수 있으며, 학생들이 교육의 주체로서 참여하고 수용자적 관점에서 교육과정을 비판적으로 고찰할 수 있는 토대를 제공한다.

2) 교육과정 분석틀: 명시적 교육과정과 잠재적 교육과정

교육과정은 각 교육과정이 지니고 있는 기본적인 성격에 따라 명시적 교육과정, 잠재적 교육과정, 실제적 교육과정, 교과 외 교육과정, 영교육과정 등 여러 유형으로 구분된다. 특히 이 연구에서는 명시적 교육과정(official curriculum)과 잠재적 교육과정(hidden curriculum)에 초점을 맞추고자 한다.

명시적 교육과정은 표면적으로 드러나는 교육과정으로 제도적 교육계획을 의미하는데, 이는 국가 또는 대학, 학과 단위에서 공식적으로 문서화한 교육 목표, 내용, 교수 방법 및 평가 기준 등을 포함하는 교과서, 강의계획서, 교육과정 편성표 등 문서 형태로 가시화된다. 즉, 학생들에게 어떤 지식과 기술을 전달할 것인가에 대한 명확한 지침이 되는 것으로 경상국립대학교 사회학과의 '전공 교육과정'과 '기초교양 교육과정' 그리고 '트랙 교육과정'등은 명시적 교육과정에 해당하는 것이다.

반면, 잠재적 교육과정은 공식적 교육과정의 영역 외에 이루어지는 교육과정을 통칭한다. 명시적으로 드러나지 않지만 교육 현장에서 학생들이 학교 생활 중 경험하게 되는 비공식적 학습 내용을 포함하며, 교수자의 태도와 학과의 분위기 그리고 비교과 프로그램과 학생회 자치 활동 등의 공동체 생활에서 이뤄지는 배움을 의미한다. 이러한 과정은 학생 개인의 가치관과 사회적 관계 형성은 물론 정체성이 발달하는 다양한 측면에서 영향을 미치는 것이다. 그렇기에 이형빈(2020)은 잠재적 교육과정을 통해 학생들은 교육의 주체로 성장하며, 제도적으로 설계되지 않은 학습을 통해 비판적 사고와 자율성을 기를 수 있다고 보았다.

이러한 명시적·잠재적 교육과정의 구분은 교육과정이 단순히 계획된 지식의 전달을 넘어 관계성의 시공간에서 이루어지며, 학습자의 총체적인 성장과 발달을 고려한 교육 실천의 장이어야 함을 시사한다. 특히 사회학과 같은 기초학문 분야에서는 학과 커리큘럼뿐만 아니라 학과 분위기, 비교과 활동, 학습 공동체의 구조 등 잠재적 교육과정 요소들이 학생의 사회학적 상상력과 문제의식 형성에 결정적인 영향을 미칠 수 있다.

이상의 예비적 논의를 바탕으로 이 연구는 경상국립대학교 사회학과 학생들의 교육과정 경험을 분석하기 위해 '1차 교육과정'과 '2차 교육과정'으로 구분하였으며, 교육과정의 설계·전달·학습 과정의 특징에 따라 '명시적 교육과정'과 '잠재적 교육과정'으로 분류하였다. 또한, 교육의 접근 방식과 학생의 역할 및 참여도에 기반하여 '문제제기식 교육과정'과 '협력적 교육과정'을 구분하였다. 그리고 분석의 체계화를 위해 '학과 전공 교육과정', '학과 필수 기초교양 과정', '트랙 교육과정'이라는 개념을 구분하였다.

'1차 교육과정'은 경상국립대학교 사회학과 홈페이지의 「교과과정안내」에 명시된 2017학번부터 2021학번까지, '2차 교육과정'은 2022학번부터 2024학번까지 학부생이 공유하는 교육과정으로 정의한다(경상국립대학교 사회학과 홈페이지, 2024). '명시적 교육과정'은 공식적으로 계획·설계된 교육과정으로, 교과로 편성되어 가시화된 교육과정 편성표 및 강의계획서를 의미하며 학습 목표, 내용, 교수 방법, 평가 방법 등을 포함한다. '잠재적 교육과정'은 명시적 교육과정 이외에 학교 환경에서 경험하는 모든 학습 활동을 포함한다. 이는 학생회 자치활동, 비교과 활동 등과 같은 비공식적 교육 경험을 통해 형성되며 학생들의 사회적, 정서적, 도덕적 발달에 중요한 역할을 하고 있다(이형빈, 2020: 128). '문제제기식 교육과정'은 학생들이 교육의 주체로서 능동적으로 참여하고, 자신의 경험에 기반해 비판적으로 사고하는 교육 철학을 의미하며, 교육과정에 대해 문제제기하고 개선할 수 있도록 참여하는 것을 강조한다(이형빈, 2020: 206-207).

'전공 교육과정'과 구분하여 '학과 필수 기초교양'은 학과에서 지정한 필수 이수 요건에 해당하는 기초교양 과목으로 <사회학개론>, <문학개론>, <서양문화사>, <민주시민교육의이해와실천> 과목이 포함된다. '트랙 교육과정'은 경상국립대학교 사회학과 자체로 특정 분야나 경로에 집중하여 심화 학습을 할 수 있도록 설계된 교육과정으로, 학생들이 학업 및 직업 목표에 맞춰 특정 전공 내에서 전문성을 개발할 수 있게 지원하는 체계적 교육과정을 의미한다.

3) 교육과정 비교 및 설문 기반 수용자 평가

이 연구는 경상국립대학교 사회학과 교육과정의 구조와 운영 실태를 파악하고, 교육과정 혁신 방안을 모색하기 위해 문헌 연구와 설문지법을 활용한 학생 평가를 수행하고 양자를 종합하는 방식으로 진행되었다. 문헌 연구[7]는 경상국립대학교 사회학과의 공식 홈페이지에 게시된 「교육과정 안내」, 「전공 강의계획서」, 「사회학과 자체개발계획」 등 교육과정 관련 문서를 중심으로 이루어졌다. 이를 통해 전공 필수 및 선택 과목의 구성, 이수 요건, 교양 과목과의 연계성, 트랙 운영 방식, 비교과 프로그램의 실효성 등을 종합적으로 검토하였다. 아울러 경남 지역 내 유사한 조건을 가진 국립부산대학교와 국립창원대학교 사회학과의 교육과정도 비교 분석하였다. 각 대학의 공식 홈페이지를 통해 수집한 「교육과정 안내」, 「전공 이수 체계도」, 졸업 요건, 트랙 운영 방식, 교양 및 전공 과목 간의 연계 구조 등을 분석함으로써 경상국립대학교 사회학과 교육과정의 상대적 위치와 특수성을 파악하였다. 이를 통해 각 대학이 설정한 교육 목표와 전공 교육의 지향점을 비교하고, 경상국립대학교 사회학과 교육과정의 강점과 한계를 규명하며 개선 방향을 도출하고자 하였다.

둘째, 나아가 경상국립대학교 사회학과 교육과정의 수용자인 학생을 대상으로 설문조사를 실시하였다. 분석 대상은 기존 교육과정을 경험한 두 집단, 즉 '1차 교육과정(2017~2021)'과 '2차 교육과정(2022~2024)'[8]으로 구분하였다. 설문은 학번에 따라 교육과정 경험의 차이를 반영하고자 확률표집의 일종인 층화표집[9]을 적용하여 설계하였다. 이는 각 집단

7 이러한 문헌연구는 기존에 존재하고 있는 자료를 통해 정보를 수집하는 방법이다(Babbie, 2021: 794).

8 해당 설문은 사회학과 교육과정을 경험한 졸업 예정자 및 학부 졸업생을 대상으로 했다. 자신의 경험을 바탕으로 학과 교육과정을 반추하는 과정으로, 1차 교육과정과 2차 교육과정의 경험을 공통의 토대 위에서 비교하기 위해 2차 교육과정의 경우 2022학번 학생들만을 연구 대상으로 선정한다.

9 층화표집은 모집단을 구성하고 있는 단위들을 표집 전에 동질성 있는 집단으로 집단화하는 것이며, 최소한의 층화변수 하에서 표본의 대표성을 향상시킨다. 이는 표집오차를 가능한 감소시킴으로써 보다 향상된 수준의 대표성을 획득하는 방법으로 활용된다(Babbie, 2013: 225).

내에서 무작위로 표본을 추출함으로써 대표성을 확보하고 교육과정에 대한 만족도, 장단점, 개선점 등을 학생들에게 직접적으로 수집하기 위한 설계이다.

<표 8-1> 설문 참여자 성별 구성

<table>
<tr><th colspan="2">구분</th><th>남성</th><th>여성</th><th colspan="2">총원</th></tr>
<tr><td rowspan="2">1차 교육과정
(2017 ~ 2021학번)</td><td>졸업</td><td>2명 (16.7%)</td><td>10명 (83.3%)</td><td>12명 (35.3%)</td><td rowspan="2">25명
(73.5%)</td></tr>
<tr><td>재학</td><td>11명 (84.6%)</td><td>2명 (15.4%)</td><td>13명 (38.2%)</td></tr>
<tr><td>2차 교육과정
(2022 ~ 2024학번)</td><td>재학</td><td>2명 (22.2%)</td><td>7명 (77.8%)</td><td colspan="2">9명 (26.5%)</td></tr>
<tr><td colspan="2">총계</td><td>15명 (44.1%)</td><td>19명 (55.9%)</td><td colspan="2">34명 (100%)</td></tr>
</table>

<표 8-1>이 나타내듯, 설문에는 경상국립대학교 사회학과 학부생 중 총 34명이 참여하였으며, 이 중 재학생은 22명(65%), 졸업생은 12명(35%)이었다. 성별은 남성 15명(44%), 여성 19명(56%)으로 구성되었다. 교육과정별로는 1차 교육과정 경험자가 총 25명으로 재학생 13명(38%), 졸업생 12명(35%), 2차 교육과정 경험자는 모두 재학생으로 9명이었다. 특히 1차 교육과정의 재학생 중 남성은 11명(85%), 여성은 2명(15%)이었으며, 졸업생은 남성 2명(17%), 여성 10명(83%)이었다. 2차 교육과정 재학생은 남성 2명(22%), 여성 7명(78%)이었고, 이 중 남성 2명은 편입생으로 전체 교육과정을 이수하지 않았기에 이들의 응답은 일부 문항에 한하여 제한적으로 분석하였다.

<표 8-2> 설문 문항 범주별 구성

문항 유형 (응답 형식 분류)		문항 내용 (응답 영역 분류)	
범주	문항 수 (45문항)	범주	문항 수 (45문항)
개인 정보 수집	5문항 (11.1%)	개인 정보 수집	6문항 (13.3%)
단순 응답 객관식	6문항 (13.3%)	사회학 인식	3문항 (6.7%)
선다형 객관식	7문항 (15.6%)	학과 주관 사업	8문항 (17.8%)
열린 질문형 주관식	16문항 (35.6%)	복수전공	5문항 (11.1%)
만족도 및 척도[10]	10문항 (22.2%)	교양 영역	5문항 (11.1%)
우선 순위	1문항 (2.2%)	전공 영역	5문항 (11.1%)
		수업 방식	7문항 (15.6%)
		잠재적 교육과정	4문항 (8.9%)
		종합 평가	2문항 (4.4%)

조사는 2025년 5월 5일부터 10일까지 온라인 설문 플랫폼인 네이버 폼을 통해 진행되었다. <표 8-2>이 보여주듯, 설문 문항은 총 45개로 개인정보 5문항, 단순 응답 객관식 6문항, 선다형 객관식 7문항, 열린 질문형 주관식 16문항, 만족도 및 척도 10문항, 우선순위 기재 1문항으로 구성되었다. 1차 교육과정 참여자는 기초교양 만족도 관련 문항 4개를 제외한 41개 문항에 응답하였고, 2차 교육과정 참여자는 모든 문항에 응답하였다. 특히 개방형 주관식 문항을 중심으로 학생들의 다양한 경험과 인식을 폭넓게 수집하였으며, 이를 바탕으로 교육과정에 대한 심층적 분석과 평가를 수행하였다. 본 연구는 표본 집단 내 응답자 수의 불균형과 성비 편차라는 한계를 지니고 있으나, '1차 교육과정(졸업생 12명)', '1차 교육과정(재학생 13명)', '2차 교육과정(재학생 9명)'이라는 비교 구도를 설정함으로써 각 집단이 경험한 교육과정의 특성과 인식을 유의미하게 분석할 수 있는 기반을 마련하였다.

10 1차 교육과정은 '기초 교양 만족도(서양문화사, 문학개론, 민주시민교육, 종합평가)' 영역의 4문항을 제외하고 응답하였다.

3. 경상국립대학교 사회학과 교육과정 개괄

1) 경상국립대학교 교육과정의 목표: 지역에 기반한 실천적 공공사회학

경상국립대학교 사회학과는 1977년 지역사회개발학과로 출발하여 1981년 사회학과로 개편되었다. '사회 격변을 헤쳐나가는 힘'을 핵심 문구로 삼고 있으며, 교육목표는 "글로벌 역량을 갖추고 지역사회에 천착하여 비판적 연구에 기반한 실천적 공공사회학자(public sociologist)를 양성하는 것"이다(경상국립대학교 사회학과, 2024).

또한, 사회학과는 사회과학의 기초학문으로서 순수학문과 응용·종합학문의 특성을 아우르며, 지역 기반의 사회문제 해결과 교육과정 개발을 지향하고 있다. 예컨대 트랙 교육과정 중 하나로 <지역 공공역사 전문가 양성과정>을 별도로 운영해왔으며, 비교과 프로그램으로는 매년 공공역사 답사 프로그램을 기획·운영함으로써 지역화된 교육과정을 모색해왔다. 이처럼 사회학과는 지역적 감수성과 인권 감수성을 갖춘 인재를 양성하는 데 중점을 두고 있으며(김명희, 2025), 이러한 정체성은 교육부의 경남 지역혁신플랫폼 사업에서 경상국립대학교가 지역문제 해결을 위한 인문사회 인재 양성의 중심 대학으로서 USG 공유대학 공동체혁신 융합전공을 주관한 학과로 교육과정 혁신에 기여하고 있다는 점에서도 확인할 수 있다(경상국립대학교 사회학과, 2025).

이하에서는 이러한 교육과정의 구조와 목표, 그리고 이를 뒷받침하는 발전계획의 주요 내용을 개괄적으로 살펴보고자 한다.

2) 경상국립대학교 교육과정의 기본 구조

경상국립대학교 사회학과 교육과정은 교양과정, 전공 필수 및 선택 과목, 일반선택 과목 등으로 구성된다. 단일 전공을 기준으로 졸업 요건은 총 130학점이며, 교양 37학점(핵심교양, 균형교양, 기초교양), 전공 필수 9학점, 전공 선택 57학점, 일반선택 27학점으로 구성되어 있다.

앞서 말했듯 교육과정을 1차 교육과정(2017~2021년 적용)과 2차 교육과정(2022~2024년 적용)으로 구분한다면, 1차 교육과정에서는 전공 필수 과목이 12학점(사회학사, 사회조사방법론, 사회조사실습, 사회학연구실습)으로 구성되어 있었으나, 2차 교육과정에서는 전공 필수 과목이 9학점(사회조사실습 제외)으로 축소되었다. 교양 영역에서도 1차 교육과정은 역량교양, 통합교양, 개척교양 등 세분화된 구조를 지녔으며, 2차 교육과정은 핵심교양(영어, 글쓰기, 디지털리터러시), 균형교양, 기초교양으로 조정되었다.

1차 교육과정과 2차 교육과정의 주요하게 변화된 점은 전공 영역에서 필수 이수 요건이 4과목에서 3과목으로 축소된 것과 기초교양의 필수 요건이 <사회학개론> 1개 과목 이수에서 <사회학개론>을 포함한 3개 과목 중 2과목을 필수로 이수하는 것으로 조정되었다. 또한, 학과 특별 사업으로 교과연계 특성화 사업인 트랙 교육과정을 운영 중에 있으며, 졸업 요건은 <사회학연구실습> 과목을 통하여 졸업 논문을 체계적으로 집필하고 실습하는 과정을 거쳐 제출하도록 하고 있다. 경상국립대학교 사회학과의 교육과정의 기본 구성을 표로 나타내면 <표 8-3>(졸업학점), <표 8-4>(전공), <표 8-5>(교양)와 같다.

<표 8-3> 경상국립대학교 사회학과의 졸업소요학점표

<table>
<tr><td rowspan="9">전공</td><td rowspan="2">구분</td><td colspan="3">1차 교육과정</td></tr>
<tr><td colspan="2">단일 전공</td><td>복수전공</td></tr>
<tr><td>선택</td><td colspan="2">54학점 (18과목)</td><td>27학점 (9과목)</td></tr>
<tr><td>부전공</td><td colspan="2">-</td><td>21학점 (7과목)</td></tr>
<tr><td rowspan="5">필수
(12)</td><td colspan="3">12학점 (4과목)</td></tr>
<tr><td colspan="2">1학년 1학기</td><td>사회학사</td></tr>
<tr><td rowspan="2">2학년</td><td>1학기</td><td>사회조사방법론</td></tr>
<tr><td>2학기</td><td>사회조사실습</td></tr>
<tr><td colspan="2">4학년 1학기</td><td>사회학연구실습</td></tr>
<tr><td rowspan="2">교양</td><td rowspan="2">역량
(10)</td><td colspan="2">필수
(3과목, 6학점)</td><td>선택
(2과목, 4학점)</td></tr>
<tr><td colspan="2">- 대학영어1
(글로벌영어)
- 대학영어2
(멀티미디어영어스피킹)
- 글쓰기기초
(문제해결글쓰기)</td><td>- 비판적사고
- 수리통계적사고
- GNU인성
- 글쓰기심화
- 발표와토론
- 컴퓨터사고와코딩
- 영어읽기와토론</td></tr>
<tr><td rowspan="5">교양</td><td rowspan="2">통합
(10)</td><td colspan="3">7개 영역 (5개 영역에서 1과목씩 10학점)</td></tr>
<tr><td colspan="3">- 문학과 문화
- 역사와 철학
- 인간과 사회
- 생명과 환경
- 과학과 기술
- 예술과 체육
- 융·복합 영역</td></tr>
<tr><td>개척
(6)</td><td colspan="3">- 영역 내, 자율 선택 2과목 (4학점)
- 꿈미래개척 2학점 (상담 4회)</td></tr>
<tr><td rowspan="2">기초
(3)</td><td colspan="2">4개 영역
(1개 과목, 3학점)</td><td>사회학과 필수
기초교양</td></tr>
<tr><td colspan="2">- 외국어 영역
- 인문사회 영역
- 자연 영역
- 선이수교과 영역</td><td>사회학개론만
이수</td></tr>
</table>

<table>
<tr><td rowspan="8">전공</td><td rowspan="2">구분</td><td colspan="3">2차 교육과정</td></tr>
<tr><td>단일 전공</td><td colspan="2">복수전공</td></tr>
<tr><td>선택</td><td>54학점 (18과목)</td><td colspan="2">27학점 (9과목)</td></tr>
<tr><td>부전공</td><td>-</td><td colspan="2">21학점 (7과목)</td></tr>
<tr><td rowspan="4">필수
(9)</td><td colspan="3">9학점 (3과목)</td></tr>
<tr><td>1학년 1학기</td><td colspan="2">사회학사</td></tr>
<tr><td>2학년 1학기</td><td colspan="2">사회조사방법론</td></tr>
<tr><td>4학년 1학기</td><td colspan="2">사회학연구실습</td></tr>
<tr><td rowspan="4">교양</td><td rowspan="4">핵심
(12)</td><td>구분</td><td>필수
(1과목, 2학점)</td><td>선택
(1과목, 2학점)</td></tr>
<tr><td>영어 (4)</td><td>미디어영어
읽기와쓰기</td><td>4과목 중 1개</td></tr>
<tr><td>글쓰기 (4)</td><td>보고서와
논문쓰기</td><td>3과목 중 1개</td></tr>
<tr><td>디지털 리터러시
(4)</td><td>비판적사고</td><td>10과목 중 1개</td></tr>
<tr><td rowspan="5">교양</td><td rowspan="2">균형
(16)</td><td colspan="3">8개 영역 (6개 영역 이상에서 16학점)</td></tr>
<tr><td colspan="3">- 문학과 문화
- 역사와 철학
- 인간과 사회
- 생명과 환경
- 과학과 기술
- 예술과 체육
- 융·복합 영역
- 진로와 개척</td></tr>
<tr><td rowspan="3">기초
(9)</td><td colspan="2">4개 영역
(3개 과목, 9학점)</td><td>사회학과 필수
기초교양</td></tr>
<tr><td colspan="2" rowspan="2">- 외국어 영역
- 인문사회 영역
- 자연 영역
- 선이수교과 영역</td><td>- 사회학개론 이수</td></tr>
<tr><td>- 문학개론
- 서양문화사
- 민주시민교육의이해
(3과목 중 2과목 필수)</td></tr>
</table>

자료: 경상국립대학교 사회학과 홈페이지(검색일: 2025. 5. 26)

(1) 전공 교육과정

<표 8-4>에 따르면, 경상국립대학교 사회학과의 전공 교육과정은 총 30개 과목으로 구성되어 있으며, 이 중 8개는 실습 중심의 과목이다. 전공 필수 과목의 이수 요건에서는 1차 교육과정과 2차 교육과정 간 차이가 존재한다. 1차 교육과정에서는 <사회조사실습> 과목이 전공 필수로 포함되어 있으나, 2차 교육과정에서는 해당 과목이 전공 필수에서 제외되었다. 단일 전공 이수자의 경우, 전공 필수 영역에서 각각 12학점(1차 교육과정)과 9학점(2차 교육과정)을 이수해야 하며, 전공 선택 영역에서는 공통적으로 54학점을 이수해야 한다. 이는 총 18과목에 해당하며, 전공 이수가 본격적으로 시작되는 2학년부터 4학년까지의 6개 학기 동안 평균적으로 매 학기 3과목씩 이수하면 되는 수준으로 학생들에게 과도한 부담을 주지 않는 구조로 설계되어 있다. 1차 교육과정의 복수전공 이수자의 경우, 전공 필수 영역은 12학점, 전공 선택 영역 27학점으로 사회학 전공을 39학점 이수하고, 부전공 21학점을 이수하면 된다. 2차 교육과정의 복수전공 이수자의 경우, 전공 필수 영역을 9학점, 전공 선택 영역을 27학점으로 총 36학점을 전공 교과목으로 이수하여 졸업 요건을 충족할 수 있고, 부전공 이수자는 1차 교육과정과 동일하게 21학점의 부전공 교과목을 이수하면 된다.

<표 8-4> 경상국립대학교 사회학과 전공 교육과정표

구분	1학년		2학년	
	전공 필수	전공 선택	전공 필수	전공 선택
1 학기			사회조사방법론	- 사회심리학 - 인권사회학 - 사회사상사 - 한국사회사
2 학기	사회학사	사회학의쟁점		- 사회조사실습 - 현대사회학이론 - 일과산업의사회학 - 사회변동론 - 가족과친밀성의사회학
구분	3학년		4학년	
	전공 필수	전공 선택	전공 필수	전공 선택
1 학기	(해당없음)	- 기억과사회 - 정치사회학 - 한국사회론 - 여성정책의이론과실제 - 도시사회학	사회학연구실습	- 사회학강독 - 지식과사회 - 지역사회와민주주의
2 학기		- 사회계층과불평등 - 사회운동론 - 교육사회학 - 문화사회학 - 보건의료사회학		- 이주사회학 - 미디어와사회 - 사회학특강 - 환경사회학

자료: 경상국립대학교 사회학과 홈페이지 참조(2025. 5.26 접속)

(2) 교양 교육과정

교양 교과목은 학생들이 문화, 예술, 인류, 과학에 대한 지식과 사고를 확장하도록 돕는 것을 목적으로 한다. 이는 평생 학습의 토대를 마련함과 동시에 다양한 학문적 배경과 흥미를 지닌 구성원들과의 소통을 가능하게 하는 장을 제공한다. 특히 여러 학문을 접함으로써 다양한 관점을 획득할 수 있다는 점에서 교양 교육과정은 사회학이라는 학문을 탐구하는 데 중요한 기반이 된다. 교양 교육과정은 핵심교양, 균형교양, 기초교양의 세 영역으로 구성된다.

<표 8-5> 교육과정별 교양 과목 이수요건표

1차 교육과정 (최소 이수 요건 : 27학점)	
- 필수 3과목 (6학점) - 선택 2과목 (4학점)	역량교양 (10학점)
- 7개 영역 중 5개 영역에서 1과목씩 10학점	통합교양 (10학점)
- 2과목 선택하여 4학점 이수	개척교양 (4학점)
- 사회학개론 1과목만 이수	기초교양 (3학점)

⇨

2차 교육과정 (최소 이수 요건 : 37학점)	
핵심교양 (12학점)	- 필수 3과목 (6학점) - 선택 3과목 (6학점)
균형교양 (16학점)	- 8개 영역 중 6개 영역 이상에서 1과목씩 16학점 (같은 영역 내 중복이수)
기초교양 (9학점)	(필수 1과목 이수) - 사회학개론
	(선택 2과목 이수) - 문학개론 - 서양문화사 - 민주시민교육의이해와실천

1차 교육과정에서는 현행 핵심교양이 '역량교양', 균형교양이 '통합교양'과 '개척교양'을 포함하는 방식으로 운영되었으며, 기초교양은 각 전공의 기반이 되는 '학개론'과 입문 과목으로 구성된다. 1차 교육과정과 2차 교육과정에서 구분 명칭 및 이수 요건에 변화가 있었다. 2차 교육과정에서는 교양 이수 학점이 기존 27학점(13과목)에서 37학점(15과목)으로 증가하였다. 또한, 역량교양은 '핵심교양'으로 명칭이 변경되었고, '통합교양'과 '개척교양'은 '균형교양'으로 통합되었다. 기초교양의 경우, 기존의 1차 교육과정에서는 <사회학개론> 1과목만 이수하면 되었으나, 개정된 2차 교육과정에서는 <문학개론>, <서양문화사>, <민주시민교육의이해와실천> 총 3과목, 9학점을 이수해야 한다(경상국립대학교 사회학과, 2025). 이는 사회학 전공의 배경지식과 학문적 기초를 보다 충실히 다지기 위한 취지로 개정된 것으로 이에 대한 학생들의 평가는 다음 장에서 살펴볼 것이다.

(3) 트랙 교육과정

2020년부터 경상국립대학교 사회학과는 전공 교육과정과 교양 교육과정 외에도 학과 차원에서 트랙 개념으로 설계된 특별 사업을 운영하여 전공 관련 학업 성취 동기와 학생의 진로 역량을 강화하고 있다. 트랙 교육과정은 진로 및 전문 역량 강화를 위해 운영되는 교과 연계형 특성화 교육과정이다. 각 트랙은 특정 분야의 전문성을 갖춘 인재를 양성하기 위해 구성되었으며, 트랙 교육과정 이수자는 학과에서 발급하는 관련 수료증을 받을 수 있다. 그리고 자격증 취득 지원도 함께 제공되고 있다.

트랙 교육과정은 다음과 같이 총 5가지로 구성되어 있다. <지역사회조사전문가>, <지역 공공역사 전문가>, <인권정책 전문가>, <언론/저널리즘 전문가>, <정책분석평가 전문가>로 구성되어 있고, 각 트랙에 제시된 교과목 가운데 필수 전공 2과목과 선택 3과목을 이수하면 된다. 여러 분야에 대한 중복 수료가 가능하며, 이러한 트랙 교육과정의 운영은 진로 탐색과 역량 개발의 기회를 제공할 수 있다. 이는 경상국립대학교 사회학과 교육 목표인 실천적 공공사회학자 양성이라는 교육 목표와도 긴밀하게 연관된다고 볼 수 있다.

<표 8-6> 경상국립대학교 사회학과 트랙교육과정표

지역사회조사 전문가 트랙	지역 공공역사 전문가 트랙	인권정책 전문가 트랙	언론/저널리즘 전문가 트랙	정책분석평가 전문가 트랙
(필수 2과목) - 사회조사방법론 - 사회조사실습 (선택 3과목) - 이주사회학 - 지역사회와 민주주의 - 보건의료사회학 - 도시사회학 - 여성정책의 이론과실제 - 한국사회론 - 사회심리학	(필수 2과목) - 한국사회사 - 사회심리학 (선택 3과목) - 미디어와사회 - 지역사회와 민주주의 - 보건의료사회학 - 문화사회학 - 한국사회론 - 기억과사회 - 인권사회학 - 여성과사회	(필수 2과목) - 인권사회학 - 사회심리학 (선택 3과목) - 이주사회학 - 교육사회학 - 사회운동론 - 사회계층과 불평등 - 도시사회학 - 여성정책의 이론과실제 - 한국사회사 - 여성과사회	(필수 2과목) - 미디어와사회 - 지식과사회 (선택 3과목) - 이주사회학 - 문화사회학 - 한국사회론 - 정치사회학 - 한국사회사 - 사회심리학 - 사회학의쟁점	(필수 2과목) - 지역사회와민주주의 - 이주사회학 (선택 3과목) - 사회계층과불평등 - 도시사회학 - 여성정책의이론과실제 - 가족과친밀성의사회학 - 일과산업의사회학 - 사회조사실습 - 인권사회학

자료: 경상국립대학교 사회학과 홈페이지 참조(2025. 5.26 접속)

(4) 잠재적 교육과정

앞서 살펴본 세 가지 교육과정은 학과에서 지정한 과목을 이수하도록 하거나, 공식적으로 명시된 교육목표에 부합하도록 구성된 교육과정표에 해당한다. 이들은 학습 목표, 교육 내용, 교수 방법, 평가 방식 등을 명확히 포함하고 있는 명시적 교육과정으로 분류할 수 있다. 그러나 교육은 문서화된 명시적 교육과정 외에도, 수업 분위기와 교실 밖에서 이루어지는 다양한 학습 경험을 통해 확장된다. 경상국립대학교 사회학과에서는 학과 단위의 학생자치활동(학생회)이 활발히 운영되고 있으며, 이를 통해 다양한 친목 프로그램뿐만 아니라 학생회를 중심으로 토론대회, 공공역사 답사, 졸업생 초청 강연과 같은 학문적 소양과 실천적 역량을 함양하기 위한 비교과 프로그램이 기획되고 있다.

<표 8-7> 경상국립대학교 사회학과 학생자치활동 계획표(2024)

2·3월	4월	5월	6월
- 신입생 오리엔테이션 - 전기 학위수여식 - 상반기 개강총회 - 예비대(새내기 배움터) - 선·후배 대면식	- 벚꽃 피크닉 물품 대여 사업 - 선·후배 교류사업	- 단과대학 체육대회 - 스승의날(롤링페이퍼) - 제1회 사회학과 토론대회 - 상반기 재정 운영 감사	- 상반기 종강총회 - 대학 진학박람회
9월	**10월**	**11월**	**12월**
- 하반기 개강총회 - 사회학과 가을MT - 단과대학 풋살 리그전	- JOB-DAY (졸업생 초청 강연)	- 지역 공공역사 답사 - 사회학도의날 - 단과대학 포차 행사	- 하반기 재정 운영 감사 - 차기 학생회 인수인계

이러한 자율적 활동은 학생들 간의 소속감과 유대감을 강화하며, 이는 다시 수업 분위기에 긍정적 영향을 미친다. 이러한 분위기 속에서는 학생들이 서로 자유롭게 의견을 나누고, 수업에 적극적으로 참여할 수 있는 열린 소통의 장이 형성된다.

이처럼 구성원 간의 상호작용과 자발적 참여가 이루어지는 교육 환경은 프레이리가 강조했던 문제제기식 교육과 상호 대화(communication)의 교육 원리[11]가 실현될 수 있는 기반이 된다. 누구나 자신의 의견을 자유롭게 표현할 수 있는 공간은 학습자가 수업 내용을 수동적으로 수용하는 데 그치지 않고, 스스로 배움을 재구성하며 교육과정에 대한 비판적 문제의식을 갖게 하는 데 기여한다. 이는 교수자와 학습자가 함께 교육과정을 성찰하고 평가함으로써 보다 창의적이고 참여적인 교육과정의 재구성을 가능하게 한다. 나아가 하달식/수동적 교육과정이 아닌 교수

11 프레이리에 따르면 교육 주체들간의 대화적 관계는 앎의 행위에서 기본 조건이 된다. 교사와 학생 간, 학생과 학생 간 대화는 대화의 주체, 즉 대화의 당사자가 자신의 정체성을 유지할 뿐 아니라, 정체성을 적극적으로 방어하고, 따라서, 함께 성장하는 경우에만 의미를 갖는다. 대화는 대화에 참여하고 있는 주체의 입장에서 볼 때, 진지하고 근본적인 존중을 의미한다. 이 때 지식은 인식 주체와 인식 대상 사이에서만 이루어지는 것이 아니라 또 다른 주체하고도 '연결되어' 기본적으로 주체-대상-주체의 관계가 된다. 민주적인 관계로서 대화는 내 생각을 다른 사람에게 털어놓을 수 있는 기회이기 때문에, 내 생각이 고립되어 시들지 않게 해준다(Freire, 2003: 183-185).

자와 학습자의 상호작용을 통해 함께 만들어가는 '생성적 교육과정'을 만들어가는 첫걸음이자 중요한 실천적 기반이 된다.

4. 경상국립대학교 사회학과 교육과정에 대한 학생 평가

이와 같은 분석틀에 입각해 조사한 내용을 바탕으로 경상국립대학교 사회학과 교육과정이 지닌 구조적 특징과 학생 경험 사이의 연계성을 중점적으로 살펴본다. 우선 조사를 위해 설계된 설문 문항의 주요 내용을 표로 요약하면 다음과 같다.

<표 8-8> 설문 세부 문항표

<table>
<tr><td>개인 정보 수집
(6문항, 13.3%)</td><td>- 성별
- 학부 재학 및 졸업 여부
- 이수 학기
- 해당 교육과정 선택
- 졸업 후 희망하는 취업 분야
- 학번</td></tr>
<tr><td>사회학 인식
(3문항, 6.7%)</td><td>- 사회학과 선택의 주된 이유
- 사회학과 전공 선택 시 가장 기대했던 점
- 사회학의 학문적 정체성과 현대 사회가 요청하는 사회학의 역할</td></tr>
<tr><td>학과 주관 사업
(8문항, 17.8%)</td><td>- 학과 주관 특별 사업의 학생들의 인식 정도 평가
- 학과 주관 특별 사업의 참여 여부 및 의사
- 학과 주관 특별 사업의 참여하지 않은 이유
- 자격증 취득 대비 스터디 모임을 통해 취득하고자 한 자격증의 형태
- 자격증 취득 대비 스터디 모임을 통한 자격증을 취득 경험
- 자격증 취득 대비 스터디 모임에 대한 경험적 평가
- 트랙 과정의 선택 분야
- 트랙 과정의 경험에 대한 종합적 평가</td></tr>
<tr><td>복수전공
(5문항, 11.1%)</td><td>- 복수전공 이수 여부
- 복수전공 선택 이유
- 복수전공 선택 학과
- 복수전공을 이수하면서 느낀 경험
- USG공유대학 공동체혁신 융합전공의 긍정적 효과와 비판점의 종합적 평가</td></tr>
<tr><td>교양 영역
(5문항, 11.1%)</td><td>- [1차 교육과정] 기초교양 교육과정 편성에 대한 종합 평가
- [2차 교육과정] 기초교양 교육과정 편성에 대한 만족도 평가
- [2차 교육과정] 서양문화사 - 만족도 평가
- [2차 교육과정] 문학개론 - 만족도 평가
- [2차 교육과정] 민주시민교육의이해와실천 - 만족도 평가</td></tr>
<tr><td>전공 영역
(5문항, 11.1%)</td><td>- 사회학 전공 필수 교과과정 편성에 대한 평가
- 자신의 성장에 많은 도움이 되었던 전공 과목과 이유
- 사회학 전공에 적합한 평가 방식을 우선순위대로 나열
- 사회학 전공에 적합한 졸업 요건
- 사회학 전공에 적합한 졸업 요건의 응답 이유</td></tr>
<tr><td>수업 방식
(7문항, 15.6%)</td><td>- 선호하는 강의 방식
- 특정한 강의 방식의 선호 이유
- 강의 전달식 수업 - 만족도 평가
- 토론식 수업 - 만족도 평가
- 세미나식 수업 - 만족도 평가
- 플립 러닝 수업 - 만족도 평가
- 실습형 수업 - 만족도 평가</td></tr>
<tr><td>잠재적 교육과정
(4문항, 8.9%)</td><td>- 학생회 프로그램, 소모임 활동 참여 등의 비교과 영역에 대한 참여 빈도
- 잠재적 교육과정이 사회학 학업 및 개인 발달에 미친 영향
- 잠재적 교육과정에서 학생회 자치활동에서 개선점
- 잠재적 교육과정에 해당하는 비교과 영역의 참여하지 않는 이유</td></tr>
<tr><td>종합 평가
(2문항, 4.4%)</td><td>- 경상국립대학교 사회학과의 발전을 위한 개선점
- 경상국립대학교 사회학과의 교육과정 설계에 대한 종합적 평가</td></tr>
</table>

1) 사회학 인식

(1) 사회학 전공의 선택 동기

<표 8-9> 사회학 전공의 선택 동기 분포

응답	전체 (34명)	1차 교육과정 (25명)	2차 교육과정 (9명)
인간 행동과 사회 구조 등의 사회 문제에 대한 관심이 많아서	18명 (52.9%)	14명 (56%)	4명 (44.4%)
입시 성적에 따라 진학 가능한 학과 중 선택	12명 (35.3%)	10명 (40%)	2명 (22.2%)
사회학의 다양한 직업 기회의 제공	3명 (8.8%)		3명 (33.3%)
다른 학문과의 융합 가능성	1명 (2.9%)	1명 (4%)	

먼저 사회학 전공의 선택 동기와 관련된 문항은 학생들이 대학 진학 과정에서 사회학과를 실제 선택하게 된 주된 이유를 묻고 있다. 분석 결과 대다수의 응답자는 사회 문제에 대한 관심 등 내재적 동기와 입시 성적에 따른 진학 등 외재적 요인을 이유로 들었다. 구체적으로 "인간 행동과 사회 구조 등의 사회 문제에 대한 관심이 많아서(53%)"의 응답처럼 학과 선택에 있어 전공지식과 교육 내용 등에 대한 적극적인 흥미를 보인 경우를 살펴볼 수 있으며, "입시 성적에 따라 진학 가능한 학과 중 선택(35%)"의 경우처럼 성적에 맞춰 자신의 선호와 무관하게 택했다는 비교적 소극적인 이유를 아울러 살펴볼 수 있다. 1차 교육과정 학부생의 경우 후자의 비율이 25명 중 10명(40%)으로 다소 높았고, 2차 교육과정 학부생의 9명 중 3명(33%)은 "사회학이 다양한 직업 기회를 제공할 것이라 생각해서" 전공을 골랐다는 등의 현실적인 기대 요인을 선택한 것이 눈에 띄었다.

이 문항에서는 "인간 행동과 사회 구조 등의 사회 문제에 대한 관심이 많아서" 학과를 선택한 그룹과 "입시 성적에 따라 진학 가능한 학과 중 선택"한 그룹의 결과로부터 경상국립대학교 사회학과 학생 집단 내에는 '내재적 관심'에 의한 진학, 그리고 '외재적 조건'에 의해 진학한 두 부류가 존재하는 것을 알 수 있다. 이는 곧 일부 학생들은 애초에 사회학에 열정을 갖고 시작하지만, 다른 일부는 큰 관심 없이 입학했음을 시사한다. 이를 고려할 때, 교육과정 운영과 설계의 측면에서 처음에 동기가 낮았던 학생들의 관심을 끌어올릴 수 있는 교수법과 프로그램이 필요하며, 다른 한편 사회학에 높은 열의를 가진 다수 학생들의 학구적 요구도 충족시켜야 하는 과제를 동시에 안고 있다고 볼 수 있다.

(2) 전공 선택 시 기대 요인

<표 8-10> 사회학 전공의 선택 시 기대 요인 분포

응답	전체 (34명)	1차 교육과정 (25명)	2차 교육과정 (9명)
다양한 사회 문제 분석 능력 배양	22명 (64.7%)	17명 (68%)	5명 (55.6%)
비판적 사고 능력 향상	6명 (17.6%)	5명 (20%)	1명 (11.1%)
폭넓은 인문·사회적 지식 습득	4명 (11.8%)	2명 (8%)	2명 (22.2%)
진로 및 취업 지원	2명 (5.9%)	1명 (4%)	1명 (11.1%)

이 문항은 사회학과에 입학할 때 학생들이 가장 기대했던 것이 무엇인지 묻는 질문이다. 대부분의 응답자들은 학문적 역량 발전을 주요 기대 요인으로 꼽았으며, 구체적으로 "다양한 사회 문제를 분석하는 능력을 기르고 싶었다(65%)"는 응답을 선택하였다. 그 다음으로 "비판적 사고 능력 향상(18%)을 기대했다고 답하였고, 소수이지만 "폭넓은 인문·사회적 지식 습득(12%)을 원했다는 응답도 있었다. 반면 "진로 및 취업 지원"을 가장 기대했다고 답한 경우는 극히 드물었는데, 이는 응답자의 단 2명(6% 미만)에 불과했다.

이처럼 사회학과 학부생은 학문 자체에 대한 기대를 가지고 입학하는 경향이 강하다. 이러한 결과는 다수의 학생들이 사회학과 교육과정을 통해 사회 문제 분석력과 비판적 사고력을 함양하기를 바라고 있음을 시사한다. 따라서, 교육과정에서 이론 교육과 함께 현실 사회를 분석하는 탐구 과정을 충분히 제공할 필요가 있다. 나아가, 소수의 취업 지원을 기대하는 학생들도 존재하므로 학과 차원에서 학문적 성장과 더불어 진로 정보를 제공하는 균형 잡힌 지원이 요구되는 것이다.

(3) 사회학의 학문적 정체성 및 역할 인식

<표 8-11> 사회학의 역할에 대한 학부생 인식 분포

응답	전체 (34명)	1차 교육과정 (25명)	2차 교육과정 (9명)
사회문제에 대한 진단과 해결을 위한 비판적 역량 강화	23명 (67.6%)	16명 (64%)	7명 (77.8%)
모든 응용 사회과학의 기초학문	7명 (20.6%)	5명 (20%)	2명 (22.2%)
융복합적 인재 양성	3명 (8.8%)	3명 (12%)	
직업 선택과 취업을 지원	1명 (2.9%)	1명 (4%)	

이 문항은 전공 선택 요인에 대한 학생들이 생각하는 사회학의 학문적 정체성과 현대 사회에서 요구되는 사회학의 역할에 대한 학부생의 인식을 살펴보고자 하는 것이다. 위 응답과 유사하게, 응답 결과 가장 많은 학생들(68%)이 "사회문제의 진단과 해결을 위한 비판적 역량 강화"를 사회학의 정체성이자 역할로 정의했다. 이를 통해 다수 학생이 사회학을 현대 사회의 여러 문제를 비판적으로 바라보고 해결 방안을 모색하는 학문으로 인식하고 있음을 알 수 있다.

그 다음으로 많은 응답의 학생들은(21%) 사회학을 "모든 응용 사회과학의 기초학문"이라고 규정하여 사회학이 다른 사회과학 분야의 토대가 되는 근본 학문이라는 관점을 보였다. 일부 학생들(9%)은 융합적 소양을 갖춘 인재 양성을 사회학의 역할로 언급하면서 사회학이 다양한 학문에 걸쳐있고 연결 짓는 분야임을 강조했다. 이처럼 사회학이 기초 이론적 영역과 실천적 역할 양면에서 중요하다고 여겨지는 만큼 이론과 응용을 균형 있게 가르치는 것이 중요할 뿐 아니라 기초학문으로서의 사회학의 존재 가치의 시사점을 얻을 수 있다. 요컨대 기초학문이자 태생적으로 융합학문인 사회학 고유의 분과성과 학제성, 학문성과 응용 가능성/실천성을 제고하고 조화시키는 과제가 제기되는 것이다.

(4) 졸업 후 희망 진로

<표 8-12> 졸업 후 희망 진로 분야

공공기관 및 공기업 (정책 기획, 행정 관리, 사회복지)	18회 (25%)	여론 조사 기관 (데이터 분석, 사회조사분석)	3회 (4.2%)
공공행정 (지방 및 중앙 정부 부서 공무원)	13회 (18.1%)	교육(강사, 중등교사)	3회 (4.2%)
신문방송언론(기자, 편집자, PD)	10회 (13.9%)	정당 정치(정책 결정, 정책입안)	2회 (2.8%)
기업(인사, 마케팅, 경영 관리)	9회 (12.5%)	금융 서비스(은행 및 금융기관)	2회 (2.8%)
학술 및 연구	4회 (5.6%)	기타(법조계 및 디자이너)	2회 (2.8%)
문화 예술(작가)	4회 (5.6%)	개인 사업(창업 및 스타트업)	2회 (2.8%)

*복수 응답이 가능한 문항

이 문항에서는 학생들이 졸업 후 어떤 분야로의 취업을 희망하는지 복수 선택 형태로 조사하였다. 응답 결과, 희망 진로 분야가 매우 다양하게 나타났는데, 특히 많은 학생들이 공공부문과 민간기업 분야를 중복하여 고려하고 있었다. 구체적으로 약 절반 이상의 학생들이 중앙·지방 정부 및 공공기관(정책기획, 행정관리, 사회복지 등)과 같은 공공행정 및 공기업 분야를 유력한 진로로 언급했다. 이와 더불어 일반 기업의 인사·마케팅 등 경영관리직을 희망 리스트에 포함한 학생들도 상당수였는데, 이는 민간기업 취업을 한 옵션으로 선택한 것으로 파악된다.

그 다음으로는 신문·방송 언론계(기자, PD 등)를 희망하는 비율이 비교적 높았고(약 10명 정도, 전체의 30% 내외), 일부는 학계 및 연구직(대학원 진학 후 연구원이나 강사)이나 교육계(교사 등)의 진로를 고려하고 있었다. 문화예술 분야(작가 등)를 지망하는 응답도 소수 있었으며, 그 밖에 개인 사업 창업이나 로스쿨 진학을 언급한 경우는 극히 드물었다. 즉, 상당수 학생들이 복수의 진로를 동시에 열어두고 있었다는 점을 말해준다. 예를 들어, 공공행정, 공기업, 기업, 언론 분야를 모두 체크하며 진로 선택의 폭을 넓게 잡았고, 또 다른 예로는 "공공기관 및 공기업과 학술 및 연구(학계 및 연구기관)" 식으로 공공부문과 학문 분야를 함께 고려하기도 했다.

이러한 경향은 사회학과 학생들이 특정 직업 하나만을 목표로 하기보다는 여러 분야에 걸쳐 진로를 모색하고 있음을 시사한다. 즉, 사회학 전공의 범용성을 살려 공공부문, 민간부문, 언론, 학계 등 다양한 분야로의 진출 가능성을 열어두는 모습이다. 다만 응답 중 가장 빈도가 높았던 것은 공공기관 및 기업 분야였는데, 이는 많은 학생들이 안정적인 공직이나 일반기업 취업을 현실적인 목표로 삼고 있는 현실을 반영한다. 이러한 경향은 사회학과만이 아니라 인문 사회과학계열 전공에 모두 해당되는 것이겠지만, 사회학과 교육과정이 학생들에게 광범위한 직업 선택의 기회를 제공하는 한편에서는 학생들이 스스로의 진로를 구체화하는 데 어려움을 겪을 수도 있음을 의미한다.

2) 복수전공

(1) 복수전공 이수 여부와 동기

<표 8-13> 복수전공 이수 현황

응답	응답 현황 (34명)
단일 전공	14명 (41.2%)
복수전공	20명 (58.8%)
응답	**응답 현황 (20명)**
공동체혁신 융합전공 (USG 공유대학)	13명 (65%)
문화콘텐츠학과	6명 (30%)
회계학부(과)	2명 (10%)
경제학부(과)	2명 (10%)
경영정보학과	1명 (5%)
도시공학과	1명 (5%)

*복수 응답이 가능한 문항

현재 사회학과 학생들이 복수전공(또는 융합전공)을 하는지 여부와, 복수전공을 선택한 이유를 살펴보았다. 전체 응답자 34명 중 20명(59%)이 현재 복수전공을 이수하고 있다고 답했으며, 14명(41%)은 복수전공을 하지 않고 있었다. 복수전공을 하고 있다고 응답한 학생들에게 복수전공을 선택한 동기를 물어본 결과, 가장 주된 이유는 취업 기회 확대인 것으로 나타났다. 응답자의 과반수인 11명이 "다양한 분야로의 취업 가능성을 넓히기 위해" 복수전공을 선택했다고 밝혔는데, 이는 단일전공만으로는 취업에 한계가 있을 수 있다는 학생들의 인식을 보여준다. 두 번째로 흔한 이유는 본전공과의 학문적 시너지로 6명(USG 공동체혁신 전공 이수자가 5명에 해당)이 사회학과 다른 전공을 함께 공부함으로써 서로 보완하고 융합할 수 있는 효과를 기대했다고 답했다.

그러나 이는 대부분의 응답자가 사회학과 주관의 공동체혁신 융합전공의 이수자라는 점에서 해석에 유의할 필요가 있다. '전공 간의 시너지'가 반드시 실질적인 학문적 연계성을 의미한다고 보기 어렵다는 뜻이다. 다시 말해 USG 공동체혁신 융합전공의 주관 학과인 사회학의 연계 과정이라는 점에서 실질적인 학문 간의 통합보다 구조적으로 제공된 흐름을 수용한 결과일 가능성이 높다는 것이다. 그 외에 2명은 개인적 관심에 따른 다양한 학문적 경험 추구를 복수전공 이유로 들었고, 1명(공동체혁신 이수자)은 주변인의 권유(타인의 추천)로 복수전공을 시작했다고 응답하였다.

요약하면, 취업 기회의 확대와 전공 간 시너지가 복수전공 선택의 이유이며 - 다수가 사회학과 연계되는 융합전공을 이수한다는 한계가 존재하지만 - 학생들은 현실적인 필요와 학문적 욕구 모두를 복수전공으로 충족하고자 한 것이다. 즉, 인문 계열 전공의 경우 진로를 개척하는데 전공 융합을 위한 복수전공의 선택은 다소간 불가피한 추세로 보인다. 이러한 배경에서 학과는 학생들이 사회학과의 구성원으로 정체성을 갖고 학업에 최선을 다하는 것을 보조함과 동시에 이들이 본전공과 타전공을 병행할 때 그 의미와 본전공과의 융합 가능성을 높여주는 교육 방안을 고려할 수 있을 것이다. 또한, 복수전공의 선택 추이는 고려하면서 사회학의 분과성과 학제적 정체성을 어떻게 유지·조화시킬 수 있을지가 과제로 제기된다.

(2) 복수전공 이수 경험과 전공별 차이

복수전공을 실제로 이수하고 있는 학생들에게 복수전공 과정에서 느낀 경험이나 본전공(사회학)과의 차이를 서술하게 한 결과, 긍정적인 경험과 현실적인 어려움이 병존하는 것으로 나타났다. 많은 학생들은 두 전공을 병행함으로써 시야가 넓어지고 새로운 기회를 얻었다고 평가했다. 경제학을 복수전공하는 한 응답자는 타 학과에서 "취업 설명회, 학과 주최 해외연수 등 다양한 기회가 많아 만족스러웠다"고 언급하여 복수전공을 통해 추가적인 비교과 혜택을 누린 경우도 있었다. 특히 다수의 사회학과 학생들이 USG 공유대학 공동체혁신 융합전공을 복수전공으로 선택했는데, 이 프로그램에 참여한 학생들은 분기별 150만원 장학금 지원, 해외 자율연구 기회 등 파격적인 지원과 현장 경험을 얻게 되어 학업 동기가 높아졌다는 긍정적 평가를 내놓았다. 응답자 13은 "지역사회의 구체적 문제를 중심으로 다양한 해결점을 모색하는 의도와 내용이 좋았다"며 공동체혁신 전공의 취지와 의미를 강조했다.

그러나 이와 동시에 몇몇 학생들은 복수전공으로 인한 어려움도 토로하였다. 대표적으로 타 학과를 복수전공할 때, "해당 학과의 단합심이나 조직 문화에 익숙지 않아 낯선 환경에서 어려움이 많았다"는 응답이 있었다. 즉, 주전공이 아닌 학과에서 소속감 부족으로 겪는 심리적 부담을 언급한 것이다. 복수전공자들은 수강신청의 불이익도 지적했는데, 본전공 학생이 아닌 탓에 인기 과목 수강신청에서 밀리거나 시간표 조정에 애로를 겪었다는 의견이 나왔다. 예를 들어, "복수전공 과목 수강신청이 매번 어려움을 겪었다"고 언급하며 행정적 불편함을 호소했다. 일부는 두 전공을 병행하느라 학업량이 많아지고 "이미 복수전공 2개를 하고 있어서 학과 지원 사업에 관심을 가질 여력이 없었다"고 밝히기도 했다.

종합하면, 복수전공 이수를 통해 학생들은 학문적 융합과 다양한 기회라는 이점을 얻는 반면, 소속감 문제, 행정적 어려움, 학업 부담 증가와 같은 현실적 문제에도 직면하고 있었다. 이러한 응답은 대학 차원에서 복수전공생들을 위한 행정적 도움과 복수전공 이수자 간의 교류 활성화를 도모할 필요성이 강조되며, 다른 학과의 우수 사례(예를 들어, 취업 연계 행사 등)를 사회학과에서도 도입해 볼 수 있음을 시사한다.

(3) USG 공동체혁신 융합전공에 대한 평가

USG 공유대학 공동체혁신 융합전공 이수자 13명의 자유서술형 응답을 분석한 결과, 해당 전공은 학생들에게 '지역사회 문제 해결'을 위한 실천적 교육 경험과 학문 간 융합 연계 교육의 기회를 제공받았다는 점에서 대체로 긍정적인 평가를 받았다.[12] 동시에, 온라인 중심의 수업 운영 방식, 취업 연계 프로그램의 한계, 이론 중심 교육 구조 등에 대해서는 보완이 필요하다는 비판적 의견도 확인되었다.

<표 8-14> 종합적 평가의 요약

긍정적 평가	비판적 평가
지역사회 문제 인식과 해결 능력 향상	수업 운영 및 플랫폼의 한계
다양한 분야에 대한 학습 경험	지역 한정성과 취업 연계의 불확실성
경제적 지원 및 비교과 프로그램	융합전공의 방향성 미흡
진로 및 취업 준비 도움	과제 및 팀 프로젝트 수행 제약

12 교육부와 지자체의 지원을 받아 진행된 경남 지역혁신플랫폼의 USG 공유대학에 경상국립대 사회학과 개설한 '공동체혁신 융합전공'은 "지역사회 문제 해결에 이바지할 혁신 인재 양성"을 목표로 경상국립대 사회학과(주관학과), 인제대 법학과, 창원대 사회학과, 경남대 사회학과, 울산대 사회·복지학부 등 인문사회계열의 주요 학과가 참여하여 2020년부터 5년간 운영하였다. 이 교육과정에는 〈지역사회혁신론〉을 포함해 〈사건으로보는경남지역근현대사〉, 〈마을과아카이빙〉, 〈지역사회 캡스톤디자인〉, 〈지역사회건강과건강정책〉, 〈자치법규의이해와입안실습〉 등 지역화된 교과목이 신규 개설되어 실험적으로 운영되었다.

① USG 공동체혁신 융합전공에 대한 긍정적 평가

먼저, 긍정적인 측면에서 공동체혁신 전공은 지역사회 문제를 실제로 들여다보고 해결 방안을 탐색해보는 기회를 제공함으로써 학생들이 학문을 사회적 실천으로 연결할 수 있도록 하였다. 한 학생은 “지역사회의 사회문제를 들여다볼 수 있는 뜻깊은 경험이었다”고 평가했으며(응답자 1), 또 다른 학생은 “지역사회를 중심으로 다양한 문제들을 다루고 실질적인 해결방안을 학생들로 하여금 찾아보도록 하는 수업 방식이 많아서 문제인식과 해결능력 향상에 도움이 되었다”고 서술했다(응답자 3). 이처럼 지역 사회를 기반으로 하는 문제 해결 수업은 이론 중심의 전공 수업과는 다른 체험적 학습의 기회를 제공함으로써 학습의 실천성과 사회적 맥락을 이해하는 데 도움을 준 것으로 보인다.

또한, 경제적 지원과 비교과 프로그램에 대한 만족도도 높았다. 응답자 4는 “혁신인재지원금(분기별 150만원), 해외자율탐방 프로그램, 리얼클래스 영어, 진로 연관 강의 등은 본교에서는 제공되지 않는 매우 만족스러운 부분”이라며 특히 “대학에서 돈을 내고 수업을 듣는 것이 아니라 돈을 받으며 학업을 이어나갔다는 점”에서 학업의 성취 동기를 크게 부여받았다고 언급하였다. 응답자 2 또한 “타 복수전공과 비교했을 때 비교과 프로그램에서 경제적 지원의 이점이 돋보였으며, 사회학 외 타 전공생들과의 교류가 가능했다”고 평가했다. 특히 응답자 7은 “경상남도에 있는 대학에 다니면서 서울에서 하는 대외활동이나 인턴 경험이 어려웠는데 이 프로그램을 통해 취업 준비에 많은 도움을 받았다”며 지역 기반 대학의 한계를 일정 부분 보완하는 통로로 기능했음을 보여준다.

② USG 공동체혁신 융합전공에 대한 비판적 평가

USG 융합전공은 대체로 긍정적인 측면인 동시에 여러 비판점도 발견되었다. 우선 가장 빈번하게 지적된 문제는 온라인 수업 기반의 구조적 한계였다. 응답자 4는 "경남 지역의 다양한 대학 인재들과 온라인 수업을 통해 지역 사회 과제를 함께 해결해 나가는 것은 의미 있었지만, 모두가 각자의 공간에서 수업을 듣다 보니 교수-학생 간 소통이 어렵고 수업 참여도도 저조했다"고 하였다. 응답자 3은 "강의마다 운영방식이 천차만별이며, 전공의 설계목표와 벗어나는 수업도 있다"고 하였고, 응답자 5와 6도 "비대면이라 편하긴 했지만, 과제가 많고 타 대학 학생들과의 실질적 교류가 부족했다"고 비판했다. 특히 응답자 4는 "각 대학 단위로라도 공동 강의실에서 수업을 듣도록 했다면, 온라인 연결망을 대학별로 묶는 방식이 소통의 장을 마련하는 데 도움이 되었을 것"이라며 구체적인 대안도 제시하였다. 하지만 이는 애초에 USG 공유대학 자체가 여러 지역의 대학의 교육과정을 온라인 기반으로 연결하여 설계된 점에 기인한 현실적 한계라는 점도 감안할 필요가 있다.

또한 취업 연계의 한계와 지역성의 제약도 주요한 비판 지점이었다. 응답자 12는 "공동체혁신이라는 전공의 취지와 목적은 이해하지만, 취업과 연계되거나 기업 활동으로 이어지기에는 메리트가 부족하다고 느껴졌다"며 "스마트도시 전공은 LH 인턴이나 직무체험과 연계되듯, 공동체혁신도 수요에 맞는 공기업이나 사기업과 협업이 필요하다"고 지적하였다. 응답자 8은 "전공의 취지가 지역 인재 양성이라는 점은 공감하지만 경상남도라는 지역에 국한되어 있어 더 다양한 사회 문제를 탐구하기 어렵고 대외적으로 잘 알려지지 않아 취업에 실질적으로 도움이 될 지 의문이 든다"고 하였다. 이처럼 학생들은 전공 이수 자체의 의미는 인정하면서도, 이후 실질적 진로 연계 구조의 미비에 대해 우려를 나타냈다.

마지막으로, 교육 내용의 구성과 실천적 연계 부족에 대한 아쉬움도 있었다. 응답자 11은 "현실의 근본적 해결책보다는 이론에 머무는 수업이 많았고, 문제점만 절실히 깨닫고 끝나버리는 경우가 많았다"며 지역사회에 실질적 기여를 할 수 있는 교육이 되기 위해서는 보다 체계적인 실천 경험 기회가 필요하다고 진단했다. 일부 응답자들은 조별 활동과 다양한 실습이 이뤄지긴 했지만, "조별 활동은 많아도 타 대학 학생들과의 교류는 원활하지 않았고, 수업 간 학습 수준의 편차가 있었다"(응답자 6)며 학습 구성의 불균형에 대해서도 지적하였다.

이렇듯, 공동체혁신 융합전공은 지역사회 문제 해결에 기반한 실천적 수업 설계, 풍부한 비교과 활동과 경제적 지원, 다학제 간 융합학습 경험이라는 측면에서 학생들에게 높은 만족도를 제공하였으며, 일부 응답자들에게는 취업 준비의 보완 통로로 작용하기도 하였다. 그러나 온라인 중심 수업 방식의 한계, 취업 연계 프로그램의 실효성 부족, 지역 기반 전공의 확장성 미비, 실천-이론 간 간극, 교류 부족 등은 지속적인 개선이 요구되는 문제로 드러났다. 향후 유사한 융합전공이 지속·확장되기 위해서는 수업 운영의 질적 통일성, 진로 연계 구조, 실습과 경험 기반 프로그램의 내실화 등 구조적 측면에서의 보완이 필요하다는 함의를 도출할 수 있을 것이다.

3) 트랙 교육과정 및 자격증 스터디

(1) 학과 특별 사업 인지도

<표 8-15> 학과 특별 사업 인지도 현황

응답	응답 현황 (34명)
사회학과 특별 사업을 알고 있다.	30명 (88.2%)
알지 못 한다.	4명 (11.8%)

이 항목에서는 사회학과에서 주관하는 특별 프로그램들(트랙 교육과정, 자격증 대비 스터디 등)에 대한 학생들의 인지도를 파악하였다. 결과적으로 대부분의 학생들이 학과의 특별 사업에 대해 알고 있었다. "우리 학과에서 주관하는 특별 사업을 알고 있다"는 물음에 34명 중 30명이 "예"라고 답하여, 프로그램 자체는 널리 알려져 있음을 보여주었다. 오직 4명만이 "아니오"라고 답하였으며, 학과에서 진행하고 있는 특별 사업의 존재를 모르는 경우는 드물었다. 즉, 학과 차원에서 트랙 교육과정이나 자격증 스터디 모임 등에 대해서는 다수가 인지하고 있는 것을 알 수 있다. 그러나 인지도에 비해 참여 의향은 조금 엇갈리는 모습을 보였는데, 이는 다음 참여 여부 결과에서 드러난다.

(2) 사회학과 특별 사업(트랙 교육과정/자격증 스터디) 참여 여부

<표 8-16> 사회학과 특별 사업의 참여 현황

응답	응답 현황 (34명)
둘 다 참여	7명 (20.6%)
트랙 교육과정만 참여	9명 (26.5%)
자격증 취득 스터디 모임만 참여	8명 (23.5%)
참여할 의향 없음	10명 (29.4%)

학생들에게 지금까지 특별 사업에 참여한 적이 있거나 향후 참여 의사가 있는지 물어본 결과, 응답이 네 유형으로 나뉘었다. 전체의 71%에 해당하는 24명은 어떤 식으로든 참여 경험 또는 의향이 있다고 답했는데, 이 가운데 7명(21%)은 트랙 교육과정과 자격증 스터디 모임 둘 다 참여했거나 할 의향이 있다고 응답했고, 9명(27%)은 트랙 교육과정에만 참여, 8명(24%)은 자격증 스터디만 참여한다고 밝혔다. 반면 10명(29%)은 특별 사업에 참여한 적도 없고 앞으로도 참여할 의사가 없다고 답하였다. 이는 3명 가운데 2명은 최소 하나 이상의 프로그램에 관여하거나 관심이 있으며, 3명 중 1명은 전혀 참여 의향이 없는 상황이다.

특히 트랙 교육과정과 자격증 스터디를 모두 경험하거나 희망하는 적극적인 학생도 20%를 넘었지만, 동시에 상당수는 관심 부족이나 시간 등의 이유로 아예 참여하지 않는 양극화된 모습도 보인다. 이러한 결과는 대다수 학생들이 학과에서 제공하는 특별 프로그램의 가치를 인지하고 있지만, 모든 학생을 끌어들이기에는 개인적인 사정과 필요의 차이가 존재함을 의미한다. 학과는 이미 높은 인지도를 더욱 실제 참여로 이어지도록 동기 부여할 방안을 모색해야 할 것이다. 예컨대, 참여하지 않는 학생들이 밝힌 사유를 파악하여 프로그램 내용을 보완하거나 일정 조정, 홍보 강화 등의 노력이 요구된다.

(3) 사회학 전공 트랙 교육과정의 경험과 평가

<표 8-17> 트랙 교육과정 이수 현황

응답	전체 (16명)
지역 사회조사 전문가 양성 트랙	10명 (62.5%)
언론/저널리즘 전문가 양성 트랙	3명 (18.8%)
지역 공공역사 전문가 양성 트랙	2명 (12.5%)
인권정책 전문가 양성 트랙	1명 (6.3%)
정책분석평가 전문가 양성 트랙	0명 (0%)

사회학과에서 운영하는 트랙 교육과정은 전공 내 세부 분야를 설정하고, 필수 2과목과 선택 3과목을 이수하면 수료 인증을 받는 학과 차원의 프로그램이다. 트랙 교육과정의 교과목을 설계하는 과정에서 학생들의 접근성을 높이기 위해 저학년들이 많이 수강하는 과목을 필수 영역으로 설정하고, 선택 영역은 학생 각자의 관심 분야에 따라 자율적으로 이수할 수 있도록 설계된 것으로 보인다(김명희, 2025). 이는 학생들의 접근성을 높이고 자기 주도적 학습과 진로 연계를 강화하기 위한 설계이다.

이처럼 트랙 교육과정에 대한 문항에서는 참여자들이 어떤 분야의 트랙을 선택했는지와 그 경험을 자유롭게 서술하도록 하였다. 트랙 교육과정은 여러 영역에 대하여 복수 이수가 가능함에도 가장 선호하는 분야가 무엇인지 분석하기 위해 단일 응답하도록 문항을 설계하였다.

응답에 따르면, 가장 인기 있는 트랙 분야는 <지역 사회조사 전문가 양성 트랙>이었다. 트랙 참여자 16명의 선택 분포를 보면 <지역사회조사 트랙>이 10명(63%)으로 압도적으로 많았고, 그 다음으로 <언론/저널리즘 트랙> 3명(19%), <지역 공공역사 트랙> 2명(13%), <인권정책 트랙> 1

명(6%) 순이었다. 이는 많은 학생들이 사회조사분석사 등 실증적 조사 역량을 키우는 분야에 관심을 두고 있음을 보여준다.

또한, 설문 결과 트랙 교육과정은 전공 내 세부 영역에 대한 집중 학습, 진로 탐색에 도움이 되는 교육적 장점이 있다는 평가가 있었으며, 동시에 교과목 변경에 따른 혼란, 실효성에 대한 의문, 수강 구조에 대한 제도적 문제 등 복합적인 비판점도 다수 제기되었다.

<표 8-18> 트랙 교육과정에 대한 평가

긍정적 평가	비판적 평가
관심 분야에 대한 심화 학습 가능	교과목 변경에 대한 안내 부족
진로 설계 및 체계적 역량 강화에 유리	실질적 효과에 대한 회의
학생 간 추천 의향 존재	운영 취지과 운영 실태의 괴리

우선, 긍정적인 측면에서 트랙 교육과정은 전공 내 특정 분야에 대한 심화 학습의 기회를 제공한다는 것이다. 일부 응답자는 “트랙 과정에서 설정된 전공 교과목을 이수함으로써 보다 심층적인 분과학문 탐구가 가능했다”고 평가하였으며, “흥미를 가진 사회학 분야에 집중할 수 있어 효과가 있다고 보았다”고 응답하는 등과 같이, 트랙 제도가 학문적 흥미를 구체적 탐색으로 연결시켜주는 역할을 했음을 보여준다.

일부 응답자는 사회조사분석사 등 자격 취득과의 연계를 언급하며 실용적인 차원에서도 트랙이 도움이 되었다고 진술하였는데, 이와 같은 경험은 트랙 제도가 학생 개개인의 진로 역량 개발을 위한 일종의 연계 학습의 과정으로 기능할 수 있음을 보여준다.

이러한 긍정적 경험은 진로 연계의 실용성으로도 이어졌다. 응답자 12는 “트랙이 그렇게까지 필수적인 것은 아니라고 생각되지만, 사회조사분석사 정도는 따야 한다고 생각하기 때문에 이와 관련된 트랙을 이수하는 것은 도움이 된다"고 응답하였다. 또한, 일부 학생들은 해당 제도를 후배에게 추천할 의향이 있다고 언급하였으며, "저학년부터 이수 목표를 세우는 것을 추천한다"는 의견도 제시되었다. 이는 트랙 교육과정이 학생 개인의 진로와 학습 방향 설정에 일정 부분 긍정적 동기를 제공한다는 점에서 제도적 가치를 갖는다는 평가로 해석된다.

트랙 제도에 대한 비판적 응답도 물론 있었다. 먼저, 가장 빈번하게 지적된 문제는 교과목 구성의 변경과 안내 부족이었다. 신임 교수의 잦은 부임과 함께 "트랙에 해당하는 강의가 없어지거나 새로운 강의가 생겼을 때 기존의 트랙에 해당하는 강의 리스트로 듣던 학생들이 혼란스러울 수 있기 때문에 학번별 설명이나 바뀐 트랙에 대한 부가 설명이 필요하다"고 구체적으로 언급하였다. 또한 트랙 이수의 실질적 효과에 대해서는 회의적인 시각이 강하게 제기되었다. 예컨대 트랙 과정 이수 후 학과가 제공하는 수료증에 머문다면, "실질적인 효과는 의문"이라고 간결히 표현한 학생도 있었다. 이는 트랙 제도의 명목상 성과와 실제 학습 성취 간의 괴리를 지적하는 것으로 해석된다. 이와 같은 지적은 트랙 교육과정의 의도된 목적과 실제 작동 방식 사이의 간극을 보여주는 사례라 할 수 있다.

이처럼 학생들의 평가에 따르면, 전공 심화와 진로 설계에 일정 부분 긍정적으로 작용했으나, 제도 운영의 지속성과 실효성 측면에서 개선이 필요하다는 평가가 확인된다. 특히 교원의 변동에 따라 교과목 변경이 있을 경우 학생들에게 명확한 가이드라인이 부재하다는 점에서, 트랙 교육과정 운영의 불안정성을 주요한 문제로 인식하고 있다. 따라서, 트랙 제도가 학생 중심의 유의미한 교육과정으로 정착하기 위해서는 체계적인 과목 편성과 일관된 운영 기준을 통해 제도적 안정성을 확보할 필요가 있다.

(4) 비교를 통한 시사점

<표 8-19> 국립창원대학교 사회학과의 학과 커리큘럼

학년별 커리큘럼	1학년	전공 이해 (사회학에 대한 기초적인 이해와 교양 지식을 습득)
	2학년	전공 기초 (이론과 조사분석 등 심화 전공을 통해 전공 이해도 향상)
	3학년	전공 심화 (전공에 대한 이해도를 바탕으로 심도 있는 사회학 연구)
	4학년	전공 실습 (사회조사연습과 현장실습과 캡스톤디자인을 통한 역량 강화)
전공 역량	산업노동연구능력	산업사회에 대한 이해를 비탕으로 한국사회의 노동과정의 현실을 분석할 수 있는 능력
	갈등관리전문능력	구조화된 사회적 불평등을 이해하고 이로 인한 갈등을 전문적으로 관리하는 능력
	사회조사분석능력	문화콘텐츠 산업에 대한 이해를 실무에 적응할 수 있는 능력
	문화기획능력	다문화 사회에 적응하고 젠더, 소수자 문제를 해결하는 능력
	이주다문화사회 전문능력	사회문제를 파악하고 실태조사를 위한 자료 수집 및 설계 그리고 분석하는 리서치 능력

자료: 국립창원대학교 사회학과 홈페이지 참조(검색일: 2025. 6. 2)

여기서 잠시, 타 대학 사회학과의 커리큘럼을 참고할 필요가 있다. 국립창원대학교 사회학과는 트랙을 별도로 명명하지는 않지만, 전공역량을 <산업노동연구>, <갈등관리전문>, <사회조사분석>, <문화기획>, <이주다문화사회> 등 다섯 가지로 구분하고, 각 역량별로 학년별 과목 편성과 전문 역량 강화를 위한 학습 경로를 비교적 명확하게 제시한다. 예컨대 <사회조사분석능력> 함양을 위해 2학년에는 사회조사분석, 3학년에는 질적연구방법론과 빅데이터 분석 실습, 4학년에는 실무 실습까까지 연계되어 교육과정이 설계되어 있다. 이는 단일 과목 수강만으로 역량을 인정하는 것이 아니라, 점진적 학습의 흐름을 통해 실질적인 능력 형성과 연계시키는 방식이다.

<표 8-20> 국립창원대학교 사회학과의 전공 역량 이수 체계도

<table>
<tr><th></th><th>산업노동연구
능력</th><th>갈등관리전문
능력</th><th>사회조사분석
능력</th><th>문화기획
능력</th><th>이주다문화
사회전문능력</th></tr>
<tr><td rowspan="3">4학년</td><td>노동사회학</td><td>정치사회학</td><td></td><td>예술사회학</td><td>사회발전론</td></tr>
<tr><td></td><td>환경사회학</td><td>사회학실무실습</td><td>문학사회학</td><td></td></tr>
<tr><td colspan="5">사히주사연습</td></tr>
<tr><td rowspan="3">3학년</td><td>산업사회학</td><td>집합행동과사회
운동</td><td>빅데이터
분석실습</td><td>영상사회학</td><td>디지털과AI의
사회학</td></tr>
<tr><td>한국사회론</td><td>사회변동사회학</td><td>질적연구방법론</td><td>문화사회학</td><td>인구와가족</td></tr>
<tr><td>젠더사회학</td><td>비교사회학</td><td></td><td>지역사회학</td><td>범죄사회학</td></tr>
<tr><td rowspan="4">2학년</td><td>현대사회학이론</td><td>시회정책론</td><td>사회조사분석</td><td></td><td></td></tr>
<tr><td></td><td>사회불평등론</td><td>보건사회학</td><td>사회심리학</td><td>인권사회학</td></tr>
<tr><td colspan="5">사회조사방법론</td></tr>
<tr><td colspan="5">고전사회학이론</td></tr>
<tr><td rowspan="3">1학년</td><td></td><td></td><td></td><td></td><td>이주와
다문화사회</td></tr>
<tr><td colspan="5">현대사회읽기</td></tr>
<tr><td colspan="5">사회학개론</td></tr>
</table>

자료: 국립창원대학교 사회학과 홈페이지 참조(검색일: 2025. 6. 2)

반면 현재 경상국립대학교 사회학과의 트랙 교육과정은 비교적 유연한 이수 체계를 바탕으로, 학생들이 3~4학년 시점에서도 복수의 트랙을 수월하게 이수할 수 있도록 설계되어 있다. 이러한 구조는 학생들의 전공 접근성을 높이는 데에는 효과적일 수 있으나, 트랙 간 교집합되는 과목이 많고 이수 요건이 간소화되어 있어 각 트랙이 추구하는 고유한 전공 전문성의 심화에는 한계가 있다는 비판이 제기된다. 이에 따라 다음과 같은 개선 방향이 고려될 수 있다.

첫째, 트랙별 전공 목적과 내용적 정합성을 기준으로 학년별 이수 과목 체계를 구조화할 필요가 있다. 트랙 혹은 전공역량에 따라 학년별로 기초-심화-실무 단계를 밟을 수 있도록 설계한다면, 학생들은 보다 일관되고 전문적인 전공 탐색이 가능할 것이다.

둘째, 트랙 교육과정을 단일 트랙 중심의 집중적 학습 구조로 전환하는 것을 고려해야 한다. 현재처럼 복수의 트랙을 병렬적으로 이수할 수 있도록 편성된 구조보다는 1학년 진입 단계에서 자신의 관심 분야를 정하고, 4학년까지 그 분야를 중심으로 학문적 몰입과 실천을 경험할 수 있도록 안내하는 구조가 바람직할 수 있다. 이를 위해서는 학과 차원에서의 트랙 과정 지도 체계 구축이 요구될 것이다.

셋째, 교과목 간 중복 최소화 및 난이도 체계화를 통해 트랙 교육과정의 전문성과 분화도를 높일 필요가 있다. 특히 동일 과목이 복수의 트랙에 포섭되는 현상은 각 트랙의 정체성을 흐리게 만들며, 트랙 선택이 단순한 형식 요건에 그치게 만들 수 있다는 것이다.

결론적으로, 트랙 교육과정을 형식적 수료제가 아닌 실질적 전문 역량 강화 프로그램으로 발전시킬 필요가 있다. 따라서, 학생들의 수요를 반영하여 트랙 전문 분야 내의 과목 구성을 체계적으로 조정하고, 과목 이수만으로 끝나는 것이 아닌 프로젝트 수행이나 전문성을 강화하는 설계가 보완될 필요가 있다.[13] 또한, 현실적으로 사회학과 내부의 트랙 교육과정에만 국한되는 것이 아닌 실질적 효력을 위해 「마이크로디그

13 실제 2025학년도 2학기부터 사회학과가 주관하는 〈여성과 가족정책 마이크로디그리〉, 〈데이터기반 사회분석 마이크로디그리〉가 개설된 것은 이 점에서 유의미한 시도라고 보인다.

리」 과정의 도입과 여러 가지 조건에 부합할 새로운 추이를 고려할 수 있을 것이다.[14]

(5) 자격증 취득 대비 스터디 모임 경험

<표 8-21> 스터디 모임을 통한 취득 희망 자격증

응답	응답 현황 (15명)
사회조사분석사 (1·2급)	12명 (80%)
한국사능력검정시험 (중·고급)	2명 (13.3%)
교원 자격증 (1급 정교사)	1명 (6.7%)

사회학과에서는 재학생들의 자격증 취득을 지원하기 위한 스터디 그룹을 운영하고 있으며, 주로 사회조사분석사나 정책분석 평가사 등의 취득을 장려해왔다. 설문 응답에 따르면 이 스터디에 참여한 학생들은 사회조사분석사 자격증을 가장 많이 목표로 삼고 있었다. 실제로 "취득하고자 한 자격증이 무엇인가"에 대한 답변을 보면, 사회조사분석사(1급 또는 2급)를 응시했다는 응답이 12건으로 대부분을 차지했고, 그 외 한국사능력검정시험(중·고급) 응답 2건, 교원 자격증 대비 응답 1건 등이 있었다. 이는 사회학 전공자들이 비교적 전공과 밀접한 사회조사분석사 자격을 중요하게 생각함을 보여준다.

그러나 스터디 모임을 통해 실제 자격증을 취득한 경험이 있냐는 물음에는 "예"라고 답한 학생이 4명에 그쳤고, "아니오"가 11명으로 훨씬

---

14 첨언하자면, 여기서 검토한 국립창원대학교 사회학과 홈페이지에 제시된 전공 역량 이수체계도는 실제 운영 과정에서의 효과성이나 학생 수용자의 학습 경험, 제도 활용에 대한 만족도 등 질적 경험에 대한 정보는 담고 있지 않기 때문에, 전반적인 제도 효과를 객관적으로 평가에는 제약이 따른다. 그럼에도 경상국립대학교 사회학과의 트랙 제도 개선을 위한 구조적 방향을 성찰하는 데에는 일정 부분 참고 가능한 비교 사례로 기능할 수 있을 것이다.

많았다. 참여자 대비 취득률을 추정하면 15명 정도의 스터디 참여자 중 4명이 합격(약 27%)한 셈인데, 이는 성공률이 높지 않은 수준이다. 이와 관련해 스터디 경험에 대한 자유로운 기술을 살펴보면, 학생들의 느낀 바가 엇갈린다. 긍정적인 의견으로는, 스터디에 참여함으로써 "혼자 공부하는 것에 비해 동기 부여가 됐다"거나 "응시료 지원 등 경제적 지원 때문에 참여했다"는 응답이 있었다. 이처럼 학과에서 제공하는 금전적 지원이 참여를 유인한 측면이 있었다. 또한 함께 공부하는 스터디 그룹이 혼자보다 학습 의지를 북돋워주었다는 긍정적 평가도 있었다.

반면 부정적인 의견이나 무관심한 반응도 상당수였다. 몇몇 학생들은 "귀찮아서" 혹은 "해서 좋은 이유를 딱히 모르겠다"며 스터디 참여에 적극적 동기가 없었다고 털어놓았다. 이는 해당 스터디가 학생들에게 충분한 가치 부여를 못 하고 있음을 시사한다. 또한, 활동을 진행함에 있어 자율성이 보장되는 만큼 프로그램의 기대보다 실질적인 지원이나 체계적인 지도가 없음에 아쉬움을 표했다.

따라서, 자격증 스터디 모임에 참여한 학생들은 경제적 지원과 동료와의 학습을 장점으로 꼽았지만, 체계나 효과 면에서는 미흡함을 느끼는 경우가 있었다. 합격률이 낮게 나타난 것도 이러한 한계를 방증한다. 이는 학과에서 자격증 스터디를 운영할 때 단순히 스터디 그룹 편성에 그칠 것이 아니라 전문적인 학습자료 제공, 멘토링, 충분한 재정 지원 등 실질적 지원을 강화해야 함을 시사한다. 또한 흥미를 느끼지 못하는 학생들을 끌어들이기 위해 해당 자격증이 왜 가치 있는지 명확히 제시하는 것이 중요할 것이다.

4) 기초교양 교육과정

(1) 1차 교육과정

사회학과 교육과정 개편으로 2022학번부터 적용된 2차 교육과정에서는 대학 당국의 기초 교양 교육과정 개정 방침에 따라 여러 개의 기초교양 필수과목이 생겼다. 이에 대해 각각 1차 교육과정과 2차 교육과정을 이수한 학생들에게 본인의 교육과정에서 기초교양 편성이 적절했는지 평가하도록 했다.

경상국립대학교 사회학과의 1차 교육과정에 대한 학생들의 자유서술형 응답을 분석한 결과, 전반적으로 기초교양 교육과정의 유연성과 <사회학개론>의 도입 효과에 대해서는 긍정적인 평가를 확인할 수 있었다. <사회학개론>은 다수의 학생들에게 사회학 전공 수업을 준비하는 데 기틀을 마련해주는 유의미한 과목으로 인식되었으며, “사회학의 기초를 이해하는 데 큰 도움이 되었다”, “전공 방향성을 잡는 데 기준점이 되었다”는 응답이 확인되었다. 고등학교에서 사회·문화 과목을 이수한 학생들은 “익숙하게 느껴졌다”고 했고, 반대로 고등학교에서 해당 과목을 접하지 않은 학생들도 “입문에 필요한 수업이었다”고 긍정적으로 평가하였다. 또한, 1차 교육과정의 기초교양 구조가 필수 이수 요건을 <사회학개론>만 필수 이수하도록 최소화하여 자율적인 수강 선택을 가능케 했다는 점은 학생 중심 교육과정의 장점으로 꼽혔다. 1학년 시기에 다양한 학문을 접할 수 있도록 “관심 있는 교양을 자유롭게 수강할 수 있었다”거나 “다양한 전공 분야에 관심을 가질 수 있어 진로 탐색에 도움이 되었다”는 응답은, 유연한 설계가 학문적 자율성과 자기주도성을 촉진할 수 있음을 시사한다. 특히 일부 학생은 다양한 기초과목을 접하면서 "사회학과 융합 가능한 학문을 발견할 수 있었다"고 응답하며, 학습의 폭과 가능성을 넓히는 계기로 작용했음을 드러냈다.

<표 8-22> (1차 교육과정) 기초 교육과정에 대한 평가

구분	핵심 평가	응답 현황 (25명)
긍정 요소	기초과목 강화 필요성	6회 (20%)
	학업 계획 자율성	5회 (16.7%)
	사회학개론의 유용성	4회 (13.3%)
개선 요구	과목 다양화 필요	4회 (13.3%)
	진로 연계 부족	3회 (10%)
	과목별 지정 교수 변동에 따른 영향	2회 (6.7%)
	데이터/실용 과목 필요	2회 (6.7%)
	학문 간 융합 필요성	2회 (6.7%)
중립	무반응/보통	2회 (6.7%)

그러나 이러한 긍정적 측면과 함께, 학생들은 전공과 관련한 기초교양 구성의 실효성과 내용적 정합성에 대해서는 개선 요구도 제기하였다. 우선, 전공과 관련된 기초 교양으로 <사회학개론> 한 과목만을 필수로 설정한 점에 대해 "기초 과목 구성이 너무 단순하다", "사회학의 폭넓은 이해를 위해 다양한 기초 교과가 필요하다"는 의견이 반복적으로 확인되었다. 일부 응답자는 정치, 경제, 역사 등 사회과학 전반의 배경지식을 습득할 수 있는 기초교양 과목이 추가되었어야 한다고 지적하며, "전공을 배우기 전에 배경지식을 쌓을 수 있는 기초교양이 더 있었으면 좋았다"고 언급하였다. 이러한 일부의 평가는 학과가 개설한 교양 과목의 홍보와 활용 여부를 고려할 수도 있을 것이다. <여성과사회>, <민주주의와사회>, <인권과사회>, <재난과인권> 등의 전공 관련 교양과목을

필수 이수 요건에 해당하는 균형교양 영역에서 이수한다면, 기초교양 영역과 전공 영역을 벗어나 학과의 기초 배경지식을 습득할 통로가 될 수 있다.

더불어, 자율 선택 중심의 구조가 오히려 학업 초기에는 "무엇이 필요한지 판단하기 어렵게 만들었다"거나 "방향 설정에 혼란을 초래했다"는 지적도 있었다. 즉, 선택권을 부여하는 것만으로는 학문적 설계를 유도하기에 한계가 있으며, 학업 초기 단계에서 학생들이 자신의 관심 분야를 설정하고 준비할 수 있도록 구조적인 안내와 탐색 지원이 병행되어야 한다는 시사점을 남긴다. 한편, 일부 학생들은 "진로 설계에 실질적으로 도움이 되는 체계가 부족하다"거나 "사회학 관련 과목이 저학년 과정에서 더 많이 제공되었으면 한다"는 요구를 통해, 1학년 기초교육이 단순한 이수 요건을 넘어 실질적인 전공 진입 준비 및 진로 탐색의 기능을 수행해야 한다고 지적하였다.

또한, 사회학 전공자로서의 기반을 보다 탄탄히 다지기 위해서는 기초교양의 다양화, 실용성 강화, 그리고 구조적인 탐색 안내 체계의 보완이 필요하다는 응답이 다수 확인되었다. 이는 1차 교육과정에 대한 학습자들의 경험을 통해, 자율성은 높았지만 기초학습의 보강 필요성이 분명히 드러났음을 보여준다. 특히 학습의 자유도와 기초 역량 강화 간의 균형이라는 관점에서 관심 분야가 뚜렷한 학생들에게는 넓은 과목 선택의 폭이 유익했으나, 진로를 모색 중인 학생들에게는 오히려 방향 설정에 어려움을 겪게 하는 요인으로 작용했음을 알 수 있다. 이처럼 1차 교육과정은 학생 개개인의 주도적 설계를 가능하게 하는 장점과 동시에, 구조적 안내 부족으로 인한 혼란의 가능성 또한 함께 시사한다.

(2) 2차 교육과정

<표 8-23> (2차 교육과정) 기초 교육과정에 대한 평가

구분	핵심 평가	응답 현황 (9명)
긍정 요소	사회학개론의 적절성	4회 (20%)
	핵심 교양 구성의 충분성	2회 (10%)
	배경지식 제공 측면의 일정한 효과	2회 (10%)
개선 요구	수강 편의성 문제와 수강 환경의 제약	4회 (20%)
	과목 수 축소 및 자율성 확대 요구	3회 (15%)
	문학개론, 민주시민교육의 실효성 부족	2회 (10%)
	교양 과목의 전공 연계 체감 부족	1회 (5%)
무반응	편입생으로 교양과정 미이수	2회 (10%)

*복수 응답이 가능한 문항

2차 교육과정의 기초교양 편성에 대한 학생들의 응답에서 사회학 전공과의 연계성과 실효성, 수강 여건 등 다양한 측면에서 학생들의 평가가 엇갈렸다. 전반적으로는 <사회학개론>이 기초교양으로 포함된 것에 대해서는 긍정적인 인식이 강하게 나타났다. 많은 학생들이 <사회학개론>을 전공 입문자에게 필요한 기초지식을 제공해주는 과목으로 평가하였으며, "사회학 전공 공부를 하는 데 배경지식으로 도움이 되었다", "사회학개론은 전공에 있어 필수적"이라는 의견이 확인되었다.

한편 <문학개론>과 <민주시민교육의이해와실천>, <서양문화사> 같이 학과가 설계한 다른 필수 교양 과목에 대해서는 적절하다고 응답한 학생도 다수로 확인되었다. "사회학은 기본적으로 융합학문이기 때문에" 문학·역사·교육 전공을 엿볼 수 있게 설계된 핵심교양이 "충분하다"고 평가한 학생도 존재하여 기초교양 구성에 대한 전반적 만족을 보인 의견도 확인되었다. 그러나 교양 과목들의 전공 연계성과 운영의 효율성, 수업 시간표상 수강의 용이성 등에 있어서는 구체적인 개선 요구와 현실적 한계에 대한 문제제기도 나타났다.

따라서, 2차 교육과정의 기초교양 구성은 전공 입문 기초를 마련하는 데 일정 부분 성과가 있었으나, 응답자의 약 70%는 직·간접적으로 균형교양 필수과목의 축소와 자율성 확대 필요성을 언급하였으며, 필수과목 적절성 판단 기준이 안내되지 않거나 실제 수강 환경과의 간극이 존재한다는 점에서 1차 교육과정의 평가와 2차 교육과정의 평가를 고려하여, 전공 연계성 강화와 함께 운영상 유연성을 고려한 교양 교육과정의 성비 필요성이 제기되었다.[15]

(3) 비교를 통한 시사점

여기서 국립부산대학교의 기초교양 과정을 살펴볼 필요가 있다. 경상국립대학교 사회학과는 2차 교육과정까지 1학년 1학기에 전공 필수 과목이 개설되어 있지 않으며, 오직 기초교양 과목인 <사회학개론>을 이수하게 되어 있다.[16] 이후 1학년 2학기부터 전공 필수 과목인 <사회학사>와 전공 선택 과목의 <사회학의쟁점>이 개설된다. 이는 실질적인 전공 경험이라기보다는 최소한의 전공 탐색에 가깝다고 볼 수 있다. 반면, 국

---

15 결국 '교육과정'이란 제도는 학습자의 유형에 따라 '통제성'과 '자율성'이라는 상반된 양면을 드러내며, 수용자를 이끄는 힘을 갖기도 한다. 특히 전공 정체성이 약한 1학년 시기는 '사회학도로 나아가는 단계'와 '다른 학문을 탐색하는 단계'로 구분되며, 필수 기초과목의 지정은 필연적으로 두 목표 사이에서 충돌한다. '통제성(강한 필수 교과목)'은 복수전공 등을 탐색하는 능동적 학습자에게 주도적인 학습 설계를 방해하고 자율성을 침해하는 요소로 작용한다. 반대로, '자율성(약한 필수 교과목)'이 높아지면 수동적 학습자에게는 전공 기초 지식 부족과 학습 설계 방황이라는 문제를 낳기도 한다. 결국 교양 교육과정의 설계는 양자의 균형점을 찾는 딜레마에 놓인다.

16 3차 교육과정(2025학번부터)은 기초 교양 영역에서 〈사회학개론〉을 제외하고 〈문학개론〉, 〈서양문화사〉, 〈민주시민교육의이해와실천〉 3과목(9학점) 모두 이수하도록 지정되어있다. 또한, 〈사회학개론〉을 이수하지 않는 대신, 〈사회학의기초〉라고 하는 1학년 1학기 전공 필수 과목이 개설되었다(경상국립대학교 사회학과, 검색일: 2025. 6. 4).

립부산대학교 사회학과는 학과와 연계되는 교양 과목을 설계하지 않았고 대학에서 제시하는 최소한의 교양 과목을 이수하도록 운영되고 있다. 또한, 1학년부터 <사회학개론(I)>, <사회학개론(II)> 등 명확히 구분된 전공 필수 과목과 더불어 총 4과목 이상의 기초·전공 과목을 배치하여, 학문적 기초 형성과 전공 심화 과정을 동시에 경험할 수 있도록 제시된다.

<표 8-24> 국립부산대학교 교육과정 편성표

이수 구분		교과목명	이수 학기	비고
교양	필수	- 고전읽기와토론 (2학점) - 열린사고와표현 (2학점) - 대학영어 (2학점) - 컴퓨터사고와인공지능 (1.5학점) - 기초컴퓨터프로그래밍 (1.5학점)	- 1학년 1학기 - 1학년 2학기 - 1학년 2학기 - 1학년 1, 2학기 - 1학년 1, 2학기	- 경상국립대학교의 '핵심교양'에 해당 - 9학점 이수(자율 선택)
	선택	7가지 영역 중 최소 5개 영역에서 1과목씩 이수		- 경상국립대학교의 '균형교양'에 해당 - 21학점 이수
전공	기초	- 사회사상사 - 사회학개론(I)	- 1학년 1학기	- 전공 기초 12학점 (필수 이수)
		- 사회학의과제 - 사회학개론(II)	-1학년 2학기	
	필수	- 사회학사 - 사회조사방법론	- 1학년 1학기	- 전공 필수 12학점 (필수 이수)
		- 현대사회학이론 - 사회통계학	-1학년 2학기	
	선택	- 4과목 중 선택 - 6과목 중 선택	- 2학년 1학기 - 2학년 2학기	- 전공 선택 24학점 (총 8과목) - 심화 전공[17] 24학점 (총 8과목)
		- 7과목 중 선택 - 9과목 중 선택	- 3학년 1학기 - 3학년 2학기	
		- 7과목 중 선택 - 5과목 중 선택	- 4학년 1학기 - 4학년 2학기	- 단일 전공 시, 총 48학점 이수 (16과목)

자료: 국립부산대학교 사회학과 홈페이지(2025. 6.4 접속)

17 심화전공은 복수전공, 부전공 및 교직 과정 중에서 하나를 이수하지 않는 학생들이 자동으로 심화전공을 이수하는 것으로 간주된다. 우리 대학의 단일 전공으로 해석할 수 있을 것 같다.

학생들의 응답에서 보이는 경상국립대학교 사회학과 교육과정의 한계는 특히 1학년 시기, 다양한 전공 과목의 부족 및 미개설 문제와도 연결될 수 있다. 이는 학생들의 전공에 대한 관심과 소속감을 약화시키는 요인으로 작용할 수 있으며 남학생의 경우, 군 입대 전까지 다양한 사회학 전공 분야를 충분히 경험하지 못 한다면 복학 이후 학문적 적응에 어려움을 겪거나 학과에 대한 정체성이 약화될 가능성도 존재한다. 이는 기초교양의 이수 강제성을 완화하고, 1학년부터 다양한 전공 과목의 선택지를 제공하는 방향으로 전환할 필요가 있을 것이다. 1학년 시기부터 학생들이 사회학의 여러 하위 분야를 접하고 흥미를 느낄 수 있도록 구성한다면 2학년 이후 트랙 교육과정의 선택에 있어, 보다 구체적이고 주체적인 진로 설계가 가능해질 것이다.

이는 곧 졸업 논문 주제 선정, 융합전공 모색, 학문적 전문성 강화에 이르기까지 연속적인 성장을 가능케 할 수 있다. 요컨대, 사회학의 기초는 교양이 아닌 전공에서 심화시키는 구조로 전환하고 학습 초기에 전공과의 지속적 접점을 마련하는 설계가 필요하다. 대학 교양 과정의 제도적 방침 등의 차이는 있겠지만 국립부산대학교 사례를 참고하여 우리 대학도 점진적인 교과 조정과 선택권 확대를 통해 학생 중심 교육과정으로 나아가야 할 것이다.

5) 전공 교육과정

(1) 전공 교육과정에 대한 학생들의 평가

응답자들은 전공 교육과정에 대해 대체로 긍정적인 평가를 내리면서도 다양한 개선 요구들을 함께 드러냈다. 특히 <사회조사실습> 과목에 대한 언급이 압도적으로 많았으며, <사회조사실습>을 통해 이론과 실천을 유기적으로 연결하는 경험을 했다고 강조한다. “한 학기 동안 조별로 하나의 연구를 완성해 나가는 과정이 사회학을 몸으로 체화하는 계기였다”는 응답이 있었다. 특히 SPSS 프로그램의 실제 활용, 설문지 설계 및 배포, 가설 설정과 검증, 통계 분석을 통한 결론 도출의 일련의 경험을 통해 사회학적 사고력뿐 아니라 실용적 분석 역량까지 함양할 수 있었다고 진술하였다. 한 응답자는 “사회조사방법론에서 배운 내용을 실제로 적용해보는 방식이 사회조사를 이해하는 데 큰 도움이 되었다”고 말하며 이론과 실습의 연계 필요성을 강조했다. “사회학을 전공한다면 사회조사실습은 반드시 이수해야 할 과목”이라거나 “현장에서 사회학을 경험할 수 있는 거의 유일한 기회”라고 지적하였다. 한편에서는 “시간과 노력이 과도하게 드는 수업”, “기피 과목이 될 수 있다”는 우려도 제기되었으나, 이는 오히려 해당 수업의 몰입도와 교육적 강도를 방증하는 반응으로 해석할 수 있다.

한편, <사회심리학>, <도시사회학>, <사회계층과불평등>, <가족사회학>, <지식사회학> 등의 과목 역시 응답자들에게 높은 교육적 가치를 지닌 수업으로 인식되었다. <사회심리학>에 대해 많은 응답자들은 “사회학적 시각과 관점이 확장되었고, 사회 문제를 다면적으로 이해하는 능력을 길렀다”고 평가하였으며, “이 수업을 통해 사회를 바라보는 시야가 넓어졌다”는 진술이 반복적으로 등장하였다. <사회심리학>은 단순한 이론 수업을 넘어 “사회적 사건을 비판적으로 읽고 해석하며, 사고를 발표와 글로 표현하는 능력까지 요구된 수업”으로 기억되며 일부 학생은 “쉽지 않았지만 깊은 인상을 남긴 수업”이라고 회고하기도 했다. 이 외에도 <사회학사>, <사회사상사>, <현대사회학이론> 등 이론 기반

과목에 대한 긍정적 평가는 이들 과목이 사회학의 기초학문성과 비판적 사고 능력 배양에 기여하고 있음을 시사한다. "실용적인 과목도 중요하지만, 사회학의 기본 토대를 제공하는 기초과목은 반드시 들어야 한다"는 응답은 기초 이론 과목의 전공 필수 유지 필요성을 뒷받침하는 근거로 해석된다.

전반적으로 학생들은 현행 교육과정의 선택권 확대와 유연성 강화에 대해 긍정적인 반응을 보이면서도, 실습과 기초이론이라는 두 축에 대해 균형 있는 필수 교과 편성이 필요하다는 의견을 내놓았다. "지금 교육과정도 괜찮지만, 사회조사실습은 필수로 이수할 필요가 있다"거나 "선택과목의 폭이 넓어진 점은 좋지만 기초역량 강화를 위한 최소한의 필수과목은 유지되어야 한다"는 의견은 교육과정 구성의 방향성에 있어 기초성과 실용성의 적절한 조화가 필요함을 시사한다. 결론적으로, 본 설문에서 나타난 학생들의 응답은 전공 교육과정 개편에 있어 실천적 경험을 제공하는 실습형 과목의 중요성과 사회학 이론의 기초를 체계적으로 습득할 수 있는 기반 과목의 필수성을 동시에 제기하고 있다. 이처럼 기초과목에 기반한 실습형 교과목의 역할과 만족이 학생들의 학문적 정체성을 형성하는 데 필수적인 과정임을 강조할 수 있다.

(2) 강의 방식

해당 문항은 학생들이 선호하는 강의 방식에 대한 분석을 위해 설문을 진행하였다. 학생들은 <그림 6-1>을 통해서 알 수 있듯, 강의 전달식 수업(10명, 29%), 토론식 수업(9명, 27%), 세미나식 수업(7명, 21%), 실습형 수업(5명, 15%), 플립 러닝 수업(3명, 9%) 순으로 가장 선호하는 강의 방식을 선택하였다. 그러나 '가장 선호하는 한 가지 방식'과 '각 수업 방식에 대한 선호도

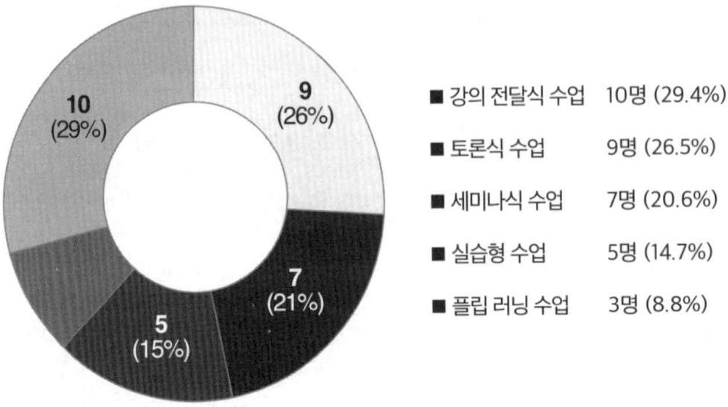

<그림 6-1> 선호하는 강의 방식

점수(1~5점)' 간에는 의미 있는 차이가 존재하였다. 다양한 수업 방식에 대해 각기 다른 만족도와 선호도, 그리고 학습 효과에 대한 인식을 드러냈다. 단일 방식보다는 혼합형·참여형 수업에 대한 선호 경향을 보였다.

〓 강의 전달식 수업

강의 전달식 수업은 학생들의 평가에 따르면, 안정적이고 효율적이지만 사고 확장에는 한계가 있는 방식이다. 만족도 평가에서는 최고 점수(5점) 응답자 비율이 34명 중 14명(41%)의 비율을 차지했고, 선호하는 강의 방식에서 가장 높은 수치로 10명(29%)를 기록하였다. 학생들은 강의 전달식 수업이 "지식을 구조화하여 전달받기 수월하며", "시험 준비에 효율적이고 학습의 부담이 적다"는 점에서 선호하였다. 특히 사회학 전공 진입 초기에 "아는 것이 적을 때에는 지식을 습득하는 방식이 가장 적합하다"는 응답은 초기 학습 단계에서의 강의 전달식의 기능을 강조한다. 다만, 일부 응답자는 "단순한 지식 전달에 머물러 사고의 확장이 어렵고, 실천적 적용에는 한계가 있다"고 지적하였다. 이는 기초 교과에서는 유효하나, 심화 단계로 갈수록 보완이 필요한 방식임을 시사한다.

= 토론식 수업

사고 확장과 참여 중심 학습에 가장 적합한 토론식 수업은 가장 선호하는 강의 방식을 묻는 문항에서 강의 전달식 수업 다음으로 높은 수치를 기록했다. 토론식 수업은 만족도 평가에서 4점 이상 응답자의 비율이 34명 중 19명(56%)으로 수치상 가장 높은 만족도와 선호를 동시에 보여주는 수업 방식이다. 특히 "생각을 말로 설명하며 정리하고, 타인의 시각을 공유하면서 시야가 넓어진다"는 응답이 두드러졌으며, "모든 학생이 참여할 수 있는 구조"를 높게 평가하였다. 사회학의 특성과 연결된 응답도 눈에 띄었는데, "사회학은 정답이 없는 학문이므로 다양한 의견을 제시하고 수렴할 수 있어야 한다"는 응답은 프레이리의 문제제기식 교육관과 맞닿는 대화의 교수법과 참여 중심 학습 방식의 필요성을 보여준다.

= 세미나식 수업

세미나식 수업은 학생들이 자율적으로 주제를 정하고 발표하거나 토론하는 방식으로 "자신의 지식을 바탕으로 심화된 학습이 가능하다"는 평가가 많았다. 응답자들은 "수업 참여도와 몰입도가 높고, 토론보다 부담은 적지만 깊이는 더 있다"고 느꼈으며, "사회학에서 단순히 듣기만 하는 수업은 무의미하다"고 평가하기도 하였다. 다만, "모든 과목에 적용하기에는 학부 수준에서 다소 실용성이 떨어진다"는 현실적 지적도 존재하였다. 세미나식 수업은 소수로 진행되는 수업 방식인 만큼 학부 수업보다는 대학원 수업에서 주로 이뤄지며, 학부 수업에서는 폐강 위기에 놓인 과목에서 두드러지게 드러나고 있다는 아쉬움과 모든 수업에서 적용하기 어렵다는 한계가 드러난다.

= 실습형 수업

실습형 수업은 학문과 현실을 연결하는 실천적 학습의 한 형태로 만족도 평가에서 최고 점수(5점) 응답자 비율이 34명 중 16명(47%)으로 모든 강의 방식 중 가장 높은 수치를 기록하였다. "현장을 직접 경험하며 배운 내용을 적용해 볼 수 있는 방식"이라는 점에서 학생들에게 "가장 기억에 남는 수업"이라는 평가를 다수 받았다. 응답자들은 "사회조사실습과 같은 과목은 사회학의 실천적 가치와 진로 탐색에도 기여한다"고 인식했으며, "학습 결과는 실천으로 이어져야 한다"는 의견은 실천적 참여 교육과정의 방향과도 연결된다.

= 플립 러닝 수업

학습자 중심 수업인 플립 러닝 수업은 가장 선호하는 강의 방식에서 34명 중 3명(9%)으로 가장 낮은 선호도를 보였다. 우리 대학에서는 플립 러닝 방식을 채택할 경우, 평가 영역에서 절대평가가 가능하다는 점에서 일정한 기준점을 통해 평가하는 방식으로 교수자는 학생 상대 평가의 부담을 최소화할 수 있으며, 학습자는 상호평가의 경쟁으로부터 벗어날 수 있어 선호하는 부분이 존재한다. 하지만 의외로 만족도 평가는 다른 수업 방식에 비해 상대적으로는 낮은 것을 알 수 있다. 일부 학생은 "사전 학습을 통한 수업 집중도가 높아진다", "자기주도성이 강화된다"는 측면에서 유의미한 방식으로 평가하였다. 하지만, 사전 학습에 대한 부담감과 과제 중심의 수업 운영의 한계가 지적되었다. 따라서, 플립 러닝 수업이 그 취지에 맞는 방향으로 성공적인 운영되기 위해서는 세심한 학습 설계와 교수자의 조정 능력이 중요하다는 점을 시사한다.

만족도의 차이가 있음에도 학생들은 기초 개념 이해를 위한 강의 전달식 수업, 사고 확장과 비판적 사고를 위한 토론식·세미나식 수업, 실천과 진로 연계에 효과적인 실습형 수업을 상호보완적으로 바라보고 있었다. 이 지점은 학년별 또는 과목별 특성에 따른 강의 방식의 유연한 배분과 혼합형 수업의 설계가 필요하다는 것으로 해석할 수 있다. 결론적으로, 학생 경험에 기반한 수업 방식의 다각적 재구성이 필요함을 시사한다.

(3) 평가 방식

교육과정의 재구성에 있어서 강의 방식의 혁신은 다양한 어려움에 직면함에도 불구하고, 다양한 교수자들에 의해서 수업 혁신의 모범 사례는 이어지고 있다. 하지만, 수업은 변화하지만 평가의 측면에서는 변하지 않는 경우가 많다. 즉, '협력적 교육과정'을 바탕으로 수업을 설계하여도 학습자는 수업에서는 협력하지만, 평가에서는 경쟁을 하게 되는 모순이 발생하는 것이다. 수업 혁신의 노력이 '평가'라는 괴물 앞에 '훅 날아가는' 경우가 비일비재한 것이다(이형빈, 2020: 109).

따라서, 평가 혁신의 첫 번째 방향은 '상대평가(석차등급제)'에서 '절대평가(성취평가)'로의 변화이며, '학생의 서열'을 확인하는 상대평가보다 '목표 도달 여부'를 확인하는 절대평가가 평가의 본질에 가깝다는 본질을 부정하는 이는 없을 것이다. 학생들은 석차에 민감해질수록 평가 혁신은 어려워지고 이로 인해 협력적 교육과정도 원활히 이루어질 수 없게 되는 것이다. 이처럼 우리는 '결과 중심 평가'를 벗어나 '과정 중심 평가'

로 평가가 수업의 과정과 유기적으로 결합되는 형태로 이뤄져야 한다는 것이다(이형빈, 2020: 110-113). 이는 숫자로 표현할 수 없는 학생 개인의 다양한 잠재력과 가능성을 확인할 수 있게 되며, 질적 평가로서 '성적'이 아닌 '성장'에 집중하는 것이다. 또한, 수업과 평가가 유기적으로 연결될 때 학생은 학습 과정 속에서 스스로의 학습 목적을 자각하고 평가도 하나의 학습 과정으로 재인식하게 되는 것이다. 이러한 맥락에서 학생들이 응답한 사회학에 적합한 평가 방식에 대해서 살펴보고자 한다.

〓 보고서 평가와 팀별 과제 수행 평가

학생들은 보고서 평가와 팀별 과제 수행 및 협업 평가를 가장 적합한 평가 방식으로 인식하였다. 특히 보고서 평가는 1순위 응답 수가 가장 많았으며 1~2순위 응답이 집중되어 있는 것으로 보아, 학습 내용을 깊이 있게 정리하고 반영하는 데 있어 유용한 평가 방식으로 간주되고 있음을 보여준다. 이는 단편적인 지식 확인보다 종합적 이해력과 비판적 사고력, 자기 주도적 학습을 중시하는 학습자 태도와 연관된다. 팀별 과제 수행 역시 사회학이라는 학문 특성상 협업과 토론을 통해 지식을 확장하는 과정이 중요하다는 인식 아래 긍정적으로 평가되었다. 응답자들은 조별 활동이 단순 수행을 넘어서 사회학적 주제를 협력적으로 분석하고 현실과 연결짓는 실천적 경험을 제공한다고 보는 것이다. 이는 평가 혁신과는 거리가 있지만, 보고서의 완성도와 팀별 과제물의 결과물에 대한 평가 기준의 객관성이 분명하기에 학생들이 선호하는 경향이 드러난 것으로 보인다.

▬ 토론 및 수업 참여도 평가

토론 및 수업 참여도 평가 역시 많은 학생이 상위 순위로 선택했다. 이는 단순한 지식 습득을 넘어, 자기 생각을 표현하고 타인의 의견을 경청하며 사고의 폭을 넓히는 과정이 중요하다고 인식됨을 시사한다. 특히 사회학의 특성상 정답보다 해석과 논의가 중심이 되는 만큼 다양한 관점을 조율하는 과정이 학습의 일환으로 작동해야 한다는 평가로 읽을 수 있다.

▬ 구술 평가와 지필 평가

구술 평가와 지필 평가는 응답이 비교적 고르게 분포되어 있으며, 중간 이상 선호를 보이기는 하나 전반적으로는 하위 순위 응답도 다수 존재한다. 구술 평가는 즉각적 사고력과 표현력을 측정할 수 있는 장점에도 불구하고, 일부 학생들에게는 부담스럽고 평가자의 주관성이 개입될 수 있는 평가로 인식된다. 지필 평가는 공정성, 익숙함, 명확한 평가 기준이라는 점에서 여전히 일부 학생들에게 높은 평가를 받고 있으나, 경쟁적 구조와 단편 지식 확인 위주라는 한계로 인해 선호도가 낮게 나타나는 경향을 보였다.

▬ 동료 상호 평가

사회학 학문의 평가 방식의 적합성에 대해 학생들의 평가에서는 동료 상호 평가가 가장 낮은 적합성 인식을 보였다. 응답 분포에서 4~6순위가 집중되어 있으며 학생들은 평가의 객관성 결여, 인간관계에 따른 편향 가능성, 평가 불안 등을 이유로 해당 방식에 대해 소극적인 입장을 보이는 것으로 해석할 수 있다. 이는 과정 중심 평가의 협동적 학습에 기초한 방식임에도 불구하고, 상호 평가의 정당성 및 평가 주체의 전문성 부족에 대한 우려가 크게 작용한 것으로 보인다. 이처럼 사회학이라는 학문이 사회 현상의 새로운 시각을 더하는 서로 다른 사회문화적 경험을 가진 구성원이 다양한 의견을 제시하며 새로운 시각으로 확장하는 '정답 없는 학문'의 성격을 갖는 만큼 다양한 평가 방식이 공존할 수 있는 유연한 구조를 갖추고 있음을 알 수 있다.[18]

종합하자면 평가 방식에 대한 학생들의 종합적인 평가는 전체적으로 학생들은 일방적인 지식 재생산을 요구하는 평가 방식보다는, 과정 중심의 평가와 실제 참여 및 실천을 중시하는 평가 방식을 더 적절하다고 인식하였다. 이는 단순한 결과 중심 교육이 아닌 학습자의 주체성, 사고의 확장, 실천적 연계성을 중요시하는 현재의 사회학 교육과정 흐름과도 맞닿아 있다. 사회학이라는 학문이 갖는 현장성, 비판성 특성이 평가 선호에도 투영되며, 지필 평가의 상대적 약화와 보고서·토론·실습 기반 평가의 강화는 교육과정 혁신 논의에서 중요한 시사점을 제공한다.

또한, 사회학 교육과정에서 평가의 정당성을 확보하기 위해서는 명확한 평가의 기준과 교수자의 중재 및 피드백 체계가 강화되어 병행되어야 할 것이다. 이를 통해서만 협력 기반의 과정 중심 평가가 학생들에게 신뢰받는 평가로 작동할 수 있으며, 단순한 역할 나누기가 아닌 사회학이라는 학문이 진정한 공동 학습의 장으로 확장될 수 있을 것이다.

18 그러나 동료 상호 평가는 그러한 다양성과 협력적 학습의 장점에도 불구하고, 평가 주체의 역량과 관계적 거리, 감정적 요인 등 비학문적인 요소들이 개입될 수 있다는 점에서 학생들이 느끼는 불안과 비선호를 유발하는 것으로 보인다. 특히 사회학이 강조하는 '타자에 대한 존중'이나 '사회적 맥락의 해석'이라는 학문적 가치와 평가에 대한 심리적 부담감이 충돌할 때, 오히려 학습자 간의 신뢰가 손상되거나 학습 몰입이 저해될 수 있다는 우려도 존재하는 것이다.

(4) 졸업 심사 방식

〓 졸업 논문

졸업 요건으로서의 졸업 논문은 응답자 대다수에게 높은 적합성을 인정받았다. 총 34명의 응답자 중 30명(88.2%)이 졸업 논문이 사회학 전공의 학문적 성격에 보다 적합하다는 견해를 표명하였다. 이들은 졸업 시험이 "하루 만에 4년간의 학습 내용을 정리하는 방식"이라는 점에서 사회학의 특성과 부합하지 않으며 단기적 암기에 의존한 평가라는 인식을 드러냈다.

<표 8-25> 졸업 심사 방식에 대한 학생 선호도

응답	응답 현황 (34명)
졸업 논문	30명 (88.2%)
졸업 시험	4명 (11.8%)

사회학은 정형화된 정답을 요구하기보다, 각자의 문제의식과 주체적 탐구를 바탕으로 자신만의 해석과 분석을 도출하는 과정을 중시하는 학문적 성격을 갖고 있다. 따라서, 학생들은 "자신의 관심 분야에 대한 주제를 설정하고, 조사와 분석을 통해 결과물을 도출하는 논문 작성이 학문적 깊이를 확인하는 데 적합하다"고 보았다. 이처럼 "사회학적 상상력을 발휘하여 글을 써보는 경험", "지식을 자신의 가치관과 결합해 성찰하는 과정"을 통해 논문은 단순한 평가를 넘어 학문적 성장의 계기가 된다는 의견이 반복적으로 등장했다. 또한, 일부 응답자는 졸업 논문이 "흥미 있는 주제에 대해 스스로 답을 찾아가는 글쓰기 경험"으로서 단순 암기를 통한 시험보다 "자신만의 사고를 풀어내는 기회"가 된다고 강조했다. 이는 사회학 교육이 지향해야 할 '과정 중심 평가', 즉 학생 개

인의 성장과 탐구 역량을 중심에 두는 평가 방식으로 인식되고 있었다. 특히 "논문이 부담스럽긴 하지만 시험보다 부담이 적게 느껴진다"거나, "시험으로 퉁치는 졸업 요건은 전문성 검증이 부족하다는 인식" 또한 나타나, 학생들은 단기적 성취보다 장기적 성찰과 적용이 가능한 평가 방식을 선호하고 있었다. 이처럼 학생들은 졸업 논문이 단지 형식적 졸업 요건을 넘어서 자신이 4년간 학습한 사회학 지식을 종합하고 성찰하는 결정적 기회이자, 사회학도로서 갖춰야 할 비판적 사고력과 탐구 역량을 실질적으로 확인하는 교육적 과정으로 받아들이고 있었다.

〓 졸업 시험

졸업 시험을 선호한 응답자는 전체 응답자 가운데 4명(11.8%)으로, 이들은 졸업 논문에 비해 졸업 시험이 현실적이고 효율적인 평가 방식이라고 인식하고 있었다. 특히 고학년의 경우, 타 수업 수강 및 취업 준비 등으로 인해 한 학기 안에 논문을 작성하는 것이 시간적·심리적 부담이 크다는 현실적 어려움을 이유로 들었다. 또한 이들은 졸업 시험이 단순 암기 이상의 의미를 가질 수 있다고 보았으며, "자신이 배운 과목들을 총체적으로 사용하는 방식이 시험"이라고 언급하면서 대학 강의에 보다 성실히 임하게 하는 동기부여로 작용할 수 있다는 긍정적 평가도 제시되었다. 반면 논문에 대해서는 "현실적으로 다소 부담스럽다"는 입장을 보이며, 논문 작성이 반드시 모든 학생에게 적합한 방식은 아니라는 인식도 함께 드러났다. 이러한 응답은 졸업 논문이 가진 학문적 심화의 기능과는 별개로, 졸업 요건의 '효율성'과 '부담 경감'이라는 관점의 평가 기준이 존재함을 시사한다.

6) 잠재적 교육과정

(1) 비교과 활동의 참여 여부

<표 8-26> 비교과 활동의 참여 수준

전혀 참여하지 않는다	거의 참여하지 않는다	때때로 참여한다.	자주 참여한다
11명 (32%)	6명 (18%)	12명 (35%)	5명 (15%)

공식적 교육과정을 제외한 학과 기반 활동의 상당 부분이 잠재적 교육과정이라 할 수 있지만 학생회 및 동아리 등 비교과로 이루어지는 학생 자치활동은 대표적인 잠재적 교육과정일 것이다. 따라서, 사회학과 학생들의 공식 수업 외 학생회 활동이나 학생들이 스스로 특정 활동을 이끌기 위한 학과 구성원 간의 활동 중심 소모임 등의 비교과 활동 참여 빈도를 조사한 결과, 참여 정도에 상당한 개인차가 있음을 알 수 있었다. 4점 척도로 참여 빈도를 묻자, “전혀 참여하지 않는다”에 해당하는 학생이 11명(32%) 있었고, “거의 참여하지 않는다”를 고른 학생이 6명(18%), “때때로 참여”하는 편이 12명(35%), “항상 적극 참여”에 가까운 “자주 참여한다”에 4점을 준 학생이 5명(15%)였다. 이를 크게 보면 대부분의 학생들은 어느 정도 비교과 활동에 참여하고 있으며, 그 중 상당수는 활발히 참여하고 있다. 반면 일부는 거의 참여하지 않는 것으로 나타났다. 이는 학과 활동에 매우 적극적인 핵심 그룹과 거의 관여하지 않는 주변 그룹이 공존함을 시사한다. 이에 따라 비교과 활동의 경험이 학생마다 크게 다를 수 있으며, 이러한 차이가 왜 발생하는지를 파악하는 것이 중요해졌다.

(2) 비교과 활동에 참여하지 않는 이유

<표 8-27> 비교과 활동에 참여하지 않는 이유 분포

응답	응답 현황 (34명)
시간 부족	17회 (30.9%)
관심 부족	14회 (25.5%)
소속감 부족	5회 (9.1%)
적합한 활동의 부재	5회 (9.1%)
활동 효과의 회의감	4회 (7.3%)
정보 부족	3회 (5.4%)
부정적 경험	3회 (5.4%)
기타 (응답 분류 외)	3회 (5.4%)
경제적 부담	1회 (1.8%)

*복수 응답이 가능한 문항

앞서, 비교과 활동의 참여 빈도와는 무관하게 모든 학생을 대상으로, 비교과 활동(학생회 프로그램, 소모임 등)에 참여하지 않는 이유를 물어본 결과, 주된 사유로는 시간 부족과 흥미 부족이 가장 많이 지목되었다. 약 절반 이상의 응답자가 "개인 학업 및 아르바이트 등으로 인한 시간 부족"을 이유로 제시하였다. 그 다음으로 "주어진 활동에 대한 개인적 관심 부족"이 빈번하게 등장했다. 이는 바쁜 학업 일정이나 생계활동으로 여유시간이 없거나, 학과에서 제공하는 행사나 모임이 본인의 흥미를 끌지 못했기 때문에 참여하지 않았다는 뜻이다. 실제 응답자의 대다수가 "시간 부족 (개인 학업 및 아르바이트 등으로 인한 부족)"과 "관심 부족 (주어진 활동에 대한 개인적 관심 부족)"을 선택하였다.

그 다음으로 비교적 많은 응답을 차지한 이유는 소속감 부족과 적합한 활동 부재였다. 5명은 "학과 내에서 함께할 친분이나 소속감을 느끼지 못해서" 참여하지 않는다고 답했는데, 이는 활동 참여를 위해서는 어느 정도 유대감을 느낄 수 있는 심리적 편안함과 관계망이 전제되어야 함을 보여준다. 또한 "개인 혹은 모두의 요구를 반영하는 적합한 활동의 부재"를 지적한 응답도 5건 있었다. 이는 현재 제공되는 비교과 프로그램이 학생들의 다양하고 구체적인 욕구를 충족시키지 못하고 있다는 의미로 해석된다. 그 밖에 활동 효과에 대한 회의감(활동이 얼마나 가치 있나 의문)을 표한 응답(4명), 과거 부정적 경험으로 인한 기피(3명), 정보 부족으로 몰라서 참여 못했다는 응답(3명) 등이 있었다.

즉, 비교과 영역에서 학생들의 참여를 가로막는 요인을 제거하고 참여를 끌어낼 요인을 강화하는 방향으로 학과 교육과정의 섬세한 개선이 필요함을 시사한다. 이는 곧 학생들의 대학 경험을 풍부하게 하고, 사회적 기술과 네트워크 형성에도 기여하므로 교육과정 못지않게 중요한 부분이라 할 수 있다.

(3) 잠재적 교육과정에 대한 종합적 평가

잠재적 교육과정이 사회학 학업 및 개인 발달에 미친 영향은 무엇인지 묻는 문항의 응답을 바탕으로 살펴보면, 경상국립대학교 사회학과의 잠재적 교육과정은 '교우 관계 형성'과 '학습 분위기 조성', '학문적 정체성 확립'에 다양한 영향을 미치는 것으로 나타났다. 우선, 다수의 학생들은 학과 내 소모임(토론 소모임, 독서 소모임 등), 학생회 활동(개강·종강총회, 대면식, 체육대회 등), 비교과 프로그램(사회학 토론대회, 지역 공공역사 답사 등) 참여 등을 통해 자연스럽게 동기 및 선후배와의 관계를 형성하고, 이로 인해 소속감을 느끼게 되었다고 응답하였다. 이러한 정서적 유대감은 단순한 친목을 넘어 전공 정체성과 학과에 대한 소속감으로 이어지며, 수업 참여도와 학습의 몰입에도 긍정적인 영향을 미친다고 인식되었다. 특히 조별 과제나 토론 중심 수업에서 사전의 친밀한 관계는 서로가 협력하는 배움의 과정을 보다 원활하게 만들었으며, 수업의 긴장과 부담을 완화하는 요인으로 작용하였다. 일부 학생들은 잠재적 교육과정의 경험이 비판적 사고력과 사회적 상호작용 역량을 향상시키는 데도 도움이 되었다고 서술하였다. 이는 다양한 구성원이 모이는 활동에서 타인과의 대화를 통해 다양한 관점을 접하고, 때로는 맞지 않는 사람과의 협력을 통해 갈등 조절 역량과 사회적 기술을 익히는 계기가 되었다는 응답도 있었다. 이는 사회학 전공 특유의 '사회학적 상상력'과 '비판적 성찰'을 실천하는 과정에서 비공식적 경험이 중요한 역할을 할 수 있음을 시사한다.

또한, 응답자 일부는 잠재적 교육과정이 학문적 정체성과 실천적 지식을 연결해주는 접점 역할을 할 수 있었다고 평가하였다. 수업 밖 활동을 통해 사회 현상을 다각도로 해석하고, 수업에서 배운 이론을 삶과 연결지어보는 기회를 얻었다는 응답은 잠재적 교육과정이 지닌 교육적 중요성을 상기시킨다. 이는 잠재적 교육과정을 통해 사회학이 교실에서만 이뤄지는 것이 아닌 교실 밖, 여러 현장에서도 이뤄지는 것을 알 수 있다. 우리가 공공역사 답사를 통해 '교실에서의 사회학'을 벗어나 '현장에서의 사회학'을 배우는 것과도 같다.

반면, 잠재적 교육과정의 부정적 측면도 존재한다. 일부 학생은 사적인 친목 활동이 수업 참여에 오히려 부정적 영향을 줄 수 있다고 지적하였다. 특히 이들은 학과 내 일부 활동이 인간관계 스트레스를 유발하거나 형식적인 참여로 흐를 경우, 교육적 효과가 반감된다고 우려하였다. 이는 학과 학생회 활동이나 소모임 활동에 참여하지 않는 학우들은 오히려 학과에 대한 소속감과 멀어질 수 있음을 시사하는 것이다. 이처럼 잠재적 교육과정은 교과 외 활동을 통해 학습 환경을 다층적으로 확장하고 공동체적 학습 문화를 형성하는 데 기여하지만, 그 운영 방식과 내용에 따라 긍정적 혹은 부정적 결과로 이어질 수 있다는 것을 알 수 있다. 따라서, 학문적 역량 강화 및 교육 효과 제고를 위해서는 잠재적 교육과정을 공식 교육과정과 유기적으로 연계하고, 단순한 친목 위주가 아닌 학술적 호기심과 성장을 지원하는 방향으로 운영할 필요가 있다. 학생 참여를 촉진하되 그 참여가 학문적 가치와 공동체적 책임 의식을 함께 성찰하도록 설계되어야 할 것이다.

7) 소결: 개선점 및 종합 평가

(1) 교육과정의 개선점

<표 8-28> 교육과정 개선점에 대한 학생 평가 결과

응답	응답 현황
학생들의 진로 및 취업 지원 교육과정 강화	20회 (25.6%)
이론 수업과 실습 수업의 균형있는 배분과 운영	12회 (15.4%)
사회학 전공 교육과정의 다각화	12회 (15.4%)
교수-학생의 상호작용과 교류 기회 확대	10회 (12.8%)
지역사회 중심의 교육과정 강화	9회 (11.5%)
졸업생-재학생의 교류 기회 확대	7회 (9%)
학부 중심 대학의 교육과정 강화	6회 (7.7%)
학석사 연계 대학원 교육과정 강화	1회 (1.3%)
기타 (현행에 대한 만족으로 개선점이 없음)	1회 (1.3%)

*복수 응답이 가능한 문항

경상국립대학교 사회학과의 발전을 위한 학생들의 인식과 제안은 다각적인 측면에서 제시되었다. 특히 응답자들은 '사회학 전공 교육과정의 내실화'와 '다양한 학문 분야와 융합할 수 있는 기회의 확대'라는 두 축을 중심으로 개선 방향을 제시하였다. 가장 빈번하게 언급되는 항목은 진로 및 취업 지원 교육과정의 강화(복수 응답의 20회, 26%)였다. 이는 단지 졸업을 위한 학문적 완성도가 아니라 졸업 이후 사회 진출을 위한 실질적 준비가 요구된다는 인식을 반영한다. 학생들은 이론 위주의 교과 운영만으로는 진로 설계에 도움을 받기 어렵다고 판단하고 있으며, 현장실습, 직무 연계형 과목, 실무 경험을 다지는 프로그램과의 연계가 필요하다는 의견을 다수 제시하였다. 이와 더불어, 이론 수업과 실습 수업의 균형적 배분에 대한 요구(12회, 15%)도 매우 두드러졌다. 이는 사회학의 특성상 이론적 배경과 경험적 탐구의 조화를 통해 학문적 완성도를 높일 수 있다는 인식으로 학생들이 수업에서 다룬 개념을 실제 사례에 적용하거나 조사를 기획·분석할 수 있는 훈련이 병행되어야 한다는 점을 시사한다.

또한, 사회학 전공 교육과정의 다각화는 학문적 흥미와 선택권 보장 측면에서 문제로 제기되었다. 이는 학생 주도적 학습과 전공의 심화·확장을 동시에 도모할 수 있는 방향성을 시사한다. 아울러 교수-학생 간의 상호작용 확대 및 졸업생-재학생 간의 교류 강화 역시 다수의 학생들이 언급한 사안이다. 이는 교육과정 외적 요소로서 학과 공동체 내 유대감, 학습 동기 유발, 학술적 멘토링의 기반이 된다고 인식되는 것이다. 학생들은 다양한 연간 학생회 행사는 물론 동문회 및 교류의 날 등의 제도화를 통해 세대 간 연계와 경험을 공유하는 것이 보다 활성화되어야 함을 강조하였다. 타 학과에 비해 사회학과는 동문회 활동이 상당히 단절되어 있는 양상을 보인다. 이러한 졸업생 네트워크의 부재는 사회에 진출한 졸업생들이 학문적 지식의 실제 활용 방식이나 진로 설계, 현장 경험 등을 후배들에게 전달할 수 있는 기회를 상실하게 되는 것을 의미한다. 특히 사회학과처럼 진로 경로가 다변화된 양상을 보이는 학과에서는 졸업생의 다양한 경험이 중요한 멘토링 자원으로 기능할 수 있음에도 불구하고, 이러한 가능성이 제대로 실현되지 못하고 있다. 이로 인해 재학생은 진로 관련 정보를 교육과정 외부에서 개별적으로 탐색해야 하며, 이는 정보 접근의 불균형과 어려움을 초래할 수 있다.[19]

아울러 지역사회 중심의 교육과정이나 학부 중심의 교육과정 체계 강화 등의 의견도 일부 제기되었다. 이는 사회학의 실천성과 공공성을 인지한 제안으로 지역 현안에 대한 탐구나 지역 기관과의 협력 수업 등을 통해 지역과 연계된 학문적 실천이 가능하다는 인식의 반영이다. 동시에 현장 중심, 지역사회 중심의 교육 목표를 실현하려는 그간 노력의 성과로 해석할 수 있다. 이러한 제안들은 단순한 수업 만족도 개선을 넘어, 사회학과가 갖추어야 할 교육 철학과 실천 전략에 대한 학생들의 주체적인 문제의식을 보여준다. 따라서, 경상국립대학교 사회학과는 기존의 교육과정을 '학문적 깊이'와 '사회적 실용(천)성', '공동체적 소통'이라는 세 가지 축에서 재구성할 필요가 있으며, 이러한 재구성은 학생들의 경험에 기반한 실천적 통찰을 존중하며 진행되어야 할 것이다.

(2) 교육과정 설계의 종합적 평가

경상국립대학교 사회학과의 교육과정 설계에 대한 학생들의 평가를 종합하자면, 경상국립대학교 사회학과의 교육과정이 전공 학습의 기본기

19 또한 졸업생은 교육과정의 성과를 실제로 경험한 집단으로서 학과 발전에 대한 중요한 피드백을 제공할 수 있으나, 졸업생과의 연계가 단절되어 있을 경우 이러한 평가적 시각이 학과 운영에 반영되기 어려워, 결과적으로 교육과정 개선의 가능성도 제한될 수 있다.

를 다지는 데 있어 비교적 충실하다고 평가하였다. 특히 기초이론 과목의 적절한 배치와 전공 필수·선택 과목 간 균형은 학문의 방향성과 다양성을 함께 고려하고 있다는 점에서 긍정적으로 인식되었다. 사회학의 학제적 성격을 반영한 다양한 접근 방식은 이론적 시야 확장에 기여하며, 사고의 틀을 넓힐 수 있었다는 응답도 다수 확인되었다. 그러나 이론과 실습 간 균형에 대해서는 뚜렷한 비판이 제기되었다. 현재의 교육과정이 이론에 치우쳐 있으며, 실습 과목이 전공 필수 영역에서 충분히 반영되지 못하고 있다는 점이 반복적으로 지적되었다. 단순한 강의식 전달이나 논문 분석 중심의 실습을 넘어, 현장 중심의 실무적 경험을 제공하는 실습 과목 확대가 필요하다는 의견이 많았다. 학생들은 실습이 단지 보조적 역할을 넘어 사회학의 실제 적용 가능성을 체득할 수 있는 학습 기회가 되어야 한다고 인식하고 있었다.

과목 구성의 다양성 측면에서는, 일부 학생들이 흥미를 느낄 만한 과목이 부족하거나 개설 예정 과목이 예고 없이 변경되는 혼란을 겪고 있다는 점에서 구조적 불만이 드러났다. 기초교양 영역의 경우, 1차·2차 교육과정을 모두 경험한 학생들은 각각의 장단점을 인식하고 있었으며, '복수전공과 거리두기'를 벗어나기 위한 기초 교양 영역의 유연성과 '사회학 학문의 기초지식 습득'의 체계성 간 균형을 유지한 개선이 필요하다는 의견을 제시하였으며, 졸업 요건 중심의 기초교양 이수가 형식적으로 접근되는 경향이 있다는 점도 언급되었다.

비교과 프로그램과 특별 지원 사업은 긍정적 취지를 인정받고 있었으나, 참여율 저조와 정보 접근성 부족으로 인해 실효성 확보가 어렵다는 평가가 많았다. 프로그램 홍보 및 운영 체계 전반에 대한 개선이 요구되며, 특히 자격증 지원이나 트랙 이수증이 실용적으로 활용되기 위한 구조적 재설계가 필요하다는 지적이 있었다. 마지막으로 사회학이라는 학문의 평가 방식에 대한 진지한 고민도 나타났다. 현재 교육과정은 사회학의 기초 이해와 학문적 정체성을 함양하는 데 일정한 성과를 거두었으나, 실습 기회 확대, 과목 다양성 보완, 수강 선택권 확보, 비교과 실효성 강화, 평가 방식의 정비 등 구조적 개선 과제를 안고 있다. 특히 실용성과 진로 연계성을 높이기 위한 교육과정 설계가 절실하며, 이는 단순한 과목 조정이 아니라 학습 경험 전반의 재구성과 맞닿아야 함을 본 연구는 시사하고 있다.

5. 맺음말: 생성적 교육과정을 향하여

이 글은 경상국립대학교 사회학과 교육과정에 대한 학생들의 인식과 경험을 바탕으로, 교육과정의 적절성과 개선 방향을 성찰하기 위한 시도였다. 특히 단순한 만족도 조사에 머무르지 않고, 기초과목 이수 체계, 과목 구성의 다양성, 실습과 이론의 균형, 진로 및 자격증 연계 등 교육과정의 주요 구성 요소를 중심으로 학생 경험을 면밀히 분석하고자 했다. 정량적 설문과 더불어 주관식 서술 응답을 질적으로 분석함으로써, 학생들이 체감하는 교육과정의 실제 운영상 문제와 기대를 보다 구체적으로 드러내려는 시도가 이루어졌다는 점에서 실증적 가치가 있다.

무엇보다 이 글은 국내에서는 대학의 개별 학과 단위 교육과정에 대한 학생 주도의 주체적이고 비판적 분석을 시도한 첫 연구로서 의의가 있으며, 수용자 중심의 교육 혁신 논의가 실질적으로 이루어져야 할 지점을 실증에 기반하여 환기시킨 작업이라는 점에서 학문적 기여를 찾을 수 있다.

특히 다변화된 진로 경로 속에서 학문성과 실용성의 균형이 요구되는 사회학 전공의 특성상, 교육과정이 실제로 어떻게 설계되고 학생들이 이를 어떻게 체감하는지를 구체적으로 조명함으로써 보다 실천적인 교육과정 논의의 출발점을 제공하였다. 아울러 교육과정 개편 전후(1차·2차 교육과정) 학생들의 응답을 비교 분석함으로써 제도적 변화가 실제 수용자에게 어떤 영향을 미치는지를 실증적으로 드러내었으며, 향후 후속 연구 및 교육과정 개선을 위한 기초자료로 활용 가능한 토대를 마련해 보고자 하였다. 무엇보다도 본 연구는 교육의 주체로서 학생이 자신의 교육 경험에 대해 비판적으로 성찰하고 적극적으로 참여했다는 점에서 중요한 교육 실천적 의미를 지닌다. 이는 프레이리의 문제제기식 교육철학과 맞닿아 있으며, 학생 스스로가 교육과정을 재검토하고 제안하는 주체로서 기능함으로써 협력적인 교육 혁신의 주체로 작용할 수 있음을 보여주는 사례로 평가될 수 있다.

이러한 성과에도 이 글은 몇 가지 한계를 내포하고 있다. 첫째는 1차 교육과정 이수자 25명(재학생 13명, 졸업생 12명)과 2차 교육과정 이수자 9명[20]이라는 응답자 분포의 불균형은, 교육과정 간 비교 분석의 타당성과 일반화 가능성에 일정한 제약을 가져온다.

또한 조사 대상이 <사회학연구실습> 교과목을 이수 중이거나 이수

20 이 중 2명은 교양 교육과정에 대한 유의미한 결과를 제공하기 어려운 편입생이다.

한 졸업생이 대부분으로 학년 및 시기적 특성에 따른 성비 불균형이 존재한다. 특히 4학년 재학생 중에서는 군 복학으로 인해 1차 교육과정 이수자(2020학번) 남학생의 비율이 높고, 반면 2차 교육과정 이수자(2022학번)에서는 여학생이 대다수를 차지하고 있어, 성별 구성의 차이가 응답 경향에 영향을 미쳤을 가능성을 배제하기 어렵다. 이러한 표본 구성의 불균형은 연구의 분석 결과가 특정 집단에 과도하게 치우칠 위험성을 내포한다. 특히 교육과정의 체계적 차이를 비교하는 데 있어, 이러한 불균형은 응답 내용에 내재된 경험과 인식 차이를 왜곡하거나 과장되게 반영할 우려가 있다. 이는 각 교육과정 집단이 동일한 문항에 대한 응답이라 하더라도 그 해석이 달라질 수 있음을 의미한다. 따라서, 조사 결과는 각 집단의 맥락적 배경과 구체적 조건을 충분히 고려하여 해석할 필요가 있으며, 보다 균형 잡힌 표본 구성을 통해 후속 연구가 이루어진다면 비교 분석의 타당성과 신뢰성을 제고할 수 있을 것이다.

둘째, 조사 자체가 주관식 서술형 응답을 중심으로 정성적 분석을 수행하였기 때문에, 응답자의 개인적인 경험, 가치관, 학업 맥락 등이 응답 내용에 강하게 투영되었을 가능성이 있다. 이러한 특성은 다양한 서사와 목소리를 포착할 수 있다는 장점이 있는 동시에, 응답자의 관점이 과도하게 강조되어 전체 학생 집단의 일반적 경향을 대표할 수 있는 한계를 지닌다. 특히 정성적 자료의 해석 과정에서 연구자의 판단과 해석이 불가피하게 개입될 수 있다는 점도 고려할 수 있다. 따라서 연구자가 설정한 분석 틀이나 코드화 방식에 따라 동일한 응답이라도 해석이 달라질 수 있다는 점에서, 응답자의 의견을 '대표적 사실'로 일반화하기보다는, 특정 시점과 맥락 속에서의 인식 경향을 드러낸 자료로 이해해야 한다.

셋째, 이 조사는 주로 학생들의 응답을 중심으로 교육과정에 대한 평가를 수행하였기 때문에 교육과정의 효과를 장기적인 관점에서 검토하거나 교육과정 운영의 주체인 교수자의 시각을 함께 반영하지 못했다는 점에서 한계가 존재한다. 특히 교육과정의 설계 의도와 실제 운영 과정, 교수자의 교육철학 및 수업 전략 등은 교육과정의 성과와 밀접하게 연결되어 있음에도 불구하고, 이를 고려하지 못한 점은 분석의 깊이를 제한하는 요소로 작용한다. 또한 교육과정의 효과는 단기적인 만족도나 체감 수준뿐만 아니라, 졸업 이후 진로와 사회적 적용 가능성 등 장기적인 성과를 통해 보다 정확히 평가될 수 있다는 점에서 향후 후속 연구에서는 교수자의 인식과 졸업생의 실제 진로 경로 등을 함께 분석하는 종단적 연구가 필요할 것이다.[21]

결론적으로 이 글은 경상국립대학교 사회학과 교육과정에 대한 학생들의 경험과 인식을 바탕으로, 교육의 내용뿐만 아니라 운영 방식, 학과 공동체, 진로 연계성 등 교육 전반에 대한 문제의식을 파악함으로써 학생 중심의 교육 혁신 가능성을 고찰한 첫 시도로서 중요한 의의가 있다. 사회학이라는 학문의 공공성과 실천성을 반영한 교육과정은 단지 과목 개편에 머무르지 않고, 학습자 참여와 현장성, 그리고 공동체적 소통을 포괄할 때 비로소 실현될 수 있으며, 이 연구는 그 출발점으로서 작지만 의미 있는 실천적 기여를 남겼다.

---

21 덧붙이자면, 비교 대상으로 설정한 1차·2차 교육과정의 구분은 제도적으로 명확한 체제라기보다는 실무적 기준에 의거한 분류이기 때문에, 응답 분석과 해석 과정에서 다소의 유연성이 요구된다. 본 연구에서 구분한 1차·2차 교육과정은 학과 차원의 실무적 개편 시기를 기준으로 설정된 것이며, 교육부나 대학 본부 차원의 공식적인 교육과정 체제 구분은 아니다. 따라서, 일부 과목은 개편 전후 모두 공통적으로 포함되거나, 과목명이 변경되었지만 내용은 유사한 경우도 존재하여, 교육과정 간의 경계가 모호하게 인식될 수 있다. 특히 응답자들이 체감하는 교육과정의 변화는 학과 커리큘럼의 구조적 차이라기보다는 수강한 교수자나 수업 방식, 개인적 학습 경험에 따라 달라질 수 있기 때문에, 동일한 교육과정 분류 하에서도 이질적인 인식을 보일 수 있다. 이러한 점에서, 1차·2차 교육과정 간 비교 분석은 제도적 구분보다는 실질적인 경험과 체감의 차이에 초점을 맞춰 해석되어야 하며, 응답 내용의 분석 역시 경직된 비교가 아닌 과정의 존중과 상대적 맥락 속에서 유연하게 접근할 필요가 있다.

참고문헌

서언: 재난세대의 사회학, 그리고 희망의 교육학

기무라 유키노·김명희. 2024. “프레이리의 비판적 교육학이 지닌 대안교육적 함의: 비판적실재론과 대안교육전문지<민들레>를 중심으로”. 《교육인류학연구》 27(1): 1-36.

김명희. 2026. “경남에서 사회학하기: 세상에서 가장 소중한 나의 책”. 《교수신문》 제1278호, 2026년 1월 12일.

김현준·백선우·전주희·정정훈·조지훈, 2024. 『재난 이후, 사회: 참사 다음의 삶과 권리를 위하여』. 나름북스.

심성보. 2022. 『프레이리에게 변혁의 길을 묻다: 파울루 프레이리 교육학의 사상적 뿌리』. 살림터.

Bauman, Zygmunt et al. 2015. 『사회학의 쓸모』. 서해문집.

Mannheim, Karl, 2020. 『세대 문제』. 이남석 옮김. 책세상.

O'Cadiz, Pilar et al. 2022. 『교육과 민주주의: 교육감 파울로 프레이리의 교육개혁 실험』. 유성상 옮김. 살림터.

Freire, Paulo. 2002. 『희망의 교육학』. 교육문화연구회 옮김. 아침이슬

______. 2018. 『(50주년 기념판)페다고지』. 남경태·허진 옮김. 그린비.

______. 2020. 『프레이리의 교사론: 기꺼이 가르치려는 이들에게 보내는 편지』. 김한별 옮김. 오트르랩.

Freire, Paulo, Freire, Ana Maria Araújo, Giroux, Henry A., Denzin, Norman K. and Donaldo Macedo. 2020. 『연대의 페다고지』. 노일경·윤창국·허준 올김. 오트르랩.

1장

김윤희. 2021. 「사회적 참사를 기억하고 애도하는 방식 고찰」. 『우리문학연구』 72: 7-47.

윤미애. 2002. 「매체와 문화적 기억」. 『독일어 문화권 연구』 11: 38-62.

이도담. 2017. 「문화적 기억과 장소에 관한 성찰: A 아스만의 『기억공간』을 중심으로」. 『철학과 문화』 36: 70-91.

이윤미·박철옥. 2020. 「세월호 참사에 대한 기억특성과 사건 중심성 간 관계」. 『한국위기관리논집』 16(7): 101-124.

임인재. 2020. 「재난 보도 프레임이 수용자 감정과 인지에 미치는 영향: 구체적 감정의 매개효과, 미디어 양식과 위험 신호가능성의 조절효과 중심」. 『한국언론학보』 64(4): 355-399.

전진성. 2003. 「기억과 역사: 새로운 역사·문화이론의 정립을 위하여」. 『한국사학사학보』 8: 101-114.

정용복·최명일. 2025. 「저널리즘에 투영된 사회적 기억: 제민일보 <4·3은 말한다>의 의미연결망 분석」. 『한국언론정보학보』 129: 188-231.

최윤재·전세훈. 2025. 「한국사회 재난참사 인식에 대한 연구: 재난담론의 정치화」. 『한국사회』 26(1): 88-99.

홍숙영. 2019. 「재난사건에 대한 추모의 지속성과 사회참여」. 『인문사회21』 10(6): 1841-1855.

Babbie, Earl. 2021. 『사회조사방법론』. 제 15판, 1쇄. 고성호·김광기·김상욱·문용갑·민수홍·유홍준·이성용·이정환·장준오·정기선·정태인 옮김. Cengage Learning.

2장

◈ 논문 및 저서

김소진. 2022.「재난불평등과 젠더, 그리고 팬데믹 이후의 과제」.『민주법학』 78: 185-187.

김동진. 2023.「국민의 건강수준 제고를 위한 건강형평성 모니터링 및 사업 개발-건강형평성 관점의 재난통계 개선 방안」.『한국보건사회연구원』 278-279.

김병수·고명석. 2020.「재난 및 안전관리 기본법에 관한 개선방안 연구, 재난 정의 및 관리대응 중심으로」.『한국공안행정학회보』 29(4): 7-8.

김치홍·김명희. 2024.「이태원 참사 159번째 희생자의 자살에 대한 사회학적 심리부검: 재난참사 피해자의 재희생자화를 중심으로」.『한국사회학』 58(3): 9.

김현준. 2016.「환경재난과 인권의 법적 문제」.『土地公法硏究』 73(2): 315-316.

박재묵. 2008.「환경재난으로부터 사회재난으로: 허베이 스피리트호 기름유출사고에 대한 사회적 대응 분석」.『환경사회학연구 ECO』 12(1): 17-25.

이지연·오민석. 2024.「재난과 돌봄 생활 : 강원도 산불피해지 들의 비공식적 자원과 거주지 선택에 주목하여」.『가족과문화』 36(4): 90-92.

조효제. 2020.「탄소 사회의 종말」.『21세기북스』.

Babbie, Earl. 2013.『사회조사방법론』. 제13판, 7쇄. 이성용·유홍준·정기선·고성호·이정환·민수홍·문용갑·김광기·김상욱·장준오 옮김. Cengage Learning.

◈ 언론 및 기타

강유정. 2025.「산불 재난문자 쏟아졌지만 '무용지물'... 어르신 대부분 볼 줄 몰라」.『인사이트』 2025년 3월 29일. https://www.insight.co.kr/news/497095 (검색일: 2025. 5. 18).

「국민재난안전포털」. 2025. "경북 초대형 산불 발생부터 진화까지" https://www.safekorea.go.kr/idsiSFK/neo/sfk/cs/sfc/dis/disasterNewsView.jsp?menuSeq=619&cno=762191 (검색일: 2025. 5. 14).

김유빈. 2025.「고령 어르신에 무용지물 재난문자…"온 줄도 몰랐다" "볼 줄도 몰라"」.『대구신문』 2025년 3월 30일. https://www.idaegu.c o.kr/news/articleView.html?idxno=505037 (검색일: 2025. 5. 24).

김조휘.「2025.산불 솜망방이 처벌? 화재가 남긴 씻을 수 없는 상처[기자수첩]」.『노컷뉴스』 2025년 5월 17일. https://www.nocutnews.co.kr/news/6341075?utm_source=naver&utm_medium=article&utm_campaign=20250517085742 (검색일: 2025. 5. 18).

문형민. 2025.「산불에 통신망 속수무책…"인프라 재점검할 때"」.『연합뉴스TV』 2025년 3월 31일. https://youtu.be/Cbi26-1lQ_k?feature=shared (검색일: 2025. 6. 4).

민정희. 2020.「이주민 인권단체 "이주민 차별하는 코로나19 마스크 대책 규탄"」.『KBS뉴스』 2020년 3월 7일. https://news.kbs.co.kr/news/pc/view/view.do?ncd=4396317&ref=A (검색일: 2025. 6. 4).

박승철. 2008.「서해 기름유출사고, 주민 셋 자살하고서야 558억 배분」.『매일경제』 2008년 1월 21일. https://www.mk.co.kr/news/society/4358081 (검색일: 2025. 5. 17).

방지현. 2022.「코로나19가 사회적 약자에게 미친 영향」.『Wisdom Agora』 2022년 4월 29일. https://lrl.kr/chdnZ (검색일: 2025. 5. 12).

법무부. 2025.「'산불 특별재난지역' 피해 외국인을 지원합니다」.『대한민국 정책브리핑』 2025년 3월 31일. https://www.korea.kr/briefing/pressReleaseView.do?newsId=156681627 (검색일: 2025. 5. 24).

「산림청」. 2025. "산불발생정보" https://www.forest.go.kr/kfsweb/kfs/idx/Index.do?mn=NKFS_01&mainType=01&slide=2 (검색일: 2025. 4. 14).

유규상. 2025. 「"할매, 피해요!" 업고 뛴 이주민… 산불 난 영덕마을 이웃 살렸다」. 『서울신문』 2025년 5월 6일. https://v.daum.net/v/20250506050108462 (검색일: 2025. 6. 5).

유영규. 2025. 「하루아침에 '불법체류자' 전락…각종 산불피해에 외국인도 한숨」. 『SBS News』 2025년 4월 2일. https://news.sbs.co.kr/news/endPage.do?news_id=N1008045817 (검색일: 2025. 5. 24).

윤연정. 2025. 「최악의 한국 산불…"기후변화로 산불 가능성 두 배 된 결과"」. 『한겨레』 2025년 5월 1일. https://www.hani.co.kr/arti/society/environment/1195236.html (검색일: 2025. 6. 4).

장성훈. 2025. 「산불 휩쓴 뒤 '긴급재난문자'…"늑장 대응이 피해 키워"」. 『MBC News』 2025년 4월 2일. https://imnews.imbc.com/replay/2025/nwdesk/article/6702450_36799.html (검색일: 2025. 5. 17).

장수경. 2025. 「산불 대피체계 미흡, 정부도 인정…불길 도달 5시간 전 즉시 피한다」. 『한겨레』 2025년 4월 16일. https://www.hani.co.kr/arti/area/area_general/1192683.html (검색일: 2025. 5. 18).

장수지. 2022. 「스마트팜 장려하는 정부, 농촌선 미흡한 통신망에 '쩔쩔'」. 『한국농정』 2022년 10월 2일. https://www.ikpnews.net/news/articleView.html?idxno=48635 (검색일: 2025. 6. 5).

정경인. 2023. 「"인터넷에서 100% 예매하니까"…노인팬, 야구장 함성 뒤로한 채 발길 돌려 '온라인 세상'서 소외」. 『세계일보』 2023년 11월 10일. https://www.segye.com/newsView/20231110512522?OutUrl=naver (검색일: 2025. 5. 24).

정진규. 2025. 「충북 산불 피해, 특정 지역 쏠림…이유는?」. 『KBS News』. 2025년 4월 9일. https://n.news.naver.com/mnews/article/056/0011928605 (검색일: 2025. 4. 17).

최동희. 2025. 「장애인 대피 어쩌나…산불 대응 사각지대」. 『KBS뉴스 대구경북』 2025년 4월 21일. https://youtu.be/WH_pL0I9g4Y?feature=shared (검색일: 2025. 5. 24).

최보규. 2025. 「산불 사망자 71% '거동불편자'…농촌 산불대응 체계 재점검해야 [9시 뉴스]」. 『KBS News』 2025년 3월 31일. https://youtu.be/T_8dwor2yXM?feature=shared (검색일: 2025. 5. 14).

최석환. 2025. 「산청·하동 산불 피해 면적, 애초 집계보다 1.8배 더 넓다」. 『경남도민일보』 2025년 4월 20일. https://www.idomin.com/news/articleView.html?idxno=935462 (검색일: 2025. 5. 17).

최호림. 2025. 「[기고] 산불 재난으로 본 지방자치의 민낯」. 『경남도민일보』 2025년 4월 27일. https://www.idomin.com/news/articleView.html?idxno=936115 (검색일: 2025. 5. 18).

황지원. 2025. 「지상파 재난방송 단 몇차례…"대한민국은 서울공화국" 성토 뜨거워」. 『농민신문』 2025년 3월 26일. https://www.nongmin.com/article/20250326500726 (검색일: 2025. 5. 18).

행정안전부. 2025. 「'최대 순간풍속' 고려해 산불확산 예측…주민대피 3단계 체계 마련」. 『대한민국 정책브리핑』 2025년 4월 16일. https://www.korea.kr/news/policyNewsView.do?newsId=148941930 (검색일: 2025. 5. 17).

「KBS대구」. "사상 최악의 영남권 산불 피해, 1,200도 열기 속에서 산불에 맞선 진화대원들의 목숨 건 사투". 2025년 3월 28일. https://youtu.be/gKTt680VQJs?feature=shared (검색일: 2025. 5. 14).

「KBS대구」. "[경북 산불 재난특집] 화마가 삼킨 봄". 2025년 3월 28일. https://youtu.be/gKTt680VQJs?feature=shared (검색일: 2025. 5. 14).

「국가법령정보센터」. "임시주거용 조립주택 운영지침" https://www.law.go.kr/admRulLsInfoP.do?admRulId=62709&efYd=0 (검색일: 2025. 5. 18).

「국가법령정보센터」. "재난 및 안전관리 기본법" https://www.law.go.kr/%EB%B2%95%EB%A0%B9/%EC%9E%AC%EB%82%9C%EC%95%88%EC%A0%84%EB%B2%95 (검색일: 2025. 4. 14).

3장

◈ 논문 및 저서

기무라 유키노·김명희. 2024.「프레이리의 비판적 교육학이 지닌 대안교육적 함의 : 비판적 실재론과 대안교육 전문지 <민들레>를 중심으로」.『사회와이론』 27(1): 1-36.

길리건, 제임스(Gilligan, James). 2012.『왜 어떤 정치인은 다른 정치인보다 해로운가』. 이희재 옮김. 교양인.

김명희. 2020.「5.18 자살의 계보학: 치유되지 않은 5월」.『경제와 사회』 126: 78-115.

______. 2024.「직업집단의 자살과 자살론의 정치적 해석:초등 교사들의 '아노미-숙명론적 자살'을 중심으로」.『사회와이론』 47: 173-239.

______. 2025.『다시 쓰는 자살론: 자살 국가와 사회정의』. ㈜그린비.

김덕환·박동균. 2018.「경찰공무원의 자살원인 분석과 예방대책」.『한국치안행정논집』 46: 21-50.

김인숙. 2017.「사회복지전담공무원의 일 조직화: 제도적 문화기술지」.『한국사회복지행정학』 19(1): 101-139.

김치홍·김명희. 2024.「이태원 참사 159번째 희생자의 자살에 대한 사회학적 심리부검: 재난참사피해자의 재희생자화를 중심으로」.『한국사회학』 58(3): 131-182.

Durkheim, Émile. 2008.『자살론』. 황보종우 옮김. 청아출판사.

박상융. 2024.『경찰, 더 위험하다』. 행복에너지.

박종철·곽영걸. 2017.「경찰공무원 자살 실태 및 개선 방안」.『경찰복지연구』 5(2): 144-178.

부민서·조윤오. 2020.「경찰 조직문화와 감정조절능력을 고려한 경찰 스트레스(PTSD)와 자살생각 간의 관계」.『한국치안행정논집』 17(4): 145-160.

송해리·김명희. 2022.「간호사 '태움' 자살에 대한 사회학적 연구」『한국사회학』 56(4): 103-144.

송혜진. 2022.「경찰조직 내 심리부검 도입에 관한 연구: 경찰공무원 자살을 중심으로」.『한국공안행정학회보』 31(4): 117-140.

어보경. 2022.『나는, 경찰서로 출근합니다』. 지식인하우스.

원도. 2022.『경찰관속으로』. 이후진프레스.

이만석. 2023.「지역경찰관의 직무스트레스와 자살생각과의 관계에서 가족건강성에 의해 조절된 소진의 매개효과」. 전주대학교 일반대학원 석사학위논문.

이황우. 2012.『경찰행정학』. 서울: 법문사.

정세종. 2008.「수사경찰관의 성과평가와 인센티브제도에 관한 연구」.『한국경찰연구』 7(3): 37-60.

장신중. 2016.『경찰의 민낯』. 좋은 땅.

한국노동연구원. (2012). 경찰교대제와 노동시간 . 서울: 한국노동연구원.

허경미. 2012.「신자유주의 시대의 경찰 패러다임 변화 연구」.『한국범죄심리연구』 8(1): 215-236.

황세웅. 2012.「경찰공무원의 자살생각에 미치는 영향요인」.『한국치안행정논집』 9(2): 1-21.

◈ 언론 및 기타

국가법령정보센터. https://www.law.go.kr/법령/경찰공무원보건안전및복지기본법/(14839,20170726) (검색일: 2025. 11. 28).

______. https://www.law.go.kr/법령/공무원수당등에관한규정 (검색일: 2025. 11. 28).

______, https://www.law.go.kr/법령별표서식/(공무원수당 등에 관한 규정,20251104,별표12) (검색일: 2025. 11. 28).

______, https://www.law.go.kr/행정규칙/경찰의식규칙/(582,20210122) (검색일: 2025. 11. 28).

______, https://www.law.go.kr/법령/공무원수당등에관한규정 (검색일: 2025. 12. 14).

______. https://www.law.go.kr/행정규칙/경찰의식규칙/(582,20210122) (검색일: 2025. 12. 14).

공민경. 2024. 「열흘 사이 경찰관 세 명이 숨졌다…“누가 죽음으로 내몰았는가”」. 『KBS뉴스』 2024년 7월 29일. https://news.kbs.co.kr/news/pc/view/view.do?ncd=8023675 (검색일: 2025. 5. 18).

김명희. 2022. 「[제255호] 인문학술 에밀 뒤르케임의 「자살론」으로 보는 5.18 자살」. 『경희대학교 대학원보』 2022년 6월 23일. https://khugnews.co.kr/?p=4547 (검색일: 2025. 5. 22).

선담은. 2019. 「[뉴스AS] ‘걸그룹 댄스 여경’ 홍보영상은 왜 문제일까요?」. 『한겨레』 2019년 5월 23일. https://www.hani.co.kr/arti/society/society_general/894993.html (검색일: 2025. 5. 23).

이광호. 2013. 「경찰의장대의 ‘강남스타일」. 『뉴스1』 2013년 4월 28일. https://www.news1.kr/photos/448369 (검색일: 2025. 5. 23).

이지혜. 2024. 「경찰, 한 달에 1.9명씩 목숨 끊는다…상담인력은 36명뿐」. 『한겨레』 2024년 7월 29일. https://www.hani.co.kr/arti/society/society_general/1151120.html (검색일: 2025. 5. 18).

이만석 전북경찰청 경정. 2023. 「경찰관의 자살 심각한 수준, 예방을 위한 해법은 없을까?」. 『전북도민일보』 2023년 3월 5일. https://www.domin.co.kr/news/articleView.html?idxno=1416268 (검색일: 2025. 5. 18).

장예지·박재영. 2022. 「용산경찰서 전 정보계장 숨진 채 발견... 보고서 삭제 지시 의혹」. 『한겨레』 2022년 11월 11일. https://www.hani.co.kr/arti/society/society_general/1066848.html (검색일: 2025. 5. 23).

4장

◈ 논문 및 저서

권수현. 2023. 「백래시는 정치다: 대응도 정치적으로」. 『페미니즘연구』 23(2): 127-139.

김만권. 2021. 「‘우파 포퓰리즘’의 부상으로서의 ‘이준석 현상’」. 『황해문화』 113: 55-73.

김명희. 2025. 「경상남도 일본군 '위안부' 역사관 건립과 제도적 부인: 인권 기반 접근」. 『사회와 역사』 146: 11-48.

김올튼. 2024. 「외국인 가사관리사 정책 담론 심문하기」. 『페미니즘 연구』 24(2): 227-274.

김은희. 2019. 「여성정치대표성과 할당제: 제도화 20년의 한국적 경험과 또 다른 길 찾기」. 『이화젠더법학』 11(3): 107-139.

김지민·김경민·최고훈. 2023. 「20대 대선과 ‘젠더 포퓰리즘’: 정치적 양식의 반페미니즘적 구성을 중심으로」. 『한국여성학』 39(2): 203-239.

민가영. 2022. 「‘피해’개념의 재배치 시대에 여성주의적 개입을 위한 시론」. 『한국여성학』 38(1): 213-236.

신경아. 2023. 『백래시 정치: 안티페미니즘은 어떻게 권력이 되었나』. 동녘.

신진욱. 2009. 「시장포퓰리즘 담론의 구조와 기술: 이명박 정권의 정책담론에 대한 비판적 담론 분석」. 『경제와사회』 81: 273-299.

안숙영. 2016. 「민주화 이후 민주주의와 여성의 정치적 대표성」. 『페미니즘 연구』 16(1): 121-147.

윤지영. 2021. 「젠더 게임 해부하기: 정치적 부족주의에 입각한 반동의 정치에 대한 비판」. 『문화와 사회』 29(3): 7-71.

이성빈·김명희. 2024. 「MBTI 유행의 문화정치학: 청년세대의 MBTI 수용과 활용에 대한 비판적 담론분석」. 『기억과 전망』 51: 80-141.

이진옥. 2017. 「대선과 젠더 정치: 18대 대선과 19대 대선의 불/연속성을 중심으로」. 『여성학연구』 27(2): 95-137.

이진옥. 2018. 「여성 정치와 페미니즘 정치 사이: 촛불혁명 이후 젠더 민주주의 구축을 위한 모색」. 『기억과 전망』 39: 193-242.

장은미·이소현. 2021. 「정치권력과 젠더: '여성' 대통령 박근혜 이미지를 중심으로」. 『한국여성학』 37(2): 167-201.

정성조. 2019. 「청년세대 담론의 비판적 재구성:젠더와 섹슈얼리티를 중심으로」. 『경제와 사회』 123: 12-39.

페어클러프, 노만(Fairclough, Norman). 2012. 『담화분석방법』. 김지홍 역. 경진.

홍지아. 2022. 「젠더갈등은 어떻게 우리 사회의 주요 담론이 되었는가?: 보수언론의 젠더갈등 기사 분석을 중심으로」. 『미디어, 젠더&문화』 37(2): 99-155.

◈ 보고서

강희영·최유정. 2019. 「여성혐오 담론 분석을 통해 본 사회적 갈등 대응방안 연구」. 서울시 여성가족재단 연구사업 보고서.

TAPACROSS. 2019. 「소셜 빅데이터로 보는 2019 시대정신」.

◈ 신문기사

권진. 2025. 「갈라진 정치, '성평등' 어떻게 밀어냈나[내가 만드는 복지국가]」. 『프레시안』 2025년 5월 17일. https://n.news.naver.com/article/002/0002389038?sid=102 (검색일: 2025. 5. 23).

김명일. 2021. 「하지원, 머릿결 상해 숏컷했는데 악플…정치권서도 "탈레반이냐" 비판」. 『조선일보』 2021년 8월 21일. https://www.chosun.com/politics/politics_general/2021/08/21/FHWGGLEDURCY5NDH5PL2S6CASI/ (검색일: 2025. 5. 23).

김서영. 2025. 「사라진 성평등, 상처만 남았다…'반페미니즘' 윤석열 정부의 2년 반」. 『경향신문』 2025년 3월 7일. https://n.news.naver.com/article/032/0003355179?sid=102 (검색일: 2025. 5. 23).

김정은. 2021. 「장혜영 "페미니즘이 싫습니까? 그럼 여성을 죽이지 마세요"」. 『매일경제』 2021년 11월 21일 https://www.mk.co.kr/news/politics/10108151 (검색일: 2025. 5. 23).

김현정. 2023. 「또 전 정부 탓?? '악취'나는 대회라니... '잼버리 사태' 팩트체크 총정리 [시사종이 땡땡땡]」. 『한겨레』 2023년 8월 7일. https://www.hani.co.kr/arti/politics/politics_general/1103385.html (검색일: 2025. 5. 23).

김현빈. 2022. 「윤석열 "내가 보복정치? 죄지은 민주당 사람들 생각일 뿐" [인터뷰]」. 『한국일보』 2022년 2월 7일. https://www.hankookilbo.com/News/Read/A2022020616070004064?did=NA (검색일: 2025. 5. 23).

김효실·정인선. 2025. 「'비동의 강간죄 검토' 철회 뒤에 대통령실 감찰 있었다」. 『한겨레』 2025년 2월 20일. https://www.hani.co.kr/arti/society/women/1183456.html (검색일: 2025. 5. 23).

문지연. 2021. 「페미 올인해 與 졌다는 이준석 "20대남 특권 누린적 없다"」. 『중앙일보』 2021년 4월 12일. https://www.chosun.com/politics/politics_general/2021/07/10/ZFE4SUXJLRCVVDMBKTMNP5JCYI/?utm_source=naver&utm_medium=referral&utm_campaign=naver-news (검색일: 2025. 5. 23).

문지연. 2021. 「하태경 "여가부 폐지가 갈등 조장? 상황 파악 못 하는 소리"」. 『조선일보』 2021년 7월 10일. https://www.chosun.com/politics/politics_general/2021/07/10/ZFE4SUXJLRCVVDMBKTMNP5JCYI/?utm_source=naver&utm_medium=referral&utm_campaign=naver-news (검색일: 2025. 5. 23).

미류. 2021. 「페미니즘 백래시가 무너뜨리는 것」. 『비마이너』 2021년 7월 15일. https://www.beminor.com/news/articleView.html?idxno=21669 (검색일: 2025. 6. 8).

박다해. 2019. 「[단독] "페미니즘 무장한 20대 여성은 집단이기주의"라는 대통령 직속 정책기획위」. 『한겨레』 2019년 2월 27일. https://www.hani.co.kr/arti/society/women/883750.html (검색일: 2025. 9. 19).

박태근. 2021. 「하태경 "여가부가 보호하는건 '여성' 아닌 여성단체 기득권"」. 『동아일보』 2021년 7월 10일. https://www.donga.com/news/article/all/20210710/107887583/23/2 (검색일: 2025. 5. 23).

송광호. 2023. 「여성혐오에 기댄 남성들의 반격…신간 '백래시 정치'」. 『연합뉴스』 2023년 2월 1일. https://www.yna.co.kr/view/AKR20230201092200005 (검색일: 2025. 9. 14).

신다인. 2024. 「"윤석열의 안티 페미니즘 정치가 2030여성 광장으로 불렀다"」. 『여성신문』 2024년 12월 11일. https://www.womennews.co.kr/news/articleView.html?idxno=255687 (검색일: 2025. 5 23).

오세진. 2022. 「'성평등' '성소수자' 뺀 교육과정 개정안…어떻게 가르치려고?」. 『한겨레』 2022년 11월 9일. https://www.hani.co.kr/arti/society/society_general/1066543.html (검색일: 2025. 5. 23).

원선우. 2022. 「윤석열측 "여성부는 남혐부, 깔끔하게 박살내야"」. 『조선일보』. 2022년 1월 10일. https://www.chosun.com/politics/election2022/2022/01/10/C7BDS5WSNVEL5KKVES7JBJYBVQ/ (검색일: 2025. 5. 23).

이보람. 2021. 「"오늘도 살아서 집 갈수 있을까" 전효성 발언에 남성들 발칵」. 『중앙일보』 2021년 10월 29일. https://www.joongang.co.kr/article/25019223 (검색일: 2025. 5. 23).

이수진. 2023. 「"여가부 '여성폭력 피해자 지원 예산' 142억 삭감… 전면 백지화하라"」. 『여성신문』 2023년 10월 9일. https://www.womennews.co.kr/news/articleView.html?idxno=241458 (검색일: 2025. 5. 23).

전준강. 2022. 「하태경 "제도적 여성차별 이제 없어...여성할당제 폐지하자"」. 『인사이트』 2022년 2월 7일. https://web.insight.co.kr/news/394274 (검색일: 2025. 5. 23).

조혜선. 2021. 「"나도 퐁퐁남이었다"…남초 강타한 '설거지론'이 뭐기에」. 『동아일보』 2021년 10월 27일. https://www.donga.com/news/Society/article/all/20211027/109936093/2 (검색일: 2025. 5. 23).

진혜민. 2023. 「"윤석열 정부 1년, 여성·성평등 정책 후퇴…그래서 민주당은?"」. 『여성신문』 2023년 5월 3일. https://www.womennews.co.kr/news/articleView.html?idxno=236800 (검색일: 2025. 5. 23).

5장

◈ 논문 및 저서

김미경. 2017. 「친밀성의 구조변동과 가족구조의 변화: 바우만의 문제의식과 루만의 인식론을 통한 접근」. 『젠더와 문화』 10(2): 75-101.

김정희. 2017. 「반려견 양육경험이 반려인의 우울감소와 주관적 행복감에 미치는 영향:양적연구과 질적연구의 혼합」.서울기독대학교 대학원 사회복지학과 국내석사학위논문.

이서윤. 2009. 「현대 한국사회에서 '애완동물'의 사회학적 의미」. 부산대학교 사회학과 국내석사학위논문.

안섭민. 2016.「개-엄마들의 사회적 세계 : 고급동물종합병원에 대한 민족지적 연구」. 서울대학교 인류학과 국내석사학위논문.

형준. 2017.「가족구조 변화와 반려동물산업 변화」. 고려대학교 경제학과 국내석사학위논문.

이영주. 2006.「한국가족의 구조변화와 대응방안」. 한영신학대학교 기독상담 대학원 기도상담학 국내석사학위논문.

Bauman, Zygmunt. 2009.『액체근대』. 이일수 옮김. 강.

Babbie, Earl. 2021.『사회조사방법론』. 제 15판, 1쇄. 고성호·김광기·김상욱·문용갑·민수홍·유홍준·이성용·이정환·장준오·정기선·정태인 옮김. Cengage Learning.

Durkheim, Émile. 1995.「부부중심 가족」, 박숙자 외 편역,『가족과 성의 사회학』. 나남, 111-123쪽.

◈ 언론 및 기타

이기인. 2025. 다정한 이웃, 동물에게 '배운다'.『충청리뷰』 2025년 5월 14일. https://www.ccreview.co.kr/news/articlePrint.html?idxno=330040 (검색일: 2025. 5. 15).

허미담. 2021「"강아지는 가족" 결혼, 출산 대신 '반려동물'로 외로움 달래는 청년층 [허미담의 청춘보고서]」.『아시아경제』 2021년 5월 15일. https://view.asiae.co.kr/article/2021051315383385451 (검색일: 2025. 5. 19).

6장

◈ 논문 및 저서

김순양. 2010.「정책과정분석에서의 정책네트워크 Policy Network 모형 – 이론적, 실천적 적실성의 검토 및 제언」.『한국정책학회보』 19(4): 177-210.

김언호·김렬. 2011.「대구 버스준공영제 도입과정의 정책네트워크 특성 -정책행위자의 이익경쟁적 쟁점과 활동을 중심으로」.『대한정치학회보』 19(2): 261-280.

김현우·이원욱. 2009.「버스준공영제 정책의 효과성 평가」.『국가정책연구』 23(4): 141-168.

박철. 2021.「지역정치와 주민자치: 지역정당과 주민자치주체기구 도입과 생활정치」.『한국지방자치학회』 2021(2): 575-596.

박철. 2024.「지역정치와 주민자치 -부제: 지역정치와 지방정부 · 지방의회 · 주민자치주체기구의 주민자치 핵심 역할-」.『한국지방자치학회』 2024(1): 187-202.

최승현·조규석·유연승·도명식. 2024.「시내버스 운송업의 운영효율성 분석 : 준공영제와 민영제 비교를 중심으로」.『대한교통학회지』 42(1): 94-106.

◈ 언론 및 기타 자료

김용락. 2024.「버스 준공영제 도입' 놓고 진주시·김해시 상반된 행보」.『경남신문』 2024년 2월 28일. https://www.knnews.co.kr/news/articleView.php?idxno=1426700 (검색일 : 2025. 4. 18).

김종현. 2023.「진주, 주민청구 준공영제 조례안 두고 갑론을박」.『경남도민일보』 2023년 9월 6일. https://www.idomin.com/news/articleView.html?idxno=834070 (검색일: 2025. 5. 13).

김종현. 2024.「진주, 주민 발의 첫 조례안 결국 부결」.『경남도민일보』 2024년 2월 26일. https://www.idomin.com/news/articleView.html?idxno=904819 (검색일: 2025. 5. 16).

박정헌. 2024.「진주 버스 준공영제 조례 부결에 시민단체 "제정 약속 지켜야"」.『연합뉴스』 2024년 2월 26일. https://www.yna.co.kr/view/AKR20240226123400052 (검색일 : 2025. 4. 18).

법제처. 「서울특별시 시내버스 준공영제 운영에 관한 조례」. https://www.law.go.kr/ordinSc.do?menuId=3&subMenuId=27&tabMenuId=139&query=%EC%A4%80%EA%B3%B5%EC%98%81%EC%A0%9C (검색일: 2025. 5. 20).

◈ 연구 참여자 녹취록

진주 시민버스 관계자 녹취록. 2025. 5. 13.

7장

◈ 논문 및 저서

강준만. 2016. 「자기계발의 문화정치학: 자기계발 담론의 커뮤니케이션 유형을 중심으로」. 『스피치와커뮤니케이션』 15(3): 133-174.

고영재. 2022. 『당신이 알던 MBTI는 진짜 MBTI가 아니다: MBTI를 '올바르게' 활용하여 '나다움'을 극대화하는 방법』. 인스피레이션.

곽병열·전상훈. 2024. 『(아직도 주식 투자가 어렵다면) MBTI 투자법』. 한국경제신문.

김석란. 2006. 「사주와 MBTI성격이론과의 상관관계 연구」. 국제문화대학원대학교 석사학위논문.

김민정. 2019. 「'역량기반' 대학교육의 통치성에 대한 비판적 고찰」. 『사고와 표현』 제12권 1호. 195-220.

김선기. 2016. 「'청년세대' 구성의 문화정치학」. 『언론과사회』 24(1): 5-68.

김성환. 2022. 『(진정한 나다움의 발견) MBTI: 타고난 성격을 성공 스펙으로 만드는 법』. 좋은땅.

김소나. 2022. 『그와 그녀의 MBTI가 사랑스러운 다람쥐: 연인 이해 프로젝트』. 이북스미디어.

김숙영. 1994. 「MBTI를 통해 본 非行靑少年들의 性格類型」. 『법무연구』 21: 87-115.

김영은·윤태진. 2013. 「한국사회 내 프레젠테이션 문화의 출현과 그 의미」. 『한국소통학보』 20: 150-187.

김인겸·임영훈. 2022. 「MBTI 성격유형에 따른 동적 웹 디자인 선호도 연구: 20대 사용자를 중심으로」. 『애니메이션연구』 18(4): 70-89.

김정택·심혜숙. 1991. 『MBTI 안내서』. 한국심리검사연구소.

김재형. 2022. 『당신이 몰랐던 MBTI』. 스리체어스.

김주환. 2012. 「신자유주의 사회적 책임화의 계보학」. 『경제와사회』 96: 210-251.

_______. 2020. 「숙명적 비극의 시대, 청년들의 절대적 고통 감정과 희생자-신 되기의 탈정치」. 『사회와 이론』 36: 49-92.

김홍중. 2015. 「서바이벌, 생존주의, 그리고 청년세대」. 『한국사회학』 49(1): 179-212.

나남임. 2010. 「명리학의 성격론과 MBTI성격유형 비교연구」. 원광대학교 동양학대학원 석사학위논문.

나우진·김준환·이지희. 2023. 『MBTI의 모든 것: 세상에서 가장 쉽고 재미있는 MBTI』. 메이트북스: 원앤원콘텐츠그룹.

노진철. 2012. 「신자유주의와 학교폭력의 연계성」. 『철학과현실』 93: 45-57.

류지헌. 2022. 「MBTI 성향에 따른 가구 색 선호도 연구: 20대 외향형/내향형 성향을 중심으로」. 『한국가구학회지』 33(2): 197-204.

박성미. 2023. 『MBTI 연애 심리학: '그 사람'이라는 오지를 탐험하는 당신을 위한 내비게이션』. 시크릿하우스.

박소진·김익수. 2023.『오늘도 MBTI를 확인했습니다: 너와 나의 건강한 관계를 위한 MBTI 소통법』. 원앤원북스.

박수정·양은진. 2022.「미용소비자의 성격유형(MBTI)에 따른 SNS 광고 속성 선택이 구매 행동에 미치는 영향」.『미용예술경영연구』 16(4): 103-119.

박재흥. 2003.「세대 개념에 관한 연구: 코호트적 시각에서」.『한국사회학』 37(3): 1-23.

박정훈. 2021.『(MBTI) 사랑학 개론』. 하움출판사(HAUM).

_______. 2022.『MBTI 공부법: 최상위 1%의 비밀』. 하움출판사(HAUM).

박철용. 2020.『MBTI의 의미: 칼 융의 철학적 유형론』. HAUM(하움출판사).

박한평. 2024.『MBTI 관찰일지: 다정한 언어로 해석하는 16가지 성격유형』. HUDDLING BOOKS(허들링북스).

백종화. 2022.『일하는 사람을 위한 MBTI: 탁월한 성과를 만드는 MBTI 직장 사용 설명서』. 중앙books: 중앙일보에스.

서동진. 2009a.『자유의 의지 자기계발의 의지』. 돌베개.

_______. 2009b.「신자유주의 분석가로서의 푸코: 미셸 푸코의 통치성과 반정치적 정치 회로".『문화과학』 57: 315-335.

신동일. 2022.『담론의 이해』. 책세상.

엄현주. 2013.「MBTI 검사와 사주명리학에 의한 성격유형 비교 진단 연구」. 한국외국어대학교 교육대학원 석사학위논문.

유재원. 2022.「항공사 객실 승무원의 MBTI 유형별 성향이 서비스지향성, 고객지향성 그리고 직무만족에 미치는 영향」.『호텔관광연구』 24(5): 109-127.

윤민재. 2020.「한국사회의 경쟁과 자기계발, 그리고 지이테크놀로지 청년세대 문제에 대한 연구」.『인문사회21』 11(2): 1257-1270.

윤서영. 2023.『MBTI 유형별 유튜브 콘텐츠 컨설턴트』. 커리어북스.

윤택림. 2013.『문화와 역사연구를 위한 질적연구 방법론』. 아르케.

이남호·김만태. 2018.「MBTI와 사주명리의 연관성 고찰: 외향성과 내향성을 중심으로」.『인문사회21』 9(3): 729-740.

이보경. 2020.『(MBTI 활동을 통해 사회 속 나의 역할을 생각하는) 진로수업』. 우리교육.

이영란·김선희·주민선. 2013.「간호대학생의 MBTI 성격유형에 따른 스트레스 정도, 스트레스 대처방식 및 학교적응」.『한국간호교육학회지』 19(1): 172-182.

이요철. 2021.『MBTI 철학자: 성격유형으로 분석한 거장들의 삶에서 배우는 '자기실현의 쫀임힘'』. 쏭북스.

이은아. 2014.「한국사회의 세대담론에 대한 비판적 연구: '청년세대' 담론과 '멘토 열풍'을 중심으로」. 한양대학교대학원 석사학위논문.

이주호. 2023.「푸코(M. Foucault)의 신자유주의적 통치성 개념과 그 교육학적 수용에 대한 검토」.『교육철학연구』 45(2): 151-176.

전주영. 2011.「사주명리학의 8가지 성격유형과 MBTI 기능별 8가지 성격유형의 상관연구". 창원대학교 대학원 석사학위논문.

정선렬. 2022.『청소년을 위한 사회학 수업』. 행북.

정하룡. 2010.「명리학의 성격유형분류 연구: MBTI 유형별 사주분석을 중심으로」. 동방대학원대학교 박사학위 논문.

조미래·이현진·신유진·김수현·김서영·조금주·장수현. 2022.「COVID-19 상황에서 간호대학생의 MBTI 성격유형, 학습전략, 사회적지지가 학업스트레스에 미치는 영향".『학습자중심교과 교육연구』 22(7): 753-764.

조성환. 2002. 『성격: MBTI와 Jung 심리학-성격! 뭐, 내가 다 아니까 중요하지 않다고? 』. 한림미디어.

조수연. 2020. 『성격대로 키우는 부모학교: 부모와 아이의 MBTI 성격유형으로 본 맞춤형 육아법』. 경향BP(경향비피).

______. 2023. 『출근이 두렵다면, MBTI: 일보다 사람이 더 힘든 직장인들을 위한 16가지 유형별 집중 탐구』. 크루: 한국학술정보.

최수이·김수정. 2022. 「대학 청년의 MBTI 활용 담화에 나타난 앎의 의지와 지식 권력 효과」. 『한국언론정보학보』 115: 147-180.

최영임 외. 2022. 『(MBTI와 함께하는) 의사소통능력』. 다온출판사.

최원설 외. 2023. 『다름보다 아름: 관계를 이해하는 MBTI 직장 매뉴얼』. plan b DESIGN(플랜비디자인).

한효재. 2022. 『몰랑이와 MBTI: 같은 상황, 다른 반응! 너와 나의 MBTI 탐구하기』. 대원키즈: 대원씨아이.

함선유. 2021. 「코로나19의 확산과 청년노동시장 변화」. 한국보건사회연구원.

허용회(2021. 「우리가 몰랐던 MBTI」. 『민들레』 138: 16-25.

Bröckling, Ulrich. 2014. 『기업가적 자아』. 김주호 역. 한울.

Emre, Merve. 2020. 『성격을 팝니다』. 이주만 역. 로크미디어.

Fairclough, Isabela·Norman Fairclough. 2015. 『정치담화분석』. 김현강·신유리 역. 박이정.

Fairclough, Norman. 2004. 『대중매체 담화 분석(Media Discourse)』. 이원표 역. 한국문화사.

______. 2012. 『담화 분석 방법: 사회 조사연구를 위한 텍스트 분석』. 김지홍 역. 경진.

Färber, Corina. 2019. "Subjektivierung in der Pädagogik. Das Subjekt zwischen Ent- und Ermächtigung." Erziehungswissenschaftliche Theorieperspektiven. Beltz Juventa. pp.75-95.

Foucault, Michel. 1987. "Das Subjekt und die Macht." Widerspruch: Beiträge zu sozialistischer Politik. 14. 243-261.

______. 1994. 『미셸푸코의 권력이론』. 정준일 역. 새물결.

______. 2011. 『안전, 영토, 인구』. 오르트망 역. 난장.

______. 2012. 『생명관리정치의 탄생』. 오르트망 역. 난장.

______. 2016. 『비판이란 무엇인가: 자기 수양』. 오트르망·심세광·전혜리 역. 동녘.

______. 2017. 『담론과 진실: 파레시아』. 오트르망·심세광·전혜리 역. 동녘.

Foucault, Michel et al. 2014. 『푸코 효과: 통치성에 관한 연구』. 이승철·심성보·이규원·유진·전의령·최영찬 역. 난장.

Fromm, Erich. 2020. 『자유로부터의 도피』. 김석희 역. 휴머니스트.

Hall, Stuart. 1996. 『스튜어트 홀의 문화이론』. 임영호 역. 한나래.

Illouz, Eva. 2014. 『낭만적 유토피아 소비하기』. 박형신 · 권오헌 역. 이학사.

Lemke, Thomas et al. 2000. "Gouvernementalität. Neoliberalismus und Selbsttechnologien. Eine Einleitung." Studien zur Ökonomisierung des Sozialen. Suhrkamp.

OECD. 2016. Society at a Glance 2016: OECD Social Indicators. OECD Publishing.

Rose, Nicolas. 1996. Inventing our Selves. Cambridge University Press.

◈ 언론 및 기타

김가람. 2021. 「동구여성새로일하기센터, 찾아가는 구직상담·지원 서비스」. 『울산신문』 2021년 3월 16일. https://www.bigkinds.or.kr/v2/news/newsDetailView.do?newsId=01501301.20210316140740001.

김학성. 2022. 「내 MBTI로 자소서 쓰는 법: 다른 MBTI도 몇 개 섞으면 자소서 항목 하나 뚝딱」. 『대학내일』 2022년 1월 19일. https://univ20.com/110432.

김혜경. 2022. 「[책 처방] mbti 유형으로 본 나에게 어울리는 책은?」. 『독서신문』 2022년 6월 11일. https://www.readersnews.com/news/articleView.html?idxno=105991.

리영. 2020. 「러쉬 아르바이트 면접 후기」. 『네이버 블로그』 2020년 11월 14일. https://m.blog.naver.com/mir0_raisin/222144086225.

박준환. 2021. 「양평군. '청년 취업 면접프로그램' 참여자 15명 모집」. 『헤럴드경제』 2021년 9월 2일. https://www.bigkinds.or.kr/v2/news/newsDetailView.do?newsId=02100701.20210902105625001.

백진호. 2021. 「MBTI로 알아가는, 나에게 적합한 직업」. 『백뉴스』 2021년 10월 13일. https://www.100news.kr/26300.

신수지·오명언. 2021. 「소개팅서 농담하던 MBTI를… 왜 면접시험에서 물어봐?」. 『조신일보』 2021년 12월 2일. https://www.chosun.com/economy/weeklybiz/2021/12/02/5RXMUQDAJZAEFF3S63BP5KPKOE/?utm_source=bigkinds&utm_medium=original&utm_campaign=news.

신중언. 2020. 「혈액형·별자리 대체 'MBTI' 검사, 채용 과정 활용?」. 『매일신문』 2020년 8월 18일. https://www.bigkinds.or.kr/v2/news/newsDetailView.do?newsId=01500601.20200818165601001.

오달란. 2013. 「[창외인재경영] 아모레퍼시픽, 직원별 맞춤 교육·해외연수 등 자기계발 지원」. 『서울신문』 2013년 10월 30일. https://www.seoul.co.kr/news/newsView.php?id=20131030019001.

이동한. 2022. 「[별난리서치] MBTI, 얼마나 알고 있을까?」. 『한국리서치』 2022년 1월 5일. https://hrcopinion.co.kr/archives/20518.

이미경. 2023. 「롯데백화점, 추석 '코스메틱 기프트 제안전'…MBTI 유형에 맞춘 기획세트 마련」. 『한국경제신문』 20223년 9월 20일. https://www.hankyung.com/article/2023092029131.

장선옥. 2021. 「조선대 재학생 진로탐색 돕는 취업역량 강화 특강」. 『국민일보』 2021년 8월 12일. https://www.bigkinds.or.kr/v2/news/newsDetailView.do?newsId=01100201.20210812161723001.

CBS 오뜨밀. 2024. 「MBTI에서 사주로? 2030이 '셀프 분석'에 열광하는 이유」. 『노컷뉴스』 2024년 2월 10일. https://www.nocutnews.co.kr/news/6093804.

MBTI의 모든 것. 「MBTI의 모든 것 메인」. https://www.instagram.com/all_of_mbti/ (검색일: 2024. 6. 19).

MBTI 보고서. 「MBTI 보고서 메인」. https://www.instagram.com/mbti_report/ (검색일: 2024. 6. 19).

yes24. 「『성격』 상세 페이지」. https://www.yes24.com/Product/Goods/313646 (검색일: 2024. 6. 7).

8장

◈ 논문 및 저서

강지혜·이병길·권승아. 2019.「대학 역량기반 교육과정에서 교육목표-교육과정-평가의 유기적인 연계를 위한 설계 전략의 탐색」.『교육공학연구』35(2): 527-549.

경상국립대학교 사회학과. 2024.「사회학과 자체발전 계획」.

김대영·신원석·박인우. 2014.「대학 교육과정 지원 방안 모색을 위한 대학 교육과정 편성·운영의 문제점 분석」.『교육학연구』20(2): 79-100.

김민환. 1998.「교육과정에 관한 사회학적 접근의 본질과 비판에 관한 재음미 - 신교육사회학을 중심으로」.『교육과정연구』8: 19-34.

김선영·윤승준·김인영·홍수진. 2023.「한국 대학의 교양 기초 교육과정 구성과 운영 실태」.『한국대학교육협의회』13: 1-141.

박수미·박지회. 2023.「대학의 전공역량 기반 교육과정 개발 운영을 위한 설계 양식 표준화 방안 연구」.『학습자중심교과교육연구』23(22): 727-744.

박효령. 2022.「3년간 일반대 학과 통폐합 사례 700건…77% 비수도권대」.『투데이신문』2022년 9월 23일. https://www.ntoday.co.kr/news/articleView.html?idxno=93820 (검색일: 2025. 4. 16).

이형빈. 2020.『교사를 위한 교육학 강의』. 살림터.

정영인. 2021.「대학에 갈 '살아있는 영혼들'에게」.『교수신문』2021년 7월 26일. http://www.kyosu.net/news/articleView.html?idxno=72683 (검색일: 2025. 4. 16).

진현부. 2006.「경상남도 소재 교육대학원 일반사회전공학과의 운영실태와 교육과정에 대한 학생들의 인식조사」. 국립경상대학교 교육대학원 일반사회교육과 석사학위 논문.

Apple, Michael W. 2023.『이데올로기와 커리큘럼』. 박부권 옮김. 한울림.

Babbie, Earl. 2013.『사회조사방법론』. 제13판, 7쇄. 이성용·유홍준·정기선·고성호·이정환·민수홍·문용갑·김광기·김상욱·장준오 옮김. Cengage Learning.

Babbie, Earl. 2021.『사회조사방법론』. 제15판, 1쇄. 고성호·김광기·김상욱·문용갑·민수홍·유홍준·이성용·이정환·장준오·정기선·정태인 옮김. Cengage Learning.

Freire, Paulo. 2003.『희망의 교육학』. 교육문화연구회 옮김. 아침이슬.

◈ 언론 및 기타

경상국립대학교 사회학과.「학과소개」. https://socio.gnu.ac.kr (검색일: 2025. 5. 26).

______.「교과과정안내」. https://www.gnu.ac.kr/socio/cm/cntnts/cntntsView.do?mi=9938&cntntsId=3468 (검색일: 2025. 5. 26).

국립부산대학교 사회학과.「교육과정」. https://soc.pusan.ac.kr/soc/42015/subview.do (검색일: 2025. 6. 4).

국립창원대학교 사회학과.「이수체계」. https://www.changwon.ac.kr/sociol/cm/cntnts/cntntsView.do?mi=13444&cntntsId=4935 (검색일: 2025. 6. 2).

고미선. 2025.「자발적 혁신대학 재정지원 강화… 재학생 충원율 가중치 확대」.『중도일보』2025년 3월 20일. https://www.joongdo.co.kr/web/view.php?key=20250320010006447 (검색일: 2025. 4. 16).

교육문화연구소.「교육과정의 개념」. 에듀랩코리아. https://www.edulabkorea.com/reference/process.php?ptype=view&code=process&idx=420&category=69 (검색일: 2025. 5. 22).

김동열. 2025. 「'무전공' 대입 키워드로 부상…전공 유예 넘어 '선택권' 중심으로」. 『E동아』 2025년 4월 15일. https://edu.donga.com/news/articleView.html?idxno=85174 (검색일: 2025. 4. 16).

김명희. 2025. 「<사건으로 보는 경남지역 근현대사>와 교재 집필: USG 융합전공과 인터프로젝트」. 경남대학교 K-민주주의연구소 춘계워크숍 『민주주의와 교육』 자료집(2025. 5. 30).

김수진. 2025. 「2025 대입에서 대폭 늘어난 무전공 선발… 올해는 어떤 전략 세워야 할까」, 『E동아』 2025년 2월 6일. https://edu.donga.com/news/articleView.html?idxno=80584 (검색일: 2025. 4. 16).

김한나. 2024. 「[정책논술] 한국의 교육과정: 2022 개정 교육과정을 중심으로」. 『한국교육신문』 2024년 7월 4일. https://www.hangyo.com/news/article.html?no=102081 (검색일: 2025. 5. 26).

박소은. 2023. 「[사회] 소외되는 기초학문, 대학의 근간이 흔들린다」. 『인하대학신문』 2023년 5월 28일. https://www.inhapress.com/news/articleView.html?idxno=11172 (검색일: 2025. 4. 16).

조효제. 2024. 「탄핵 정국에서 생각하는 사회학의 미래」. 『교수신문』 2024년 12월 31일. https://www.kyosu.net/news/articleView.html?idxno=129536 (검색일: 2025. 4. 17).

찾아보기

2부 경남에서 사회학하기

V. 가족 축소 시대 친밀성의 변화
: 반려동물과 인간의 관계

VII. MBTI하는 청년들
: MBTI 유행의 문화정치학

VII. MBTI하는 청년들
: MBTI 유행의 문화정치학

VIII. 경남에서 사회학하기
: 경상국립대학교 사회학과 교육과정 분석

글쓴이 소개

■ 김명희

1973년 서울에서 태어났다. 김장하 선생의 말씀처럼 평범한 사람들이 사회를 지탱하고 바꿀 수 있다고 믿으며, 경남 진주에 있는 경상국립대학교에서 사회학을 공부하고, 실천하며, 가르치고 있다.

■ 공재훈

2001년 섬진강이 흐르는 경남 하동에서 나고 자랐다. '믿음에 보답하자', '주어진 기회에 최선을 다하자'는 좌우명으로 경상국립대학교에서 사회학, USG 공동체혁신 전공, 일반사회 교직이수 과정을 폭넓게 넘나들면서, 교육 주체들이 함께 만들어가는 '생성적 교육과정'은 어떻게 가능한지 깊이 고민하고 있다.

■ 구민철

2002년 부산에서 태어났다. 경상국립대학교에서 사회학과 USG 공동체 혁신 전공을 이수하며 교내 신문방송사 활동의 경험을 살려 언론사 취재 기자 및 PD를 준비하고 있다. 간호사와 교사, 경찰공무원과 같은 직업집단의 자살이나 사회 취약계층의 사회적 고통에 관심이 많다. 사회학과 언론의 역할은 어두운 곳에 가려진 것들에 빛을 비추는 일이라는 점에서 다르지 않음을 점점 더 실감하고 있다.

〓 김동언

2000년 경남 진주에서 태어났다. 현재 경상국립대학교에서 사회학을 전공하고 있다. 기획자나 공기업 등의 진로를 준비하고 있으며, 2000년대 이후 한국사회가 직면한 여러 사회 문제들을 경험하며 내가 살아가는 지역을 출발점으로 이 사회의 구조적 문제들을 드러내고 해석할 수 있는 사회학의 힘에 대해 공부하고 있다.

〓 유민주

2003년 경남 창원에서 태어났다. 경상국립대학교에서 사회학과 USG 공동체 혁신 전공을 이수했고, 대학원에 진학해 젠더 연구자가 될 준비를 하고 있다. 강남역 살인사건 이후 페미니즘 리부트를 겪으며, 젠더 불평등에 관심을 두고 사회학적 관점에서 백래시에 대항하는 페미니즘 정치와 성평등 민주주의에 대해 고민하고 있다.

〓 이성빈

2017년 경상국립대학교 사회학과에 입학하며 사회학을 접했다. 이후 USG 공동체혁신 전공을 거쳐 대학원 사회학과에 진학하며 사회학을 더 깊게 탐구하고자 했다. 석사졸업 이후 현재는 경북연구원에 재직 중이다. 연구 관심은 청년·청소년, 지역사회와 문화정치, 그 안에서 작동하는 사회심리적 힘에 있다. 나아가 지역, 젠더, 세대가 교차하는 지점을 어떻게 함께 다룰 수 있는지 궁리 중이다.

= 이주미

2003년 경남 하동에서 태어났다. 경상국립대학교에서 사회학과 문화콘텐츠학을 복수전공하며, 사람과 사회를 잇는 일에 관심을 두고 있다. 2014년 세월호 참사를 목격한 이후, 한국사회의 재난 기억은 어떻게 형성되고, 우리는 그것을 어떻게 함께 넘어설 수 있는지에 관한 질문을 품게 되었다. 우리 사회를 성찰하는 사회학을 더 많은 이들과 나눌 방법을 모색 중이다.

= 진보민

2001년 대구에서 태어났다. 경상국립대학교 사회학과와 USG 공동체혁신 전공에서 '작은 친밀함'의 의미를 탐구하고 있다. 언젠가는 사람 사이의 온도를 조금 더 따뜻하게 만드는 일을 하고 싶다.

= 최주영

2003년 강원도 원주에서 태어나 경남 거제에서 자랐다. 사회 속 불평등에 관심이 많고, 이를 해결하는 방법을 고민해왔다. 이러한 관심을 바탕으로 경상국립대학교에서 사회학과 문화콘텐츠학을 복수전공하고 있다. 최근 발생한 경남·경북 산불은 복합 재난 속에서 취약계층의 재난취약성이 극명하게 드러난 사례로, 복합 재난의 시대에서 사회학의 쓸모는 무엇이고 어떤 시민으로 살아가야 하는지 질문하고 있다.

재난세대의 사회학

경남에서 사회학하기

2026년 1월 14일 초판 1쇄 발행

엮은이 김명희
지은이 공재훈, 구민철, 김동언, 유민주, 이성빈, 이주미, 진보민, 최주영
펴낸이 권진회
부장 김경민
편집 이가람
디자인 이희은

펴낸곳 경상국립대학교출판부 | 출판등록 1989년 1월 7일 제16호
주소 경남 진주시 진주대로 501
전화번호 055) 772-0801(편집), 0802(디자인), 0803(도서 주문)
팩스 055) 772-0809
전자우편 gspress@gnu.ac.kr
홈페이지 http://gspress.gnu.ac.kr
블로그 https://blog.naver.com/gnupress12
인스타그램 @gnupress
ISBN 978-89-6257-411-1(03330)

이 책 본문에 을유1945체가 사용되었습니다.

책값은 뒤표지에 있습니다.

이 책은 2025년 국립대학 육성사업 지원을 받아 제작되었습니다.